你越是少吃，少喝，少买书，少去剧院，少赴舞会，少上餐馆，少思考，少爱，少谈理论，少唱，少画，少击剑，等等，你积攒的就越多，你的那些既不会被虫蛀也不会被贼偷的财宝，即你的资本，也就会越多。你的存在越微不足道，你表现自己的生命越少，你拥有的就越多，你的外化的生命就越大，你的异化本质也积累得越多。

——卡尔·马克思

《1844 年经济学哲学手稿》

目　录

CONTENTS

引　言

疲于工作的国家

1973 年的圣诞节刚过 3 天，一群工作者放下工具，拒绝工作。他们起草了一份申诉和需求清单，将其递交给了管理层。他们每天工作 16 个小时，全周无休，最终达到了身体的极限。带头闹事的叫威廉·波格（William Pogue），他对自己和同事所承担的日程安排感到懊恼。“我们真是已经被逼到墙角了！”他说。“没有时间做任何心理准备……我们无法再继续做这些专业的工作了！”他觉得，自己就像“一个独臂的贴壁纸工人，试图在准备不足的情况下开始工作”。[1]

波格的故事很容易被认为是锈带钢厂里发生过的一起典型劳资冲突。毕竟在 20 世纪 70 年代，成千上万的工人也曾抱怨过工作强度的提升、技术创新和不公平的生产任务，并因感到筋疲力尽而放下工作。但是波格却是一个绕着地球不停旋转的人。他和他的两位宇航员同伴在美国的第一个宇宙空间站“天空实验室”进行了为期 6 周的工作——这是当时持续时间最长的一次载人航天飞行；而后，他们对太阳和科胡特克彗星进行了不间断的观测和大量的医学测试，拍摄了地球的技术照片，并且完成了4次危险的太空行走。

“我们的日程表太满了，”波格上校后来写道，“我们忙了一整天。尽管太空的景色非常壮观，但这项工作却令人感到厌烦和乏味。”[2]

此前，这些宇航员都不曾去过太空，由于没有足够的适应时间，波格开始呕吐。机组人员认为这只是一种暂时性症状，决定不向任务控制中心报告此事。然而，在他们不知情的情况下，休斯敦方面正在监听、监视宇航员们的谈话，并将在之后严惩他们保守秘密的行为。最终因为种种管理细节，怨愤的情绪不断积累，他们与地球之间的交流变得越来越敌对。

第一指挥官杰里·卡尔（Jerry Carr）是空间站中的3名宇航员之一，他强调了地球上的老板那些不合理的命令。“如果在地球上，我认为没人指望我们工作85天，每天工作长达16个小时，所以我真的不懂我们为什么要在太空里做这样的尝试。”这几名宇航员后来得到了脾气暴躁的名声，但其实他们的抱怨与今天许多工作者的抱怨并无二致。“我们需要更多的时间休息，”卡尔说，“我们需要一张不那么繁忙的日程表。我们不想在饭后还要继续做实验。我们需要自己控制工作节奏。”[3]然后，他关掉了无线电通信设备。

宇航员们没按计划工作，而是休息了一天，以示反抗。他们停止了飞船维护、自我监控和各种实验。这是第一次在太空中发生的罢工。休斯敦中心有的受了。扳动一下开关，地面管理人员的命令瞬间就被切断了，宇航员们决定自己发布指令，哪怕只能获得一天的平静。考虑到他们与地面人员之间关系的性质，地面人员别无选择，只能满足他们的要求。宇航员拥有巨大的影响力，社会学家称之为“结构性力量”。罢工后不久，他们协商决定减少工作量，进一步优化日程安排，并对任务规划拥有更大的控制权。休斯敦给出个人必须完成的工作任务，但宇航员可以自己计划如何完成。波格被同事形容为一个“脚踏实地的人”。据说，最后几周的工作任务令人异常愉快，宇航员终于有时间“研究太阳、身后的地球以及人类自身”。[4]

最初的报告将宇航员们的反抗归因为无精打采或抑郁。但是，波格纠正了这种说法。1985 年，他在接受《科学新闻》采访时说，这次飞行使他“更认同需要对其他人、其他宇航员施以人文关怀”。“我试着把自己当作人类，而不是像机器一样运行。”6 周后，当他们返回地球时，宇航员们像英雄般受到了欢迎。尽管没有法律禁止在太空罢工，但与美国国内罢工不同，这 3 名宇航员面临着最严厉的纪律处罚——美国国家航空航天局禁止他们再飞到平流层之外。[5]

没有证据表明太空实验室里发生的罢工对星际劳动关系有任何持久影响，而且据我们所知，它仍然是历史上唯一有组织的地外太空停工事件。40 多年前的小插曲，能给予正处于当代困境中的我们一些启示吗？美国国家航空航天局的宇航员，专业的太空旅行者，很难代表美国的劳工。然而，他们表达了对长时间工作、监控和糟糕的日程安排的担忧，几十年后，这些问题仍在各类工作者中引发着共鸣。过度工作是一种新常态，数百万美国人感受着时间的压力。学校的教师越来越多地从事兼职工作以维持生计，不仅是在暑假。过去 20 年，制造业开始复兴，尤其是在南方，这使越来越多的工人在汽车工厂的工作时间不断延长，而汽车行业过去曾被视为通过停工、谈判等集体行动英勇地缩短每周工作时间的行业。甚至那些现在工作时间最短的人群，也增加了工作时间。强制加班越来越普遍，特别是在那些不受加班工资规定限制的工作者中。还有一些公司的专业技术人士和首席执行官，他们经常每周工作 60 到 70 小时，在过度工作的美国人中位居榜首。

关于各类职业长时间紧张工作的报道长篇累牍，这说明过度工作的人群具有一种共同特征：他们是不得不在新的雇佣现实下工作的一群人。再强调一次，并不是所有的过度工作都是在平等的基础上被设计出来的。对于大多数的专业技术人士和管理者而言，虽然工作时间相对最长，但对个人时间的控制权也更高。与那些被迫从事无休止工作的普通工作者相比，他们过着一种完全不同的生活。他们通常捍卫长时间工作的正当性，因为这样做足够有利可图，还可以依赖其他人 24 小时不间断地做苦活为其服务。

因此，如果仅专注于过度工作本身，只会让我们管中窥豹。除了长时间工作之外，工作者还需忍受不规则和不可预知的工作时间安排，日程表会随着雇主的心血来潮而不断改变。还有大量所谓的非自愿失业者，他们不断地谋职，却找不到足够的工作时间以维持生存。以零售业员工、快餐业员工、家庭健康护理员以及其他 80% 的小时工为例，他们的工作时间表是非典型的或可变的。他们的工作时间频繁地被削减或延长，以至于他们即使无法仅靠一份工作度日，但又发现几乎不可能同时做两份工作。[6]

还有零工经济从业者，他们的时间远不像“做自己的老板”这句格言所暗示的那样，更需要随时待命。我们也不应忘记，由于婴儿潮一代广泛负债、缺乏储蓄，许多美国人“再就业”的工作时间也越来越长，甚至延续至暮年。此外，再加上那些长时间工作者，那些工作日程不稳定的，还有那些为你派送午夜线上订单的，你会发现几乎三分之二的美国劳动力已经不再从事我们认为的“典型”工作日工作了。[7]

过度工作、不稳定的日程安排和缺乏足够的时间，这三个特点决定了当代工作相互矛盾的时间性特征，特别是对于低工资工作者来说。通过综合考虑不同侧面，我们看到了劳动力的根本性分化。有的人总是干一份工作，有的人则争先恐后地争夺着下一份工作，还有一些人花了很多时间只是为了能找到更多的工作，一份勉强糊口的工作，而非单一地全面延长工作时间。相反，我们之间劳动时间再分配的不平等性，反映了正在不断加深的经济不安全和社会不平等。

当 2020 年冬季新冠病毒袭击美国时，这种不平等得到了更明显的表现，当时正值本书付印之际。尽管那时我的研究已经完成，但危机前几周的情况表明，它正在加深先前存在的不平等，刚好反映了我观察到的运行模式。白领专业人士中的许多人能够远程工作，努力跟上要求苛刻的工作节奏，在许多情况下，每周至少还要增加额外的 40 个小时用于照顾孩子。其他人在抗疫前线也经历了类似冲突。护士被禁止休假，退休医生被要求重返工作岗位，急救人员被强制轮班。杂货店店员、仓库管理员和送货员以及低薪保安，他们的工作都没有提供任何缓冲以渡过艰难时期，他们冒着极大的健康风险继续工作。然而，他们仍旧是幸运的。数以百万计的工作者眼睁睁地看着自己的生计一夜之间蒸发殆尽，大规模的裁员和创纪录的失业救济申请表明。即使是全职工作者也变得岌岌可危，因为他们只能靠劳动维持生存。

当这个国家蹒跚着走向一场将与大萧条相匹敌的危机时，很明显，经济灾难达到的深度却是美国特有的。世界各国政府纷纷采取行动以稳定就业，向那些被关闭的行业的工作者支付工资。但是，美国的失业制度需要严格遵从盘根错节的官僚制度，再加上漫长的等待，才能给予工作者保障。更糟糕的是，大多数失业的美国人也同时失去了医疗保障。只有通过几十次零星的反抗，那些仍有工作的人才能体验到安全的环境，使他们能够更安全、更安心地工作。

情况不该如此。

·

本书的核心关注点是一个看似简单的问题：为什么美国人对自己的劳动时间如此缺乏控制，我们如何才能扭转这一趋势?

我选择去关注工作的时间维度，因为这是资本主义社会存在的一个根本冲突点。在任何社会，谁控制了劳动，谁就控制了时间。我们何时睡、何时吃、何时带娃、何时与朋友共度时光、何时晒太阳或度假，这些都是由控制我们工作的人决定的。过度工作对家庭生活和个人健康产生了难以估量的连锁反应，破坏了将社会联系在一起的亲密关系和纽带。

这些冲突并不能简单地通过提高工资、改善安全条件或加强劳动立法等典型解决方案消解。它们提出了各种历久弥新的问题，让人不禁质疑资本主义社会的可行性。如果时间对我们如此重要，为什么那么多时间都掌握在雇主手中？或者，越来越多的时候由计算机算法调度？为什么我们的工作时间分配如此不均？如果我们对自己的工作时间不满意，为什么还要延续这一恶性循环？如果朝九晚五的共同经历曾是一种常态，那么我们的生活则越来越由雇主完全主导的新节奏所支配。不公正的劳动时间能把我们团结在一起，帮助我们重新控制劳动时间吗？本书的研究是我试图解开这些困扰自己多年的谜团的一种

尝试。

过度工作的回归是美国历史上一个意想不到的发展结果。尽管一个更悠闲的社会已经出现了一个多世纪之久，但在20世纪70年代，美国人改变了发展方向，慢慢地致力于长时间工作，尽管这些工作同时也变得越来越不稳定。1975年到2016年，工薪阶层的工作时间增加了13%，相当于每年多工作5周左右的时间。这个数字掩盖了相当多的差异性，我将在本书中对此进行详细研究，但它也是理解重要历史变化的一个起点。虽然在同一时期，生产率获得了大幅提升，所有发达国家都减少了平均工作时间，但这种情况还是在美国发生了。将这些趋势与几十年来工资持平或下降结合起来考虑，可以得出很明显的结论：工作者对经济的贡献远远大于他们得到的回报。

对于这一历史性转变，我将给出三种解释。从经济学角度解释，美国存在巨大的不平等，比资本主义世界中任何其他国家都要严重，这种不平等阻碍了我们的财富转化为自由时间。从文化角度解释，一种强调“有意义”的新型职业道德提升了我们对投身工作的主观价值感。换句话说，如果工作是有意义的，不应该时间越长越好吗？另一种解释的角度指向美国政治。在过去的40年里，民主、共和两大政党都推行了延长和恶化劳动时间的议程。在政治两极分化占据大多数头条的时候，为美国工作者创造如此恶劣的劳动条件的政策是两党难得达成的共识。这些趋势在不平等性和不安全性日益加剧的背景下初露端倪，所有这些趋势加在一起的历史潮流不仅影响了美国人如何工作，而且也影响着美国人何时工作以及为什么要工作这么久。

但是，“过度工作”的概念不能仅用小时来衡量，它是一个相对主观的术语。本书不仅检验了我们的工作时间是以何种方式增加的，而且说明了它经历了何种方式的重构和控制。我们经历的工作性质之变并不是宏观经济力量发展的结果，而是对我们个人尊严、自由和追求幸福权利的侵犯。我采访过的每个人几乎都感觉工作过度，即便如此，他们仍然渴求更多的工作时间。许多人明确表示，他们的工作正变得越来越“紧张”。这背后的含义是，首先，无论是更长的工作时间、不规律的工作时间，还是不足的工作时间，花在工作上的时间使他们觉得自己的日常生活或幸福过度依赖雇主。其次，时间安排也很重要。压力的一个主要来源是工作节奏太快，这是由时间表变得越来越紧张导致的。高科技进一步让工作侵入非工作时间，这是另一个原因。无论是高收入者还是低收入者，都有共同的感觉，那就是我们比以往任何时候都更容易受到工作的影响，即使理论上我们已经下班了。

那些工作时间过长，或者被奖金和奖励引诱工作到深夜的专业人士，表达了深深的挫败感。在加利福尼亚州科技公司工作的奥利维亚说：“我觉得这家公司的成功与我息息相关，这确实令人兴奋。但是，我们很多人其实也被不安全感所驱使。比如，如果没在工作，我们就可能会错过一个机会。”关于过度工作的流行和逸事的讨论往往集中在像奥利维亚这样的白领、高收入专业人士身上，尽管许多其他行业也都有类似的时间表。

然而，总体而言，本书关注的是那些工资较低的工作者，这是一个几乎总是处在不安全中的群体。作为提供服务的人——为全社会提供食物、儿童保育、医疗保险和交通服务，他们的工作日程通常由长时间的专业工作、消费者的习惯或不受控制的雇主要求所决定。即使他们只是临时性地工作，也会因过度工作而感到筋疲力尽。几十年来，他们不断延长着自己的工作时间，才终于感受到了过度工作。“我和爸爸做一样的工作，但我需要做得更多。”白天做护理工作、晚上在佛蒙特州乡村做旅行社咨询人员的阿曼达如是说。“毕竟他还靠工作过上了稳定的生活，但我又能用我的工作时间证明些什么呢？”

美国梦提供了一个令人信服的承诺：努力工作，获得成功。现在，大量的证据驳斥了这个简单的公式。阿曼达的困境太普遍了，因为许多美国人过度工作却仍然落后。或者，尽管他们竭尽所能，到头来甚至找不到一份拥有正常工作时间和合理工资的工作。这笔看似公平的买卖，实际上是一笔不公平的交易。因此，人们常说，美国梦破灭了，必须被修复。但是，美国梦的破灭也为美国人提供了一个机会，不再为旧梦想继续注入活力，而是去实现更远大的梦想。因此，本书提出了一个较激进的提议，我们应该重新设计经济体系，让“用大部分醒着的时间来换钱”不再是通往体面生活的唯一途径。经济安全、个人的满意和幸福应该是权利，而不是像其他商品一样是劳动的产物。要想赢得这样一个激进的经济和政治新体系，就必须进行类似美国历史上仅有的几次间歇的斗争。因此这并不容易。[8]

雇主们通过长时间工作、强迫加班、工作时间不足或周末工作等方式将时间变成武器。即使是夏时制，最初也被认为是为了随着季节的变化而榨取更多的劳动力。当然，工作者一直在反击。在 19 世纪和 20 世纪初，工作时间是一个热门的公共话题。工作者争取并赢得了减少工作时间的胜利，这一成就慢慢地在全社会得到了普及。但随后，他们输掉了每周 30 小时的工作时间争夺战，终止了工作时间继续下降的势头。如今，许多美国人每周工作近 47 小时，收入却远低于几十年前。近 40% 的全职工作者每周工作 50 小时或以上，约 18%

的全职工作者说他们工作 60 小时或以上。这并不是一个美国人投票决定的改变，也不是一个为了国家利益而做出的公开决定，相反，事情在我们的疏忽大意中一点一点地发生了。[9]

在美国，长时间工作的回归对社会学家来说是一个令人生畏的悖论。一般来说，一个国家越富裕，其公民花在工作上的时间就越少。但美国是个例外。尽管在 20 世纪中叶，美国人的工作时间比欧洲人短，但如今情况已经发生了巨大变化。2018 年，美国人的平均工作时间为 1786 小时，远远超过其他任何国家。比法国人每周多 6 个小时，比德国人每周多 8 个小时，整整多了一天！美国人的工作时间比土耳其公民略少，但比日本那些被认为是工作狂的人还要多，日本甚至有一个词“过劳死”，意思是“因过度工作而死亡”。在所有发达国家中，美国的带薪假期较少，而且是唯一没有带薪病假或休假（无论带薪与否）合法权利的国家。美国也是唯一没有产假保障的工业化国家。超过 100 个国家有法定的每周工作时间上限，但美国并不在其中。尽管如此，下次你有带薪假期或难得的休息时间时，你应该对身边的社会主义者表示感谢。正是工会运动中的激进派把周末引入了日常生活。[10]

勤劳的精神通常被认为是美国文化基因中的一个自然组成部分，是美国人从新教徒祖辈那里继承下来的。也许，作为资本主义的侍从，职业道德为美利坚的民族性格奠定了坚实的基础。但是为什么美国人需要不断地被人提醒去工作和生产呢？有些人回答说是因为在追求理想，有些人则回答说是因为被要求低头听从命令。但要点总是一样——努力工作。

然而，你看到的每一个地方都存在一种焦虑，那就是美国人工作仍然不够努力，对工作持有的信念仍然不够强烈。一项全国性的民意调查发现，72% 的受访者表示美国“已经不像以前那么伟大了”，罪魁祸首是美国人对努力工作的价值所持有的信念在下降。更多的人则认为，相比起“道德沦丧”、经济不平等，美国人落后的职业道德对美国的伟大构成的威胁更大。当与美国劳动时间的实际数据相比较时，人们对职业道德降低的普遍焦虑令人相当困惑。[11]

工作世界给美国蒙上了一层阴影，涉及范围超出“工作时间”这一范畴。随着工作场所的规范和价值观已经渗透到非工作领域中，追踪工作日延长的趋势，就可以跟随工作进入文化和政治领域。学校像是一个职业培训机构。数码技术允许工作侵入我们的休闲时间。零工经济宣称“7 × 24 小时随时工作”的时间安排是完全自由的，与此同时，硅谷则试图说服我们，劳动和娱乐是可以互相转换的。社会安全网几乎被从事低工资工作的义务所取代。自动化将取代最糟糕的工作，释放出丰富的闲暇时间，但这一承诺从未真正实现。为了治疗某些精神疾病，医生越来越多地将工作作为一种治疗处方。内布拉斯加州的纳税人为一所中等安全的监狱提供资金，这所监狱被称为“职业道德营”，致力于在被监禁于此的犯人中宣扬热爱工作的思想。即使在时尚界，蓝领工作服最近也有了大量的走秀时间，这是在炫耀自己对工作的忠诚。此外，在劳动时间变长的同时，我们对工作的概念，也从最初的为生活而做出的牺牲，转变为满足我们身份本质而做的事情。如果说过去社会上层人士都过着悠闲的生活，那么今天，没有什么比工作更能体现一个人地位的尊崇。

在现代社会里，我们需要自由时间来行使我们的自由，也需要仔细思考如何改变社会。对太空实验室的宇航员来说是这样，对我们所有人来说也是这样。当然，主要的区别在于，我们不能像他们一样按下一个开关就可以要求对方让步。时间是最稀缺的资源，所以它的分配和控制本身就是一个政治问题，没有简单的答案，这是有道理的。在过去 40 年里，我们已经失去了在工作中要求更多权利的能力。集体行动需要时间，当工作者的时间减少时，他们就没有充足的准备去迎头反击。因此，尽管过度工作在某些领域引发了社会冲突，但在另一些领域却缓和了冲突。

通常，解决过度工作问题多采用个体化的方法，包括更明智的时间管理、不同的职业选择，或者更好地平衡家庭和工作事务等。但过度工作并不是个人的失败，不能通过改变生活方式轻松得以解决。我们需要联合起来，减少和改善工作时间，扭转雇主对我们生活的控制，重新掌控自己的时间。以下照片展示了劳工历史的两个高光时刻，揭示了美国在关于劳动时间的抗争中截然不同的故事。

第一张照片中的故事开始于 1936 年的五一劳动节。讽刺的是，作为五一劳动节的起源国，美国几乎没有大张旗鼓地庆祝过这个节日。

一群穿着几乎一模一样的年轻女性自豪地举着横幅游行，要求每周工作 30 小时。“一天 6 小时！8 小时工资！远离抑郁！”可以从一张当时的传单中看到这样的内容。在那个时代，赢得 6 小时工作日和 2 天周末是美国劳工运动的“首要目标”。时任美国劳工联合会主席的威廉·格林（William Green）推测，争取减少每周工作时间的斗争将激励普通民众“对商品和服务产生有效的、新的和广泛的需求”。他是正确的。[12]

1933 年到 1936 年，工会成员增加至原来的 3 倍，从 100 万人增

1936 年五一游行，工作者要求每周工作 30 小时。
资料来源：《纽约每日新闻》档案。

加到 300 多万人。这场运动赢得了工资的增长和国家福利条款的大幅增加。缩短工作时间的要求也是争取政府让步的桥梁。1937 年，亚拉巴马州参议员雨果·布莱克（Hugo Black）——前三 K 党成员，未来的最高法院大法官，提出了一项法案，将联邦的每周工作时间减少到最多 30 小时。而且，格林开始威胁要用一波又一波的激进分子罢工来强制执行这一法令。这项立法在参议院通过后陷入了僵局，受到一项相互抵触的法案《国家工业复苏法案》（National Industrial Recovery Act）的破坏。该法案保障工会的集体谈判权利，但只略微缩短工作时间。罢工从未实现，但寻求更短工作时间的运动与当时的思想潮流产生了共鸣。[13]

约翰·梅纳德·凯恩斯（John Maynard Keynes）在大萧条时期发表了一篇著名演讲“我们后代的经济前景”，他预测，在未来一个世纪内，人道主义将促进经济的发展，并在工作场所推动技术创新，使每周工作 15 小时成为可能。然而，对于这一点，他并不完全乐观，因为它提出了一个新的难题：“如果科学和资本将赢得闲暇，如何才能控制这些闲暇？”凯恩斯对即将到来的休闲社会充满了担心，这种忧虑是整个世纪的缩影，因为更短的工作时间逐渐成为美国人生活中的现实可能性。

1973 年，美国内政部发布了一份白皮书，称“许多人认为休闲是天堂的缩影，这却很可能成为未来最令人困惑的问题”。1977 年，吉米·卡特（Jimmy Carter）总统曾短暂提议将工作时间缩短为一周 4 天，《华盛顿邮报》宣称，我们与自 20 世纪中叶以来似乎不可避免的休闲社会“近在咫尺”。但历史是狡猾的：半个世纪后，我们在迫在眉睫的自由时间威胁中苟活着。今天大多数美国人对人生的定义不是丰富的闲暇时间，而是对工作孜孜不倦的承诺。我们当代面临的困境——与凯恩斯的预测正好相反，在另一张照片中被捕捉到了。

2011 年，沃尔玛员工在“黑色星期五”举行了为期 1 天的罢工，要求增加工作时间，并结束短班工作。“我想要全职工作！”一块标语牌这样写道。“停止削减工时！”另一块如是说。这种情景与第一张照片完全不同，原因很明显，第一张照片中的工作者要求缩短每周工作时间，以支持失业者；在第二张照片中，示威者为自己要求更多的工作时间。二者是同一历史进程的产物，其中，时间被当作一种武器，使工作者们相互对抗。今天，《公平劳动标准法》（Fair Labor Standards Act）是规定最低工资和加班工资的主要法律，对日程安排

2011 年“黑色星期五”，沃尔玛员工抗议不稳定的日程安排，并要求更多的工作时间。
资料来源：美联社。

和工作时间的规定只要求适度执行。

今天，工作时间不仅更长，而且更糟、更不稳定。超过四分之一的人在晚上 10 点到早上 6 点之间工作，日程安排不可预测，而且不断调整。沃尔玛员工的抗议并不是真的想得到更多的工作，就像那些工作过度的专业人士经常要求的那样；他们需要的是更多的有酬时间和更可靠的时间安排。这种更深层次的不充分就业是如今美国劳工工作时间问题的重要组成部分。虽然较短的工作时间曾经是社会进步的标志，但今天却象征着低收入工作者及家庭危机。沃尔玛员工不仅想要更多的工作，他们还想要在现代美国生存所需的工作，低工资并不是他们面临的唯一挑战。数以百万计的美国人，包括大多数在沃尔玛工作的人，每天早上醒来都不知道什么时候上班或者是否需要上班，被迫应付可能在瞬间改变的时间表，甚至在轮班期间，时间表也可能会发生变化，这使得满足学校和儿童保育的要求变得异常困难。只有不到四分之一的小时工才有固定的标准班次，而 60% 的人的时间表存在变化。与大多数大型零售企业一样，沃尔玛人员配置的顺序是通过算法确定下来的最具成本效益的时间表。我其实不想提前透露这个结论——这种时间表实际上并不是对工作者友好的工作安排。过度工作、不稳定的日程安排和非自愿失业的结合造成了深刻的时间危机。出于这个原因，为了更好的工作时间而进行的劳工运动不仅是为了休闲、自由时间或从过度工作中解脱出来。从根本上说，这是为集体控制工作时间而进行的斗争。[14]

这两张照片也以另一种方式相互呼应。1936 年，为大型汽车制造商工作的美国人比其他类型企业的员工都多，而且大多数是工会成员。通过广泛地组织和政治胜利，这些工会的数量和权力在接下来的 20 年里不断增长，全国各地的工人都赢得了更短的工作时间、高工资、福利、安全标准和工作话语权。但在 2008 年经济大萧条之后，工会成员数并没有像大萧条之前那样激增。如今，沃尔玛是美国最大的雇主，在美国 19 个州的劳动力市场上占据着主导地位，而这 150 万雇员中，工会会员的人数为 0。由于工资太低，他们只是根本无法再减少工时了。

•

任何一个社会的伟大都可以用它对待其工作者的方式来衡量。但美国社会却在偷他们的钱。我们把工作者创造的大量财富重新分配给一小部分统治精英。美国首席执行官的收入是普通员工的 312 倍。这些精英在这场重大的法律盗窃案中扮演着重要角色，帮助选举出支持大人物的决策者。“政治”网站在2018年进行的为期9个月的调查中发现，由于对最低工资法的执行不力，雇主们将本应支付给工作者的150亿美元工资收入私囊。[15]

偷窃他们的时间也是合法的。2014年，最高法院一致裁定，亚马逊仓库的工人无须被支付强制性安全检查期间的工资，而这项检查在每个工作日结束时都要花费半小时以上的时间，使他们每周增加了数小时的无薪时间。时间可以用一种让我们深深满足的方式来度过，也可以让我们觉得自己如同被人抢劫了。事实上，我们确是如此。然而，“时间盗窃”是一种通常被断言为员工的、而不是老板的犯罪行为。最近的一项研究发现，员工每周“偷”4.5个小时，他们在做其他事情时谎称自己在工作，比如，浪费工作时间和同事谈论自己的私人生活。所有这些都提出了一个显而易见的问题：为什么老板们如此关心员工如何打发时间？因为时间不仅仅是金钱，它还是一种力量。[16]

在写作本书的时候，我采访了员工、经理、政策制定者、工会领导人和技术专家，从硅谷的程序员到腹地的汽车工人，从零售店到脱衣舞俱乐部，从制造机器人的科学家到受到类似机器人待遇的低工资工人，也曾乔装成一名网约车乘客和一名谷歌巴士上的偷渡者。

虽然他们的故事是他们自己的，但是他们代表的不仅是现在。我一直注意到，这些故事与美国工作者几十年来一直面临的最紧迫的挑战交织在一起。总体而言，工作者今天面临的时间危机是几十年来自由市场原教旨主义的结果。市场原教旨主义有时被称为新自由主义，其开始的时间通常可以追溯到1973年，即太空实验室航天员罢工的那一年。新自由主义存在的目的就是挤压上升的工作者权力，并将他们的金钱和权力重新分配给上层阶级。结果惊人成功。正如本书所显示的，新自由主义不仅使美国工作者的财富缩水，而且延长了工作时间，提高了工作强度。

克服这场危机的能力将取决于一个工人组织，一个回顾过去劳动斗争传统但非常适合我们眼下情况的组织。这一前景取决于工人阶级集体意识的实现，这一现象受到重新抬头的种族主义、仇外心理和保守主义的阻碍。时不时地，我们会看到这种可能性的微光重新点燃了激发先辈们为控制日历和时钟而斗争的精神。一场以低工资零售业员工为主的“公平工作周”运动在美国全国赢得了法律认可的重大胜利，赋予了员工要求更好的工作安排和更一致的工作时间的新权利。与此同时，数以万计的停止工作的教师——许多人正与低薪、过度工作或额外工作的需要作斗争——领导了一场鼓舞人心的运动，以改革公共教育。一些工人最近推翻了几十年来要求穷人为福利而工作的政策，从而为彻底改革一个具有高度惩罚性的制度提供了可能。正是这些充满希望的星星之火从根本上激发了我写作本书的灵感。

第 1 章概述了对该问题进行经济论证的中心前提：工作时间延长、工作日程不稳定和经济不平等会产生相互加强的效果。然而，经济不平等是权力从工作者向雇主转移的结果，接下来的 3 章将对如何实现这种转移提供一种新的解释。第 2 章指出了管理层对工作时间控制的兴起。这种控制将工作场所关于生产力的教条转变为一种生活哲学，不仅表现为延长工作时间，而且表现为加快工作节奏。这一过程最近被数字化、应用程序和监控（这是第 3 章的主题）以及机器人的广泛使用（在第 4 章中说明）进一步放大。节省劳动力的自动化通常被认为是管理者控制工作的一种手段，而不是节省工作者时间的方式。它偶尔确实有助于减少一周的工作时间，但这是工作者能够控制机器的结果，而这正是他们今天非常缺乏的一项权力。

第5章将分析转向文化。在这里，我提出的论点是，一种新的职业道德自20世纪70年代以来逐渐兴起，以意义和目标为中心，视之与金钱一样重要，甚至更重要。这一新的信仰体系是新自由主义文化兴起的必然结果，它更为劳动密集型经济提供了思想基础。然而，如果人们不相信工作对灵魂有本质的好处，或者说努力工作缺乏必要的经济激励，美国政客们也会迫使他们无论如何都得工作，且几乎不给他们任何报酬。因此，第6章研究了福利工作计划和其他计划的兴起，政府通过这些计划取消了工作者获得必要食物或医疗保险的权利，以此来强制他们工作。这类计划颇具争议，但在许多届民主党和共和党政府中，它们一直是美国福利政策的支柱。这一章以一个高潮结束，因为最近在纽约市有一场运动推翻了这类法律，这也标志着本书的另一个转折点。

本书中的故事讲述的是对劳动密集型社会的抵抗，其政治性色彩丝毫不亚于工会代表权、工人安全或争取提高最低工资的斗争。在第7章中，这个主题是核心内容，因为读者们将会与许多在努力控制自己工作时间的人相遇。有些人工作过度，有些人收入不足，但所有人都是新劳工运动的领导者，都致力于使我们的工作方式民主化。他们来自全国各地，但带来了一条独特的信息：更大的工作者权力意味着更好的工作时间。在最后一章中，我以整本书收集的数据和故事为基础，勾勒出了一个缩短工作时间运动的新平台，我认为这是对工作价值的道德公投。让工作做得更好的一个重要步骤，是赢得一种生活得更好而工作时间更短的能力。

本书中的声音提出了一些复杂的问题，迫使我们将工作中的个人经历与更美好社会的广阔前景联系起来。为什么劳动时间减少的趋势持续了将近100年，然后又逆转了？为什么努力工作让人如此痛苦，又如此骄傲？为什么非工作时间——教育、休闲和家庭生活——越来越需要符合工作场所的需要？为什么，作为一种文化，我们似乎热爱工作，却讨厌工作者？也许最重要的是，对一个社会来说，我们能做些什么来控制工作时长、使工作场所民主化？在回答这些问题的过程中，我发现了过去半个世纪里惊天动地的变化，这些变化不仅改变了我们的社会，也有助于解释我们为什么要像如今这样工作。几十年来，工作时间的缓慢增长，以及工作者对于雇主影响力的降低，意味着唯一明智的前进之路是重新控制我们的集体命脉。毕竟，时间不仅是金钱或权力，它就是正义。

第1章

不平等的时间

如果你曾在上下班途中在新泽西州北部的一家邓肯甜甜圈店停留过，那么很可能是玛丽亚·费尔南德斯（Maria Fernandes）给你倒的咖啡。她在3家邓肯连锁店工作，经常连着倒班，被公司发言人称为“模范员工”。下午2点到晚上9点，她在纽瓦克通勤火车站的邓肯小亭子工作。然后，她去林登市中心的第二家商店，这家店7×24小时营业，她一直工作到早上6点。如果生意不好，她会在成堆的甜甜圈储物间里休息几分钟。周末，她从早上8点开始在哈里森的一家门店上第三班，只要有要求，她总会同意加班。她平均每周工作87个小时。虽然她工作很努力，但新泽西州的最低工资水平仍然不够维持她的生活，她经常拖欠那间纽瓦克地下室550美元的房租。轮班之间，费尔南德斯会在车里打个盹儿，引擎的运转让她保暖。

2014年8月25日，星期一，玛丽亚早上6点下班，下一班2个小时后才开始。当地一家便利店的监控录像显示，早上6点47分刚过，她的车就停了进来。

“如果你愿意的话可以给我打电话。”她刚去上班时就给男朋友发了一条短信。聊完之后，费尔南德斯把她那辆白色起亚的驾驶座向后倾斜，运转起发动机，关上车窗，紧锁车门，以便补觉。

她再也没有醒来。

便利店的一名员工在几个小时的轮班结束后，无意中发现她睡在车里，走近一看，震惊地发现她睁着眼，嘴里吐着白沫。汽车里冒出浓烟，散发着汽油味。费尔南德斯被宣布当场死亡，死亡原因是疲劳和吸入了一氧化碳。当然，她穿着棕色和白色相间的邓肯甜甜圈店的制服。

费尔南德斯是一名 32 岁的葡萄牙移民，很快就成为一个普遍存在问题的表征：在巨大财富和繁荣中过度工作、无法摆脱贫穷。她的名字一度出现在政界人士的演讲中，她的困境成为主流媒体关注的焦点。甚至有人提议以她的名义制定一项法律，规范工作时间和日程表的可预测性。“需要为玛丽亚·费尔南德斯的猝死行动起来。”一位工会领导人在评论文章中写道。但最终没有发生任何行动。尽管如此，当另一个人因为工作太晚、太辛苦或太频繁而过早死亡时，玛丽亚·费尔南德斯的名字还是会时不时地被重复提起。

2018 年 5 月，34 岁的巴勃罗·阿文达诺（Pablo Avendano）骑着自行车在费城为硅谷投资的食品配送应用程序 Caviar 工作时，被一辆汽车撞死。就在他死后几天，事故现场附近拉起了一条横幅：“零工经济杀死了巴勃罗。”按照硅谷初创公司的惯例，Caviar 认为阿文达诺是合同工，他没有资格获得公司的医疗保险和工会保护，他死后，他的家人也无法享受任何福利。为了筹集他的丧葬费，他的朋友在 GoFundMe 网站上声称，他死的时候“从事一项因物质鼓励而在危险和恶劣天气骑自行车的零工经济工作”。他最好的朋友乔治·西卡列洛·马厄在《国家报》上写了一篇文章，说阿文达诺被撞的那天，他已经在恶劣天气中骑行了好几个小时。当别人看到的是危险时，Caviar 看到的却是机会。此前一天，这家公司给配送员发了一条充满表情符号的短信，上面写着：“下雨的时候，Caviar 也订单如雨！……快来上网赚钱吧！”

但是很少有配送员能真正赚到钱，不管他们工作多长时间，多么努力，或者上网有多快。在 2014 年之前，Caviar 公司的配送员每次送货的收入接近 10 美元，然后该公司改用了另一种算法，将送货需求与骑手匹配起来。与其他基于算法的模型（如优步和来福车采用的模型）一样，这款软件将权力转移给设计和拥有这项技术的人。摩根大通 2018 年的一项研究发现，自 2013 年以来，打零工人员的大量涌入导致基于平台的食品配送员的工资下降了 50% 以上。在这一大背景下，Caviar 公司的利润飙升，但配送员每次送货的工资却下降了，这迫使许多配送员不得不延长工作时间，他们筋疲力尽，在危险的条件下过度工作。就如阿文达诺在去世那晚做的一样。[1]

在《工作致死》（*Working Ourselves to Death*）一书中，黛安·法塞尔（Diane M. Fassel）认为，越来越多的人只是“沉迷于无休止的活动”。心理治疗师、《锁在桌前》（*Chained to the Desk*）一书的作者布莱恩·罗宾逊（Bryan Robinson）将“工作狂”比作一种类似酒精中毒的疾病。另一些人则把责任归咎于美国个人主义的文化禀赋，表现为一种自我毁灭式的进步需要。这些解释是常见的，但将一个普遍存在的社会问题归因于一个单一因素，如上瘾者、工作狂，是无济于事的，因为那样所引起的问题远远多于它所能给出的答案。工作狂主义无法解释为什么费尔南德斯和阿文达诺会早逝。

我们真的天生就得努力工作吗？显然不是。我们工作时间的历史变化很容易驳斥这一心理解释。费尔南德斯并不想冒着危险在车里睡觉，就像阿文达诺并不想在来来往往的车流中使用应用程序一样。看来，绝大多数工作者的付出也不是出于非理性的献身。

那么，是什么样的社会力量使我们的工作寿命顽固地延长且充满了不可预测性呢？为了寻找更全面的解释，让我们来看看经济结构和最近工作时间的变化趋势。在20世纪70年代之前的几十年里，大多数工作者享受着他们今天所期望的工作时间减少和工资上涨的环境。但这并没有持续多久。为了弄清究竟发生了什么，我们需要更好地理解经济不平等加剧、工作时间延长和美国阶级结构之间的复杂关系。

从19世纪中叶开始，工作时间急剧减少。这一数据让一些人认为，资本主义经济存在一种内在的结构性力量，会自动将生产力的提高转化为休闲的增加。但这种理解是错误的。我们可以把绝大多数工作时间的减少归因于工会的压力和政治的干预。1791年，费城罢工的木匠们发起了一场运动，取得了减少2小时即10小时工作制的成果。大约100年后，1886年5月1日，芝加哥数千名罢工者要求“8小时工作，8小时休息，8小时可为我们自由支配”，这是8小时工作制斗争的标语，后来其中8人被判绞刑。这些为缩短工作时间而进行的斗争最终导致了两项主要立法。1935年的《瓦格纳法案》（Wagner Act）赋予工会与雇主进行集体谈判的权利，为他们提供了一个更明确的途径来协商减少工时。1938年的《公平劳动标准法》抨击了“使人挨饿的工资和无法忍受的工作时间”，取缔了童工，并规定了每周40小时的标准工作制，强制规定了加班工资，以降低雇主强迫延长劳工工作时间的积极性。[2]

历史学家本杰明·克林·亨尼库特（Benjamin Kline Hunnicutt）指出，虽然开展运动的整体环境比任何时候都好，但是工作时间减少得如此之多，以至于工作者们基本上停止了争取减少更多工时的斗争。相反，随着闲暇时间的增长，美国家庭需要更多的钱来利用这些机会，并开始更热情地倡导提高工资，而不是减少工作时间。反过来，更高的工资使得延长工作时间成为更理性的选择，工作者们也越来越多地寻求相对有利可图的加班福利来赚取更多的收入。尽管如此，高工会普及率和相对较高的工资确保了工时下降趋势一直持续到大约 20 世纪 70 年代中期。[3]

对于如何准确计算自那以后工作时间的变化，社会学家意见不一。在过去几十年里，每周平均工作时间一直保持相对稳定。但是我们通过每年多工作几周，大大增加了工作时间。1991 年，朱丽叶·肖尔（Juliet Schor）所著的《过度工作的美国人》（*The Overworked American*）一书引发了一场关于延长工作时间的辩论。10 年后，当她推出新版本时，她发现这种趋势只增不减。她通过当前人口调查收集的数据发现，从 1973 年到 2000 年，工作者年工作时间平均增加了 199 小时（约 5 周）。对于该样本中的一些细分小组来说，激增更是惊人。例如，处于收入分配中部的人群每年增加了 660 小时工时，增长超过 20%。[4]

肖尔的主要解释是，随着工会力量的减弱，国家放弃了缩短工作时间的承诺，企业得以将工作重组为一个个基于更长工作时间的岗位。雇主不断增长的权力侵蚀了“缩短工作时间的市场”，而在该市场体系中，工作者个人可以协商工作时间或以工作时间换取休假。肖尔还发现，随着工作时间的增加，工作者会调整自己的期望值。在调查中，虽然前几年他们还倾向于缩短工作时间，但现在他们对自己的工作时间表示满意。她得出结论，工作者最终“想要他们得到的，而不是得到他们想要的”。她的研究推翻了一个谬见：现今的工作时间是个人对加班收入偏好的结果，以及个人选择在决定工作时间方面起着重要作用。说白了，现实情况恰恰是雇主决定，雇员遵守。[5]

有人批评肖尔高估了工作时间增加的趋势。一些批评者认为，在她研究的这段时间里，休闲时间实际上增加了。这些学者依赖于时间日记，在日记中，调查参与者以 15 分钟为增量记录他们的日常活动。因此，上厕所的休息时间或在饮水机旁度过的时间都不算作“工作时间”。然而，到了 20 世纪 90 年代中期，甚至这些调查方法也显示出工作时间在增加。不过，今天的一些估计显示，自 70 年代以来，工作时间只略有增加。使用的数据和分析数据的方式决定了上述估计的差异。当监督和管理工作者被排除在外，或者当女性被排除在外时，上升趋势就不那么明显了。因为监督和管理工作者工作时间更长，而男性在年度工作时间中所占的份额变化远远小于女性。将所有的劳动年龄人口包含在内，而不仅仅是那些就业人口，创造了一个急剧增长的工作时间变化。[6]

我的计算基于经济政策研究所（Economic Policy Institute）的数据。该研究所是一个无党派智库，以研究和分析为职能，帮助决策者了解社会情况。数据表明，1975 年，工作者平均工作 1664 小时；2016 年，这一数字升至 1883 小时，增长了 13%，增幅相当于 5 周左右。虽然工作周在这段时间内保持相对稳定，但这一变化反映了每年工作周数的增加。大部分变化发生在 1979 年至 2007 年，这期间工作时间增长了约 11%，相当于每个工作者多工作 4.5 周。在 2008 年金融危机之后，工作时间迅速减少，但到 2016 年完全恢复到衰退前的最高水平。[7]

其中一个原因是，女性的工作时间显著增加，而男性的工作时间却在减少，这种波动在很大程度上解释了工作时间总体增加的原因。由于在法律、企业、医疗和技术等工作时间长、工资高的职业中所占比例过高，男性仍然工作最多，而职业女性在兼职和不定时工作中的工作时间也大幅增加。[8]

本书主要讲述了那些过度工作、未充分就业或无法控制自己日程安排的女性的故事。但仅是女性有薪工作的增加，不足以解释缩短工作时间趋势的历史性逆转。毕竟，在与美国处于同等水平的其他国家中，女性以类似的方式进入了有偿劳动力市场，而在美国，在过去 20 年中，她们实际上减少了工作时间。[9]

当我们将美国与其他国家进行比较时，总体趋势甚至更加明显。通常情况下，富裕国家的生产率更高，工作时间更少。但美国不同。美国人平均每年要多工作 289 小时，与其他国家的比较表明，这是保持高生产力水平的必要方法。例如，德国人在更短的时间内创造出与美国相当的幸福水平。2018 年，美国的生产率仅略高于勤劳的德国，然而美国人的工作时间却多了 31%，相当于多出 2 个多月的工作时间。美国人实际的工作量，和作为一个富裕经济体预测应该的工作量之间的差距也扩大了。美国人*不仅*是工作过度。美国人工作过度的倾向还在逐年扩大。那么这些额外的工作时间表明了什么呢？那就是美国人收入不平等的情况比任何同等水平国家都严重。[10]

工作时间的增加是经济不平等的结果，也是经济不平等的原因之一。自 20 世纪 70 年代以来，高生产效率的工作者创造的暴涨利润本可以让美国人在不降低生活水平的情况下大大减少工作时间。但这些利润并没有得到公平的分享，而是由一小部分顶层精英把持。从 1973 年到 2007 年，前 1% 的家庭得到了大约三分之二的收入。政策专家马特·布鲁尼格（Matt Bruenig）在 2019 年的分析显示，自 1989 年以来，前 1% 的家庭的总净值增长了 21 万亿美元，令人难以置信。在同一时期，下游的家庭经历了 9000 亿美元的净资产损失，现在拥有的资产小于 0，这意味着负债多于资产。简单地说，今天的大多数美国人负担不起减少工作时长。[11]

年工作小时数和不平等，1975—2015年

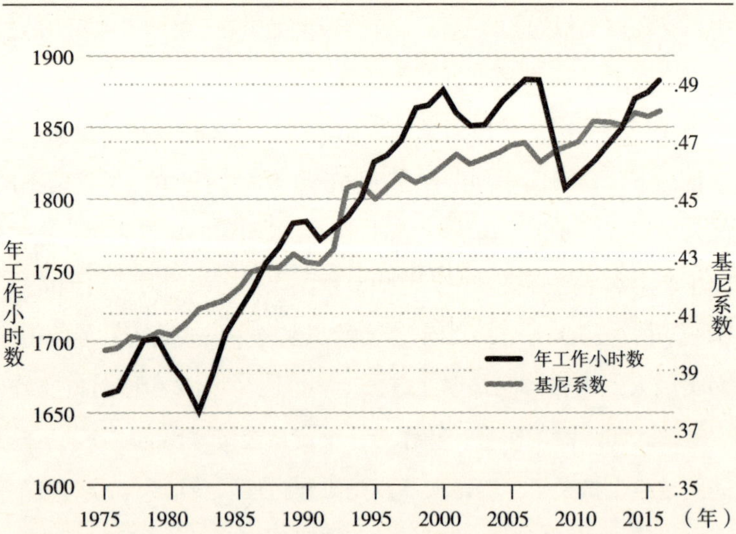

资料来源：作者对基尼系数指标（美国人口普查局，历史收入表 A-2）的分析；作者对年工作小时数指标的分析（经济政策研究所美国工作状态数据库，基于 CPSASEC 的数据，所有年龄在 18—64 岁的工薪工作者）。

上图描绘了衡量经济不平等的经典指标：基尼系数和年工作小时数。基尼系数度量值为 0 表示完全平等，而度量值为 1 表示完全不平等。很容易看到这两种趋势之间的紧密联系。随着 1975 年以来经济不平等的加剧，我们每年工作小时数也随之增加。然而，在总趋势中，这两个变量一起波动。2007 年的下降高峰显示了大萧条开始时的趋势，在大萧条之后，经济开始复苏并再次上升。重要的是，在这段时间内，工作时间的减少并不意味着努力工作后的悠闲时光，而是雇主在危机中迅速削减工作时间。

经济不平等助长了工作时间的增加和不可预测性，因为它创造了不稳定的工作，迫使整个工薪阶层投入了更多的时间，要么是因为他们工资太低，要么是因为他们担心老板可能看到他们提前离开办公室。这种关系也存在于另一个方面：长时间工作也会导致收入不平等，因为精英们拿回家的极高工资水平处在工资金字塔顶端，以至于工作的富人把其他人远远甩在后面。

在过去的 40 年里，首席执行官的工资飙升了令人难以置信的 1070%，生产率提高了 70%，但普通员工的小时工资却只涨了 12%。从 2016 年到 2017 年，首席执行官的平均薪酬上升到 1800 万美元，首席执行官与员工的薪酬比达到 312∶1。想象一下，如果有人比其他人努力工作 312 倍，或者比其他人应多得 312 倍，那么美国经济的两极分化如此罪恶得不成比例，确实就会变得更加清晰。任何人想把责任推到工作者的懒惰上面，都需要面对这个基本的数学问题。[12]

下面这张由托马斯·皮凯蒂、埃曼纽尔·萨兹、加布里埃尔·祖克曼和《纽约时报》（*New York Times*）制作的图表，描绘了 1946 年至 2014 年收入的变化，说明了数十年来超级富豪获得了头重脚轻的

收入增长的不平等

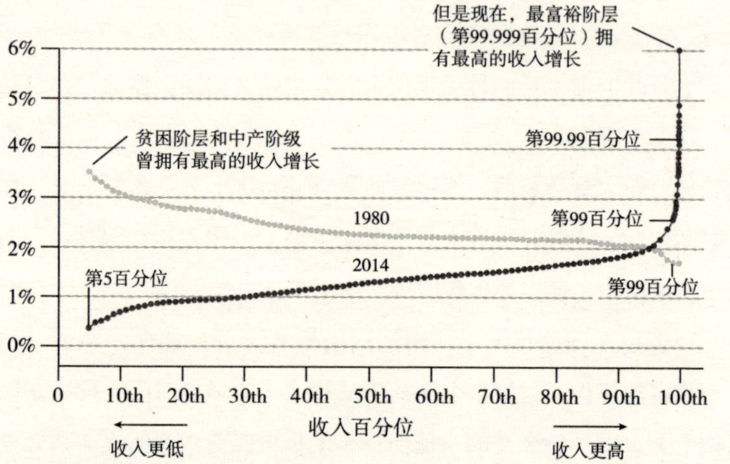

注：通货膨胀调整后年平均增长率使用除去税收、转移和非现金福利的收入。
资料来源：托马斯·皮凯蒂、埃曼纽尔·萨兹和加布里埃尔·祖克曼。图表由《纽约时报》的杰西娅·马和斯图尔特·汤普森绘制。© 2017 纽约时报公司。版权所有。经许可使用。

奖励的趋势。标有“1980”的浅灰色线显示了 1946 年至 1980 年收入的变化。就在几十年前，以百分比计算，中产阶级和贫困阶层的收入增长还比最富有的美国人的工资增长更快。深色线描绘了 1980 年至 2014 年的经济增长，在大幅震荡之前，经济增长基本持平，最后大幅向上，说明最近最富有的美国人获得了惊人的收益。最近，只有一小部分最富裕的家庭收到了这么大的一笔钱。随着工薪家庭被抛在后面，他们努力跟上的主要方式就是增加工作时间。

大多数美国人失去了他们的一杯羹，因为他们失去了夺走这杯羹的力量。在大多数关于不平等和延长工作时间的解释中，工会力量的削弱经常被遗漏。当工会强大时，工资随着生产力的提高而提高。今

随着工会会员减少，收入不平等加剧

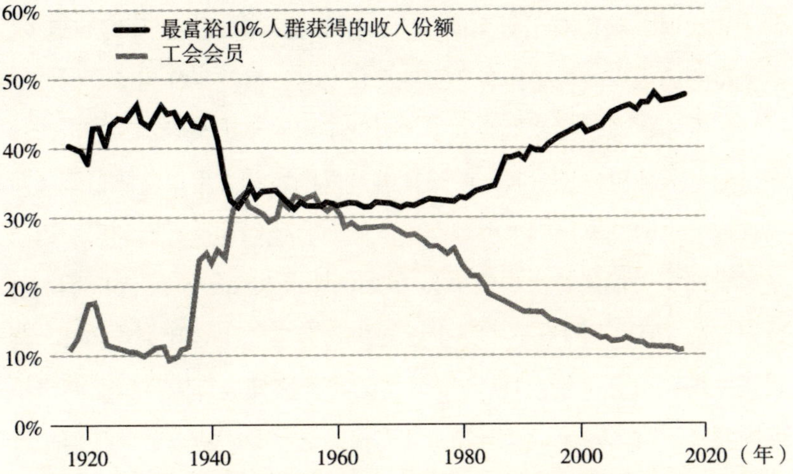

资料来源：关于工会密度的数据来源于美国历史统计数据中的综合系列，2015 年由 unionstats.com 更新。收入不平等（最富裕 10% 人群获得的收入份额）的数据来自 Thomas Piketty and Emmanuel Saez, "Income Inequality in the United States, 1913–1998," *Quarterly Journal of Economics* 118, no.1 (2003)，以及经济政策研究所最高收入数据库的更新数据（2016 年 6 月更新）。

天，美国工作者被剥夺了他们正在创造的利润，因为他们没有强大的组织来保证他们对公平份额的获取。其直接结果是，工资全面停滞不前，社会不平等加深，以及我们通常认为的美国梦——代际流动受到了阻碍。

上面的图表能帮助我们理解为什么会这样。它说明了工会权力与不平等之间的关系。随着大萧条后工会组织数量激增，收入最高的 10% 人群所占的份额大幅下降。20 世纪中叶，随着中产阶级的崛起，情况在几十年内趋于平稳。然后，随着 20 世纪 70 年代初对劳工的攻击愈演愈烈，富人再次夺回了权力，结果他们拿走了更多原本应属于劳工的钱。这张图表展示了一个关于当今美国生活的基本真理——阶级权力，而不是“市场”，才是决定社会面貌的主要因素。当工作者加入工会时，他们有了更多的权力，能赚更多的钱，工作时间更少，富人得到的更少。当工作者失去工会权力时，情况正好相反。

工会不仅通过提高低收入工作者的工资水平来减少不平等，而且通过向富人征税、反对收入阶梯顶端荒谬的薪酬方案以及降低企业高层管理人员的总体比例来限制高层。然而，他们在这方面的影响力已被严重削弱。根据政治响应中心（Center for Responsive Politics）的数据，在2016年的选举中，企业支出与劳工支出之比为16∶1。调查还发现，工会每年花费4500万美元在华盛顿进行游说，而商界精英则花费30亿美元，是前者的60多倍。这些数字应该会让任何关于大劳工数量（实际上已经不存在了）和大企业（从未比现在更健康）之间等价关系的概念看起来都很可笑。[13]

在20世纪中叶，大约三分之一的美国工作者持有工会卡，随着工会组织的增加，不平等现象持续减少。在这繁荣（和反常）的几十年里，工会帮助普通工作者保持了较高的工资水平，同时也为老板的收入设置了上限。此外，工会的高覆盖率有助于选举出支持或至少愿意与有组织的工作者打交道的政治家，从而能为工会提供广泛的支持。共和党人艾森豪威尔（Dwight Eisenhower）在20世纪中期的竞选纲领中承诺要增加失业救济金，制定相关法律使加入工会变得更容易，以及消除性别歧视以确保同工同酬。作为总统，他向美国劳工联合会发表讲话，向聚集的民众保证“只有愚蠢的人才会试图剥夺劳动男女选择加入工会的权利”。

但是，傻瓜的数量确实变得越来越多了。然后动乱在20世纪70年代爆发了。尽管用来发动工会战争的武器发生了变化——公司不再雇用“武装暴徒”，而是更多依赖说客和律师，但是解决公司困境的办法仍然是破坏工会。尽管如此，在 20 世纪中叶，工会的绝对会员人数继续上升，尽管工会密度（会员的比例）有所下降。

在新自由主义早期，许多工作者仍然赢得了更短的工作时间。1976 年，在美国汽车工人联合会（United Automobile Workers）领导下的工作者赢得了 12 天额外的带薪个人假期，激发了人们对缩短工作时间新运动的信心。美国汽车工人联合会主席道格·弗雷泽（Doug Fraser）在 1978 年表示：“每周工作 4 天是不可避免的。唯一的问题是，我们能以多快的速度实现？”同年，700 名工会成员在底特律参加了第一次全工会委员会缩短工作周会议，他们也关注了相同的问题。“全美各地，在工厂里，一个工会接着一个工会，都对缩短工作时间提出了普遍的要求。”美国汽车工人联合会地方 22 选区主席弗兰克·伦内尔斯（Frank Runnels）在开幕词中说。[14]

这次会议汇集的工会成员，致力于重振被劳工们遗忘的少工作多赚钱的事业。他们聚集在一起，推动所有行业缩短工作时间的立法议程，禁止强制加班，并说服工会在合同谈判期间就工作时间进行谈判。这些措施将通过扩大就业来缓解失业问题。伦内尔斯说：“40 小时工作制在我们工作周围筑起了一堵墙，把 1000 万人锁在了外面。是时候拆掉那堵旧墙了！”然而，按照今天的标准，这堵墙并不是滴水不漏的。

在那时，许多工会已经确保了现有的每一个假期都是带薪的，他们正以各种可能的方式热情地创造着更多的带薪假期。在 1979 年的合同中，美国工人联合会成员的个人带薪假期增加了一倍多，增至一年 26 天。许多其他行业的工作者则赢得了 7 周的带薪假期。美国钢铁工人联合会甚至为高资历工人争取了 13 周的休假。《纽约时报》在报道会议时认为，工会的“职业道德感在丧失”。

然而，随后针对工会的攻击是工作时间延长的主要原因。1981 年，罗纳德·里根（Ronald Roagan）总统坚持解雇了 1.1 万名罢工的空中交通管制员，即便工会与更广泛的劳工运动放狠话说要与其决裂，永不再支持他的竞选活动。这确实成了一个转折点。管制员每周工作 4 天的要求未得到满足，尽管联邦政府的工作人员实际无权停工，但僵局最终走向了罢工。虽然工会确信他们能轻而易举地获胜，里根还是坚决反对工作者们。他们被大规模解雇，一些领导甚至被逮捕，在整个工会运动中引起轩然大波。第二年，在缩短工作时间方面最为成功的通用汽车公司员工，也失去了过去几年已经赢得的个人带薪假期。在整个 20 世纪 80 年代，由于讨价还价能力的削弱，工人们牺牲了休息时间来换取维持生计的工资。克莱斯勒、福特和通用汽车的汽车工人损失了 2 到 3 周的带薪假期。橡胶工人则失去了 1 周的休息时间，钢铁工人工会甚至在全国某些地方牺牲了全部 13 周休假时间。[15]

尽管如此，报告仍说美国工作者加入工会的愿望在不断增强，只是实际的成功率要低得多。2019 年，公众对工会的支持率创下了近 50 年来的新高，为 64%。换言之，在越来越多的人说他们想要工会的同时，工作者们却失去了他们的发声渠道。私营部门的工会会员人数历来对工作者生计的影响最大，但同年，私营部门的工会会员人数只达到了令人沮丧的 6.4%，与 20 世纪经济大萧条的头一年基本持平。工会不仅促进了广泛的薪酬公平，还调节着工作日。[16]

随着工会力量的减弱，帮助普通工作者缩短工作时间的主要机制也停止了。由于收入的不断下降，工作者不得不通过延长工作时间来弥补差额。失去了对资本强有力的制衡力，工作者们不得不放弃他们长期以来的使命——减少工作、获得更多的报酬，而必须接受相反的结果。今天，工资在下降，工时在增加。与工会力量较弱的国家相比，工会力量较强的国家的工作者往往工作时间更少，享受更长的带薪假期。休假项目（Project:Time Off）最近的一项研究显示，美国人在 2017 年的带薪假期中共工作了 7 亿多天，因为他们担心自己会被贴上懒惰的标签，成为不休息文化中被替换掉的理由，这为美国赢得了“不休假国家”的绰号。这些变化使许多美国人的工作陷入了混乱。[17]

•

在阿曼达（Amanda）的浅褐色雪佛兰车背面贴着一张保险杠贴纸，上面写着：“劳工运动：他们是将周末带给你的恩人。”当我指了指这句话时，她假装忽视。“你是说休息两天的那种休息？所有人吗？”她讽刺地问道，“那听起来很美好，但并不是我们现在的生活方式。”

阿曼达皮肤白皙，浅色头发，笑容可掬。她戴着一副金丝框的小眼镜，松松垮垮地搭在脸上，说话的时候眼镜会被挤来挤去。她的生活漫无目的。在我认识她的时候，她在 5 年内搬了 5 次家——常常需要依靠朋友的善意来防止她和家人露宿街头。似乎她和她的家人也会经常给身边不太幸运的人提供一个临时休息的地方。一位熟人曾形容她是“我们需要但不配拥有的邻居”。

几年前，当我在她家的时候，她的儿子卡莱布正在表演“祈雨舞”，他把身体从一边转到另一边，双臂举向天空，夸张地祈祷着。

阿曼达解释说：“除非天气不好，否则这孩子从来见不到他爸爸。所以他开始这样做是为了祈祷下雨。不过，今天看起来效果不好。”她微笑着，眯着眼睛望着碧蓝无云的天空。

卡莱布的父亲汤姆·赫斯蒂斯就住在附近，为卡莱布的生活倾其所有。但在当地农场做施肥工让他一周 7 天都很忙，除非下雨。联合收割机在恶劣天气不能很好地工作，但这也确实意味着在天气好的时要加倍工作。毕竟，正如阿曼达所补充的，“这又不是像奶牛停止产奶一样。”

它看起来可能像一种古老的工作节奏，需把自然和各种因素协调一致。但汤姆的困境却太现代化了。如今的低收入工人并没有用较低的工资换取更多的自由时间。与那些年收入 10 万美元的人相比，年收入 2.5 万美元的人每天花在带薪工作和照看孩子上的时间只少了大约 20 分钟。换句话说，低收入家庭不是因为不努力工作而陷入经济困境，他们只是赚得更少。低工资也意味着增加工作时间只能使收入略微提高。在主流经济理论中，低薪会阻碍穷人工作，导致劳动时间减少。但这也会促使雇主提高工资以吸引员工。在欧洲，这个理论一定程度上是正确的，但美国人一直证明它是错误的。工人讨价还价能力的丧失意味着，尽管工作条件恶劣，薪酬低，但美国工人不得不接受长时间工作以维持生计。[18]

“零零碎碎的钱都很重要，”阿曼达说，“我们负担不起整日闲待在家里，即使是生病的时候。”

尽管如此，或许正因为如此，阿曼达才不情愿地成为改变现状的领导者。作为一个永远在筋疲力尽地工作的母亲，她认为像她这样的人需要休息一下。作为一个医疗护工，她*知道*工人需要休息，至少在他们生病的时候。所以她希望能够为所有佛蒙特州人赢得带薪病假，我热情地参与其中。阿曼达花了数年的“空闲时间”挨家挨户地串门，在教堂的地下室里徘徊到深夜，与当选的官员交谈，在当地活动中发言，参加一个又一个没完没了的会议。她的两个孩子在房间里转来转去，或者睡在车里。

阿曼达在蒙彼利埃的州议会上召开了一场记者招待会，倡导一项保障带薪病假的法案，她说：“现行制度迫使我们在生病上班和失去收入甚至工作之间作出选择。”

阿曼达的父亲也是家庭保健护工，但她在同一地区的工作收入远远低于父亲。根据美国劳工统计局（Bureau of Labor Statistics）的数据，2006 年到 2016 年，医疗行业新增加了 280 万个就业岗位，这一速度是其他经济领域的 7 倍。由于婴儿潮一代开始老龄化，家庭保健和个人护理护工的需求将继续呈爆炸性增长。尽管需求如此之高，但平均工资仍徘徊在每小时 11.12 美元左右，使看护人员无法摆脱联邦贫困线。为了赚更多的钱，阿曼达同时做着在线旅行社的兼职，为富有的客户预订国外旅行，但这却是她自己永远买不起的奢侈品。她把这种现实描述为“要么真的很讽刺，要么真的很糟糕，不知道是哪种”。[19]

她带薪工作的日常内容包括家访老人和穷人，每周工作时间接近 60 小时。而且她的工作性质要求她基本每天晚上都要随叫随到，因此她正常的工作日程往往是由她护理服务的客户的不稳定生活决定的，其中许多人的工作时间要求要么不可预测，要么工作时间很长。

用她的话说，她“总是随时在线的”。我们通常把这种情况与那些高薪律师、交易员和高管联系在一起，他们把手机放在枕头下睡觉，从不失联，也不下线。但对低工资工作者来说情况更糟，他们的生活一直受到干扰，却又几乎得不到回报。

“我不得不把自己分成一片一片的，”她说，“我正在伤害着我自己，我正在伤害着我的家人，我是社区的一个祸害。我确实得向别人借钱……我所做的工作本来应该是真正值得的，并且应该帮助我在生活中不断成长。但实际上并不是。”

“不稳定”（precarity）是指生活持续的不稳定状态。这个词通常是低工资、不平等、无社会安全网和无安全感的简称，许多人在当今资本主义经济的危险条件下工作时都经历过这些。现在，符合这种生活状态的工作者越来越多，甚至被冠以他们自己的头衔——“不稳定者”（precariat）。尽管研究倾向于关注不稳定工作的经济层面问题，但这种情况也导致了工作时间和日程安排的不可预测性增加，因此时间也应被视为不稳定工作的基本层面。

不平等性导致了工作的两极分化，这扩大了争夺低工资工作的工作者数量，压低了工资、时间表的可预测性和工作保障。不平等性也通过经济学家所谓的“买方垄断”创造了不稳定的就业机会，即老板的市场权力增加了。大多数人都知道垄断是只有一个卖家的市场。因为拥有垄断权的公司不必与其他企业争夺客户，他们可以设定销售产品的价格。类似地，买方垄断是只有一个买家的市场。因此，拥有买方垄断权的公司可以设定购买投入品的价格。就劳动力市场而言，这意味着他们支付给工作者的工资。买方垄断势力也允许雇主规定具体的劳动时间，而老板从过度工作的雇员、雇用更多的临时工以及非标准的工作时间表中获益，因为这些措施可以降低劳动力成本。

不稳定引起一种时间的悖论。有些人因过度工作而感到时间紧迫，而另一些人则将貌似休闲的非工作时间也花在了工作上，例如，寻找更多工作以满足基本需求，上下班的通勤时间，调整工作时间表以最大限度地延长工作时间，或是在轮班之间小睡一会儿。在年薪低于 2.25 万美元的钟点工中，近一半的人要么上夜班，要么上不定时班，而年薪在 6 万美元或以上的钟点工只有不到四分之一。过高的奖金极大地刺激了高层的长时间工作，而过度和不规律的工作时间则是底层人生活的特征。[20]

自从我认识阿曼达以来，有些事情已经改变了。2017 年，带薪病假立法获得了通过。这涉及一些妥协，但由于她的努力，现在几乎所有佛蒙特州的人每年都有资格享受 1 周的带薪病假。她的家庭也在变化。刚十几岁的卡莱布就和汤姆一起去农场工作了。他大部分的周末和课余时间都在打工赚钱，这些钱他可以自己用，也可以用来贴补家庭开支。他还在跳祈雨舞。因为现在遇到雨天，他自己可以休息。

很多家庭都像阿曼达的家庭一样，家庭成员工作非常努力，但财富没有增加。她似乎已经决定要听天由命了。“我永远不会大富大贵了，因为我总是要扮演劳工的角色。我会一直为别人工作。”她说。对于那些在收入阶梯上比她高一两级的人来说，情况是否要稳定一些呢?

当高中社会研究教师戴瑞 · 都立波（Dairrai Doliber）开启新的一天时，她经常因为睡眠不足而感到筋疲力尽，尤其是如果她前一天晚上还在做第二份工作的话。她在当地一家时装零售商的存储货架上工作到晚上 10 点，然后直接瘫倒在床上，累得不想吃晚饭。她还在攻读硕士学位，希望毕业后能提高工资。现年 33 岁的戴瑞住在底特律郊外，她说她一直认为自己会过得更好，尤其是考虑到有一份自己实实在在热爱的工作。

她说：“我从来没有想过作为一名教师，我需要干两份工作才能生存下去，而且我还是一名参加了工会的教师。”

戴瑞知道她的处境并非独一无二。她教授美国历史、政治和文化，因此清楚地明白她当下的困境是由于最近的变化造成的，即便如此，她仍然认为自己能够战胜这些困难。但是现在她不这样认为了，她说：“我本以为自己能从困境中站起来，但实际情况却并不如我所愿。”放学后，戴瑞迅速跳上她的车，开车去做她的第二份工作，上班前她在停车场的车里吃一顿便饭。她说：“我不记得上一次休假是什么时候。”

戴瑞上班打卡时偶尔会碰到她的学生和学生的父母。她并不为自己的处境感到尴尬，因为她只是在做必要的事情来渡过难关。但她有时觉得，这可能会损害她作为一名教师在家长眼中的信誉。“当我在做另一份工作时，家长们想谈论学校的问题，就会变得很尴尬。”现在，教师们从事兼职工作的可能性是美国普通全职工作者的 3 倍，就平均而言，他们的收入比其他大学毕业生低 20% 左右。尽管这一切都令人不安，但还有另一种动力在起作用。当阿曼达和戴瑞在考虑如何协调过长的工作时间时，其他人却在努力地争取更多的工作时间。

特伦斯·威金斯（Terrence Wiggins）在塔吉特百货公司的杂货部做全职工作时，家里发生了日程安排的冲突。他的妹妹刚生了孩子，而特伦斯需要留下来照顾他另一个患有脑瘫的侄子。特伦斯现在不得不在公共车站接侄子放学回家，这意味着他不可能再上夜班。

塔吉特同意他上白班，但商店把他一周的总工作时间减少到了 8 小时。此外，他从不知道会是哪 8 小时，因为直到轮班的前几天，他的日程还在不断地调整，使得他不可能再找其他工作。塔吉特商店使用高科技的调度算法为员工分配班次。这款软件考虑了包括天气在内的多种因素，以确定实现预期销售目标所需的确切的最少小时数。结果就是特伦斯工作的商店里总是挤满了员工，他们中的大多数人都被安排了短班，或者在几乎没有通知的情况下延长或缩短了班次。

几个月后，特伦斯的工作时间又恢复到了 20 小时，赚到的钱离他需要的还差一半。他的第二份工作是在罗斯公司做保安，但塔吉特商店几乎立刻又把他的工作时间增加到每周 40 多个小时，所以他又不得不辞去保安工作。

就在他全职回到塔吉特公司的第二周，管理层在他轮班到一半时就提前把他送回家了。“我需要我能被分配的所有工作时间，”他解释说，“但我也需要能够规划我的生活，照顾我的家人。我的工作日程安排让这一切变得不可能。”和许多承担护理责任的低薪服务业员工一样，特伦斯因为日程安排冲突而被迫离职，最终他不得不辞去在塔吉特的工作。

美国有 640 万像特伦斯这样的工作者。我在写作本书时遇到了他们中的很多人。他们想要一份全职工作，却被困在兼职工作中，往往日程安排不可预测或不足以提供稳定的生活。非自愿兼职在 2008 年经济危机期间创下了历史新高后有所下降，不过经济学家已经证明，这一数字仍比经济复苏时期的正常水平高出了 40%。但即使是全职员工也无法避免这种不可预测性。40% 的小时工提前一两周才能得到他们的日程安排通知，而几乎三分之一的人在 3 天或更少的时间前才得到通知。社会学家丹尼尔·施耐德（Daniel Schneider）和克里斯汀·哈克内特（Kristen Harknett）的研究表明，这种“暂时的不稳定”造成了心理困扰、睡眠质量差和不幸福感，甚至高于低工资的影响。即使仅对工作时间安排的稳定性进行适度调整，对工作者的健康也会有显著好处。[21]

不平等和低工资是不稳定生活的源泉。像特伦斯这样的人以小时为单位组织生活，而那些处于高层的人则可以真正地规划未来。上面的故事捕捉到了劳动力市场上一群人生活的不稳定性，他们的家庭和个人悲剧故事太过私人或太过平凡，甚至无法登上新闻头条。事实上，当长时间的工作作为流行语被媒体引用时，通常大家关注的并不是这一趋势的最大受害者，反而是造成这种工作方式的有钱人身上的英雄主义。

·

马丁·汤普森（Martin Thompson）喜欢开玩笑说，他曾经考虑过搬进办公室生活，但由于不能经常洗澡，所以才最终无法坚持到底。“此外，我不再那么年轻和愚蠢了，或者至少没有那么年轻了。”马丁44岁时，不像他想象的那样有冒险精神。20多岁的他，就像是中美洲搭便车场景中一张熟悉的面孔，从没想过要安定下来。然而，现在，作为一个自称“白领工作狂”的人，他或多或少地对自己的工作情有独钟。他也称自己为“劳工律师”，但他的工作主要围绕着为公司做辩护使其不受工会影响。“我们和员工一起工作，我们是这样宣称的，”他告诉我，“我想，并不是每个人都这么认为。”他的收入使他在美国收入前20%的人中也能名列前茅，他有能力养活他年轻的四口之家。还有另一个数据展示了他的财富，他并不羞于分享："我工作的时间比我认识的任何人都长。"他解释道，"现在的情况就是这样。我们（高收入者）工作得更多。这和以往有很大不同。"

在过去的一个世纪里，富人的概念在很大程度上是由他们丰富的闲暇时间决定的。回想一下，"银行家的工作时间"曾经是俚语，指的是社会上工资最高者所能享受的短时间的工作。索尔斯坦·凡勃伦（Thorstein Venblen）的《有闲阶级论》（*The Theory of the Leisure Class*）是对世纪之交财富的经典考察，它生动地描绘了上层社会致力于"炫耀性消费"的形象，即彰显自身地位和荣誉的战略性购买行为。然而，懒惰和闲暇曾经是成功的标志，今天的富人则是通过炫耀他们对工作的极端献身精神而获得威望。他们确实有吹牛的权利。从绝对值来看，收入前 20% 的人每年的工作时间比任何人都长。

但是，展现他们对工作的献身精神非常有效，目的是为不应得的财富进行辩护。当雅虎首席执行官玛丽莎·梅耶尔（Marissa Mayer）在 2012 年得到这份工作时，她宣布自己将在产假中继续工作，有时还会每周工作 100 个小时。为了确保没有人认为她在开玩笑，她拒绝了雅虎员工的远程办公建议，然后自己在办公室旁边建了一个托儿房。Facebook 的首席运营官谢丽尔·桑德伯格（Sheryl Sandberg）是企业女权主义宣言《向前一步》（*Lean In*）的作者，她说，她在电话会议上给孩子喂母乳，他们睡觉后自己又回到工作岗位。Alphabet 首席财务官露丝·波拉特（Ruth Porat）称，她在医院产房的床上给客户打电话，人们注意到她在"业余时间"还在经营着纽约市的房地产。

这种无休止的工作是否证明了精英阶级的存在是合法的？如今，

劳动富人的收入更多来自工资，而不是资本。1920年，收入前1%的人有40%的收入来自工资，但到2000年，这一数字翻了一番，达到了80%。这些已经达到富裕的劳动者真的属于今天的“工人阶级”吗？[22]

不完全是。经济学家彼得·库恩（Peter Kuhn）和费尔南多·洛扎诺（Fernando Lozano）研究了40年来工作和休闲的变化趋势。他们估计在1979年，收入后20%的人每周工作时间超过50小时的可能性远远高于收入前20%的人。但到2006年，情况发生了基本逆转。从那以后，这一趋势似乎一直延续了下来，造成了反映经济阶梯顶端和底端群体之间不平等性的休闲时间鸿沟。[23]

库恩和洛扎诺的解释很简单。由于收入排行榜前10%群体的财富直线上升，把时间花在超额的工作上会产生非凡的回报。当面对发奖金、升职和更好的工作机会时，你需要向老板表现得更好，因为当下的职场文化重视忠诚度，并通过绩效工资计划奖励长时间的工作。正如马丁·汤普森所解释的，“到了年底，成为办公室里工作到最后的员工是值得的，毫不夸张地讲。”库恩和洛扎诺的研究表明，在20世纪80年代早期，每周工作55小时的工薪族比同等条件下的标准工作周工作者收入高出10.5%。20年后，这一差距扩大了1倍多，达到24.5%。换句话说，对于富裕群体来说，工作时间显得更宝贵。[24]

毫无疑问，由于不同的原因，处于收入范围顶端的人工作时间更长，但富人也没有完全摆脱不稳定的生活。大萧条以来的企业裁员，表明了即使是好工作，也可能会“今非昔比”。上述“加班费”随着高薪收入的不平等性的增加而增加。这种不平等性推动了员工之间的竞争，他们害怕自己在经济衰退期间会被裁掉，因为他们看到自己的

年收入所需工作时数的百分比变化，按五分位数划分

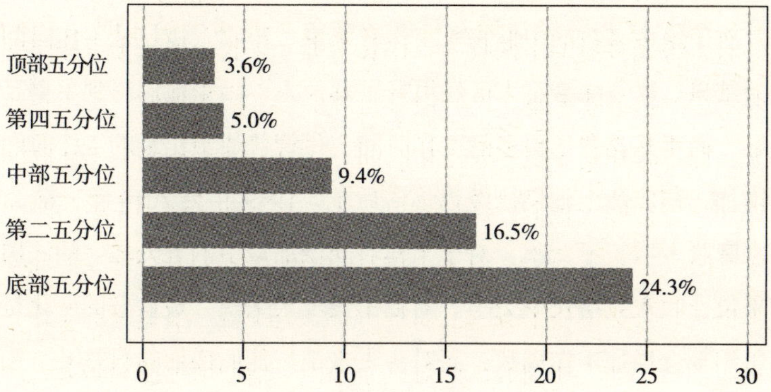

注：“收入者”包括 25 至 54 岁的成年人，他们在报告年度报告了所有的工资或工作时间。
资料来源：经济政策研究所。

同事在前进。这种恐惧转化为越来越长时间的工作。当然，工资越高，不工作的机会成本就越大。[25]

时事评论员在报道今天的上班族富豪时，通常会使用每周的工作时间数据，而且往往只写男性。的确，高收入男性在每周长工作时间方面高居榜首，他们现在每周工作时间最有可能超过 50 小时。但仅仅关注这一统计数据，就会对实际情况产生扭曲的看法。[26]

上面的图表讲述了一个不同的故事。近年来最大的转变是低工资工人的年工作时间增加了，他们现在的工作时间比 1979 年增加了 24%。女性在这一类别中的比例明显过高。在每小时工资低于 10 美元的工作岗位中，他们占了十分之七，而在这些岗位上，工作时间和收入的波动最为剧烈。与此同时，收入最高的人每年的工作时间只增加了 3.6%。尽管人们普遍关注努力工作的男性专业人士，但实际上低收入工作者的年工作时间增长最多，是他们引领了这一趋势。[27]

在收入最高的五分之一人群中，每小时工资的上涨几乎占了过去一年里年收入增长的全部，这一情况已经持续了超过40多年了。然而，对于绝大多数的中低收入工作者来说，年收入增长是工作时间延长的结果。这意味着富人已经甩开了其他人，因为他们得到了更高的报酬，而不是花费了更多的工作时间。尽管普通工作者的工作时间大幅增加，但实际上他们已经远远落后了。1979年至2014年，前20%的家庭收入增长了95%。对于工作时间增加最多的五分之一的底层家庭来说，收入只增长了26%。对低工资工人来说，最显著的变化是他们每年都会增加工作周数，而对富人来说，他们增加的只是某一周内的工作小时数。是什么造成了这种差异？[28]

马丁有一个答案："我们会休假，但他们不休假。"

他说得有道理。选择休假是由社会阶层决定的。只有三分之一的低工资私营部门工作者能享受带薪假期或休假，而在工资收入最高的10%中，几乎所有人都享受带薪假期或休假。高收入工作者往往在特定的时间内工作更长的时间。尽管他们选择放弃休假或在游轮的躺椅上写工作邮件，他们也较其他阶层更有可能被分配大量的休假时间。他们计划自己的日程表、休息时间和家庭生活。换句话说，他们能够控制什么时候多工作，什么时候不工作。这与那些生活在底层的人形成了鲜明的对比，因为他们总是生活在贫困之中。对于今天的大多数工作者来说，长时间的艰苦工作并不是一条获得成功的可行途径。为什么呢？[29]

美国人倾向于把努力工作和奖励联系起来。皮尤慈善信托基金会（Pew Charitable Trusts）的一项调查发现，73%的美国人认为努力工作对"获得生活中的各种成功"至关重要。这种信念与收入密切相

劳动年龄人口的职业就业份额变化，1970—2016年

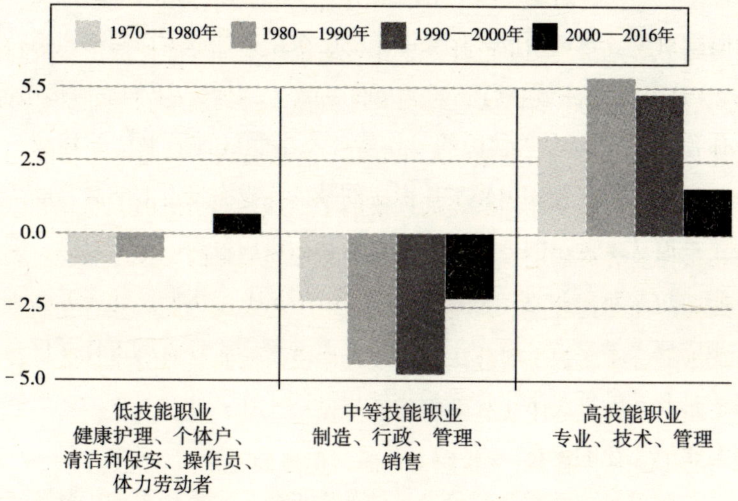

注：图中使用了 1963 年至 2017 年 3 月当前人口调查年度社会和经济补充数据。
资料来源：David Autor, "Work of the Past, Work of the Future," NBER (working paper no. 25588), February 2019。

关。在全球范围内，高收入者相信努力工作会带来成功，而美国人相信这一点的程度远远超过其他国家。70% 的低收入美国人也相信工作具有提升的力量，比几乎所有被调查国家的富人都更相信这一点。[30]

但今天，努力工作和向上层移动的距离比以往任何时候都要远。有一个方法很好地说明了这种分歧：美国人的工作时间在经济中是如何被分配的。[31]

上面这张图表由经济学家大卫·奥特（David Autor）绘制，描绘的是工作时间，而不是工作岗位的数量。在 20 世纪 70 年代早期，各个分组中美国人在工作时间上所占的百分比大致相同：低技能职业占总工作时间的 31.4%，中等技能职业占 38.4%，高技能职业占 30.2%。

此后，从事中等技能工作的总时间占比急剧下降，从 38.4% 降至 23.3%。从 2000 年到 2016 年，美国人花在低技能和高技能工作上的总时间更多。这种两极分化表明中产阶级正在加入上层阶级，奥特声称，“这不是经济学家们应该担心的事情。”不过，正如他所指出的，总体而言，没有大学学历的工作者并不享受这种向上层的移动。相反，随着中层蓝领和白领工作岗位的减少，没有受过大学教育的工作者正被迫从事普遍的低工资工作，而他们资历过高，报酬过低。获得大学学位很难解决这一问题，因为到 2028 年，几乎三分之二的工作并不需要大学学位。要在不久的将来改善美国工作者的工作条件，就需要把日常的低水平工作变成报酬更高的工作，并从总体上减少我们对有报酬工作的依赖。[32]

像阿曼达、戴瑞和特伦斯这样的中低收入家庭更多地依赖于工作获取工资，而不是靠其他收入来源，而像马丁 · 汤普森这样的人则受益于并非从实际劳动时间产生直接结果的活动，如股票、租金、养老金和奖金收入。大萧条增加了劳动力市场中低收入阶层延长工作时间的必要性，因为这成为他们重新获得在经济危机中失去的财富和资产的主要途径。然而，并不需要雇用这么多人。这又增加了非自愿失业者的数量，其结果是工作者们进一步落后了。

从 20 世纪 70 年代到 2000 年，很大一部分的不平等现象可以用经济学家所说的“劳动收入”现象来解释，也就是说，和你做了多少工作的关系重大。然而，自 2000 年以来，“资本收入”对那些最高层的人变得越来越重要。换言之，即使富人工作的时间越来越长，他们的工资也往往是一种复杂混合体，而这些收入显然不是更长工作时间带来的结果。工作时间的差异无法解释为什么那些收入前 1% 的人变得如此富有，因为他们一天中甚至没有足够的时间能平摊他们的收入。对他们来说，“仅仅每天早上去上班就期盼成功”的这种想法可能会显得很古老，就像现在还每天早晨去门口取牛奶一样古老。[33]

40 年前，每周工作时间在 50 小时以上的工作者，每小时的收入比正常的朝九晚五的工作者少 15%。今天，情况正好相反。社会学家车永柱（Youngjoo Cha）、金・威登（Kim Weeden）和毛里西奥・布卡（Mauricio Bucca）称，每周工作 50 小时的员工的收入比那些有更传统工作周的员工高出近 10%。然而，通过长时间工作取得成功的能力是由阶级力量决定的。社会学家安妮特・伯恩哈特（Annette Bernhardt）和露丝・米尔科曼（Ruth Milkman）领导的一项研究发现，他们调查的数千名低工资工作者在前一周的工作时间超过了 40 小时，但没有获得法定加班费。这一现实挑战了我们的共同幻想，即努力工作仍然是通向美国梦的大门。[34]

富人工作努力吗？当然，比起其他任何群体，他们更容易找到薪水丰厚的稳定全职工作。而且他们的工作满意度也比任何其他组的人都高。如果过度工作只是高收入阶层的一个问题，仅限于华尔街交易大厅或硅谷科技园，那么它很难被视为一种社会性抱怨。但是，当富人过度工作时，他们会裹挟社会上的其他人，这是一种奇怪的过度工作雪球效应。当像马丁・汤普森这样的人扬言要整晚占据办公室时，谁来给他们配送食物和照顾孩子呢？

答案是像吉娜・斯费拉（Gina Sferra）这样的人。对于马丁没去做的事，吉娜做得很好。她大约两年前搬进了现在的办公室，此后几乎没有离开过。吉娜经营着 Tip Top 儿童发展中心，这是一家位于拉斯维加斯的全天候儿童保育机构。我和她交谈的那天晚上，在 1 万平方英尺的空间里，大约有 80 个熟睡的孩子，整日整夜都有人接来送往。在娱乐场工作的员工提供了源源不断的孩子，因为这些孩子的父母的工作时间又长又不规律。但只有一半的客户真正受雇于娱乐场。

“这不是娱乐场的问题，”她解释道，“这家托儿机构之所以存在是因为人们的工作方式，就是这么简单。我的生意能一直做起来是因为人们总是在不停地工作。”

当父母被告知该机构可以接收他们的孩子时，他们常常会流下欣慰的眼泪。她的客户有空姐、律师和护士，在出差或只是连续长时间轮班的时候将孩子寄养在这里。她指出，尤其是零售业的工作，对儿童保育计划影响很大，因此从事零售业的父母在她的客户中占极大的比重。

吉娜的商业模式取得了令人难以置信的成功，这与她巧妙地将自己的职业生涯与现代美国的不稳定性联系在一起息息相关。她在平衡照看自己的孩子和工作方面有很多经验。她高中怀孕，从未结婚，还有一个 5 岁的养子。她 22 岁的女儿亚历克西斯是 Tip-Top 的副手，还同时在当地一个家庭工作，一周连续 3 天照顾这家的孩子，而那家的父母不是在工作就是在抓紧时间睡觉。亚历克西斯坚持让吉娜偶尔休息一下，所以他们想出了一个折中的办法——吉娜每月回家 24 小时，剩下的时间她都住在发展中心里。

“这是一个权宜之策，”吉娜说，“我不确定过着这种混乱生活的人们是否会健康。”她考虑了一下，补充道：“话说回来，看看我就知道了。”

马丁和吉娜生活中的差异经常被社会学家用阶级的术语加以理论化。20 世纪 70 年代末，芭芭拉（Barbara）和约翰·埃伦雷希（John

Ehrenreich）创造了“职业管理阶层”（professional managerial class，PMC）一词，将教师、工程师、护士、医生、律师、经理和技术工作者划为一类，并指出他们是日益增长的白领经济中越来越重要的组成部分。他们的社会学分析认为，这样一个阶层在工厂里的乌合之众和拥有一切的精英之间起着缓冲作用。在最初的分析中，他们将职业管理阶层看作社会上的保守势力，将其划分为为财富所有者提供服务的阶层，阻碍被剥削者形成统一的社会阶层。

然而，他们后来修改了自己的分析，以回应 PMC 中越来越多的人意识到了自己的困境，并成为积极与工人阶级并肩奋斗的进步群体。此外，随着大学教育变得越来越普及，无法以此将工人阶级与中产阶级区分开来，PMC 开始看起来更像是工人阶级内部的一种人口结构。埃伦雷希写道，“这个社会的中心还没有形成，PMC 就已经成了一片废墟。”这意味着向下流动的专业人士和其他工人阶级结成联盟的可能性，不管这种联盟有多简单。今天，许多专业人士过度劳累，工作过度。他们可以看到自己的前景正在缩小，很快就会面临许多与美国工人阶级同样的压力。换言之，许多像我这样的专业人士，无疑也包括你们中的许多人，亲爱的读者们——占据着一个矛盾和不稳定的社会地位。认为这样一个以减少劳动时间为目标的阶级联盟可能会出现，并不是要忽视这些矛盾，而恰恰要把重点放在这些矛盾上。

在加利的一次研究旅行中，这些矛盾冲突对我个人来说得到了极大的缓解。当时我点了一杯咖啡，做咖啡的年轻女子显然很烦躁，我问她是否身体不舒服。听到这个问题后，她几乎崩溃了，然后立即抓住了这个机会。“如果你能载我去下一份工作，我会松口气。”她恳求道，“我 15 分钟后必须出发，不能迟到。”几分钟后，我们俩坐在我的车里，驶向硅谷的中心地带。诚然，我知道这将是一件有价值的逸事，但我很惊讶它能如此巧妙地融入这本书的叙事中。

作为一名成人护理员，就在几个月前，卡门（Carmen）还找到了一份在星巴克做咖啡师的兼职工作，以便在客户缩短她的工作时间后多赚点钱。几周后，她的客户又增加了工作时间，现在她正努力让两个班次都能正常运转。因为钱能改变一切。她的生活是不稳定悖论的本质。兼顾两份工作和独自照顾一个小孩，卡门发现她的空闲时间是不存在的。如果她能得到足够的工作时间，她就能挣足够的钱来应付开支，而这种情况往往不会发生。然而，满足她基本需求的劳动会产生其他费用，比如，交通费和离开女儿的时间。

当她在车里换衣服准备下一份工作时，她提到她客户的公司为员工提供了免费的上下班交通工具。

“谷歌巴士？”我问，她点了点头。我对这个系统很熟悉，所以那天我才开车去那里。我刚停下来，她就打开门冲了出去，沿着车道向客户家走去。

卡门不稳定的工作方式和许多美国人一样，但在硅谷尤其普遍。由苹果、谷歌和 Facebook 等公司推动的经济具有两面性，创造了一个“赢家通吃”的体系，巨星公司在这个体系中囤积了财富，促使其他公司迫使各自的员工工作得更长、更努力。这是一片肥沃的员工池，他们的工作时间很长，工作不稳定，而且常常这样做了还是不够。

然而，仅仅用不平等并不能完全解释最近的长时间工作和不稳定的工作安排的趋势。经济不平等导致了时间的不平等，进而导致了更严重的经济不平等。但这并不是一个客观的循环。抽象地说，大多数工作者并不是想要越来越快的工作节奏，而是被动地被管理者所驱赶。我们的工作时间，包括节奏和强度，和其他任何事情一样，都是劳动关系的产物。因此，接下来值得探讨的是，管理者如何对我们的时间进行如此多的控制。

第2章

硬币与计时

管理权威是反对民众控制劳动时间的第一道防线。这种权威首先源自支配工作场所的原始权力。政治哲学家伊丽莎白·安德森（Elizabeth Anderson）对此直言不讳。她认为，如今的工作场所是由“私人政府”管理的“独裁政权”，没有经过选举，也不负责任。然而，他们的权力不仅在于他们拥有更强大的统治力量，而且在于被统治者的同意。获得广泛同意——社会学家有时称之为“霸权”，是工作者服从监督者的背景条件。它确保了管理者控制时钟、制订时间表、批准（或不批准）休假以及决定工作节奏的能力。这种现象反过来又要求我们将非工作时段的生活与劳动节奏匹配起来。换言之，低工资工作者的日程安排在今天并不是完全“不可预测”，仅是他们自己无法控制而已——这是设计导致的不稳定。要理解这个体系是如何蓬勃发展起来的，我们需要回顾一下历史。

本杰明·富兰克林（Benjamin Franklin）发明了待办事项清单，他也是早期将时间管理等同于美德的杰出美国人之一。早在工业科学家出现之前，他就为新兴资本主义社会普及了“时间经济”。但马克斯·韦伯（Max Weber）赋予了富兰克林欢快的格言以真正的理论力量。在韦伯最著名的作品《新教伦理与资本主义精神》（*The Protestant Ethic and the Spirit of Capitalism*）中，富兰克林是一位重要的主人公，是韦伯眼中不安分、勤奋和节俭的新教文化的化身。富兰克林虽然受到新教信仰的启发，但却完全是入世的，他代表了资本主义时代兴起的历史谜团中缺失的环节。美国是如何从一个颂扬为神努力工作的社会，发展成为一个将努力工作本身视为美德的社会的？美国人怎么会把长时间艰苦地劳动看作一种道德品质呢？

韦伯简洁地回答了这个问题：理性。他认为西方社会根植于理性的科层组织、有序的规则体系、脱离宗教和传统的非个人准则。时间安排甚至比时间本身更重要，这构成了社会的基本属性。在这个社会中需要大规模地协调政治、经济和社会生活，而时间则把人们聚集在一起。浪费时间，或者说不明智地利用时间来最大化个人的相对身份或地位，成了一种道德上的失败，使你与协调的世界产生了分歧。

在一则著名的寓言中，韦伯讲述了前资本主义社会中一群农民的故事，他们试图在收获时节支付帮工更高的工资以提高效率，但这一策略却产生了相反的效果。帮工们降低了效率，因为他们对于在更短的时间内就能赚取原来的收入感到满足，认为没有理由要挣更多的钱。韦伯总结道：“人的本性并不是想挣越来越多的钱，他们只是想按照自己已经习惯的方式去生活，并为此目的赚到必要的钱即可。”[1]

似乎正是资本主义才使我们摆脱了这种“天性”，无论我们的需要是否得到了满足，我们都得学会努力工作。韦伯所说的“新教伦理”不仅仅是对工作的承诺，也是一种自律，贯穿我们的一生。他写道："因此，浪费时间是最大的罪，原则上讲也是最致命的罪。由于社交、闲聊、奢侈，甚至超过健康所需的睡眠等原因而浪费时间，应该遭受绝对的道德谴责。"[2]

对于韦伯来说，富兰克林作为一个原型解释的不仅是成功人士应该拥有的人格特质，它们还包含了连富兰克林自己都尚未意识到的真理：时间不仅是金钱，它是新的常识。韦伯注意到这种新逻辑在管理实践中的应用。他写道："精确性、快速、明确性、知识、连续性、谨慎性、统一性、严格的从属关系、减少摩擦、材料、人工成本，这些因素都在严格的官僚管理下被提升到了最佳临界点。"

韦伯认为，早期忠实的新教徒相信，由于宿命论具有广泛的模糊性，他们无法了解自己是被上帝所选中的那群人还是被诅咒的那群人。他们本可以举手投降，接受命运不受自己控制的现实，以求最终获得解放。但情况却不是这样，他们恰恰假设自己是上帝的选民，并致力于不间断的艰苦劳动，试图通过这种生活方式减轻焦虑。因此，工作被理解为一种通向高贵的途径，一种道德上的善，或者更简单地说，是一种生存的绝对要求。"清教徒想把工作当成天职；我们被驱使而工作。"韦伯写道。在资本主义萌芽时期，工作的美德和劳动的必要性之间的密切关系似乎催生着一种新的商业组织方式。

为了更好地理解对工作时间进行管理控制的重要性，让我来谈谈另一件逸事。1898 年到 1901 年，一个名叫施密特的人在利海河畔的伯利恒钢铁公司做着把生铁装进手推车的工作。在工资涨到每天 1.85 美元的诱惑下，施密特不费吹灰之力，把每天的工作量从 12 吨增加到了 47.5 吨，为同事树立了一个新的标准。施密特矮壮且粗笨，他被选中就是为了证明一个观点，如果他都能做到，任何人也应该能做到。

但事实上，施密特并不是一位常人。在他之前，10 个“强壮的匈牙利人”也接受过同样的测试，但都失败了。施密特每天上下班都要慢跑几英里，由于缺乏社交，生活节俭，他攒够了钱，在伯利恒南边买了一小块地产。他之所以被精心选中，是因为他同时具有令人印象深刻的体格和不那么令人印象深刻的才智，因此选中他并不完全是随机的。

我们之所以知道这些细节，是因为弗雷德里克·温斯洛·泰勒（Frederick Winslow Taylor）保留下来的日记。他是一位开创性的工业科学家，把施密特从一个身份卑微的铸工变成了美国最著名的“斯达汉诺夫式工作者”。施密特用口音浓重的宾夕法尼亚荷兰语告诉泰勒，他是一个“高价人”，只要有人能多出几分钱，他愿意做任何事。

泰勒：好吧，如果你是个高价人，为了 1.85 美元，明天把生铁装到那辆车上。现在老老实实回答我，你是不是个高价人？

施密特：行。我明天把那些生铁装到那辆车上，就能得到 1.85 美元吗？

泰勒：是的，你当然知道，一年中每天装一堆这样的东西，你就可以得到 1.85 美元。一个高价人就是这么做的，你和我一样清楚。

施密特：行。那就好。明天我可以为挣 1.85 美元把那些生铁装到车上，而且我每天都能拿到同样的报酬，是不是？

泰勒：当然，当然。

施密特：行。那么，我是个高价人。

一位同事谈到他时说：“对他来说，1 分钱看起来有车轮那么大。”但施密特的故事不仅是一个简单的动机和经济激励的故事。泰勒甚至有可能比他那个时代的任何人都明白，当你想控制劳动，你就得控制时间。

企业主们当时正在寻找一种方案，以解决由于严重的偷懒、旷工、怠工和工作时的酗酒而导致的生产力落后的问题。泰勒认为自己正是解决这一问题的人选。他认为，一名缺乏动机、在工作中又高度独立的劳动力是生产力的丧钟。几十年来，泰勒从一家工厂辗转到另一家工厂，他的出现是咨询行业即将出现的前兆，他将自己进行测量和控制的原则融合成一种连贯的组织形式，“用科学代替了工人的个人判断”。“工人对他接收的命令所做的任何修改都是对成功的一种威胁。”他写道。

在伯利恒进行生铁试验后，他开始研究铲煤，大大增加了普通工人在一定时间内能够运走的煤炭量。这些研究引起了管理者的兴趣，他们对在没有阶级斗争的情况下如何获取利润感到兴奋，企业只需调整一下劳动过程就行了。为了缓和对这些变革的抵制，他们每小时多支付了几分钱，对于劳动和平，这是很划算的。

经理们还允许泰勒进行时间和动作研究。这些研究由工头用秒表和计算尺进行，这些研究对工人的身体动作进行了精确的测量、计时，以确定产出成品的最快路径。一旦一项研究完成，工作就被分解成常规任务。工人所做的每一个动作都被委以一个货币价值。泰勒认为，身体的移动都具有一个可测量的价格，一个可计算的风险，一个已知的成本效益权衡。如果工作真的有任何意义的话，人们越来越同意，它只应该以美元和美分衡量。

对于一个自称秒表是客观合理的人来说，泰勒的工作是出了名的不科学。他的同事们有时都认同他的反对者一直所声称的：泰勒在编造谎言。他的数字是伪造的，他的成功被夸大了，他的方法是有偏见的。泰勒在伯利恒钢铁公司工作了 10 年后，他的科学仍然只是包含了半正规化的实验和一系列的建议。但一个出乎意料的拥护者提升了他的形象，并赋予了他的疯狂某种重要价值。公共事务活动家路易斯·布兰代斯（Louis Brandeis）创造了“科学管理”这个短语，那时他还没有成为最高法院的大法官。他与另外两位管理学专家亨利·甘特、弗兰克·吉尔布莱斯对该术语进行了 β 测试，两人都认为这一术语远远优于泰勒自己命名的“过程管理”“任务管理”或“车间管理”。泰勒在一年后出版的一本专著中接受了这一术语，并将书命名为《科学管理原理》（*The Principles of Scientific Management*），这本书在商业领域畅销了半个世纪。

但是，布兰代斯首创的这个名词赋予了泰勒更大的荣誉，他成了一名具有启蒙精神的真理讲述者、终极的客观主义者。泰勒把他的科学研究与施密特这样的家伙从事的辛苦工作进行了比较，认为自己在推动社会和经济的发展中应该名垂千古。“处理生铁的科学是如此之伟大，最适合从事生铁处理工作的工人不可能理解这门科学的基本原理。”泰勒写道，“如果没有比他们受过更好教育的人对其进行帮助，他们甚至无法完全按照这些原则工作。”[3]

如果把科学管理等同于时间和运动研究，那就错过了泰勒对现代世界最具历史意义的贡献。泰勒总是宣称他渴望一场“精神革命”。科学管理与其他形式的工作组织或者其他类型的科学的区别，并不在于其他科学缺乏客观性或精确性，而是科学管理赋予了管理者行使个人意志的权力。一旦认可了管理者对劳动过程其实更了解，他们的知识来自普通工人所不知道的“研究”，谁还能再和他们争论呢？

毕竟，泰勒比大多数的施密特们受过更好的教育。他是费城一位著名贵格会教徒的儿子，他的祖籍可以追溯到五月花号的乘客爱德华·温斯洛。但他经常被认为是一个叛徒，因为他对法学院和哈佛大学的录取嗤之以鼻。尽管如此，在19世纪70年代和80年代，他在当地制造厂工作期间，凭借其具有特权的社会血统开始了自己的职业生涯，并轻松晋升到了管理职位。泰勒的目标是以牺牲工人为代价赚钱，这就引出了一个问题：为什么他赢得了被称为“人民律师”的布兰代斯的青睐？毕竟布兰代斯是一位直言不讳的工会支持者，他后来被提名到最高法院时因声称同情社会主义者而遭到强烈反对。答案是布兰代斯从泰勒身上看到了利用工业生产改善社会状况的力量。企业利润的增加还意味着应纳税所得额的增加，并有可能提高每个人的生活水平，从而更好地通过工业资本主义提升人民的生活水平。布兰代斯说：“效率是民主的希望，我们还有什么别的希望能实现这一新的社会理想呢？”

泰勒主义（Taylorism）被美国企业广泛采用，其影响远远超出了简单的提升效率。在将工厂定位于泰勒主义工厂之后，国际收割机公司针对新移民的教育项目也随之发生了变化。它早期出版的一本小册子，主要面向以激进主义著称的在职波兰移民工人，其中包括以下句子来帮助他们学习英语：

我听到了哨声。

我必须快点。

我听到哨声响了5分钟。

该进工厂了。

我换了衣服准备工作。

我一直工作到有人吹哨叫停为止。

我离开时把工位收拾得干干净净。

“教材”因此成为一种灌输工具。

在整个 20 世纪上半叶，泰勒主义在全世界赢得了源源不断的崇拜者和实践者。就连始终对资本主义不屑一顾的弗拉基米尔·列宁（Vladimir Lenin），也认为泰勒的理性主义方法或许可以作为一种模范，让那些有纪律的工人把他们真正的生产能力运用到社会主义生产运动中去。列宁指出，尽管他将泰勒主义称为“精致残忍的资产阶级剥削”，“苏维埃政府必须让领土内的所有人民学会工作。苏联必须不惜一切代价，对于这一领域的科学技术成果中有价值的东西予以采纳”。[4]

然而，泰勒在受到尊敬的同时，也受到了嘲讽。普通工人讨厌他。几十年来，他们一直在抗议他的科学和其他的“时间纪律”模式。这场阶级内部—外部的战争通过协商得到了部分解决，更高的工资抵消了不人道的工作条件。迫于劳工运动的压力，亨利·福特推出了每天 5 美元工作制。工资很高，如果一线工人愿意购买自己组装的福特汽车，他们的收入完全足以购买这一奢侈品。

为了吸引工人，其他雇主也纷纷效仿。（这种情况与今天相比也具有很大的相似性，例如，沃尔玛的员工，哦，很抱歉，公司其实将他们称为合伙人，他们赚得太少了，唯一能实现消费自由的地方就是沃尔玛。）

一场全球劳动过程革命原来是由一本虚构的书和一位名叫施密特的工人以难以置信的方式装卸生铁的故事引发的。尽管如此，泰勒还是被他最著名的客户伯利恒钢铁公司解雇了，因为该公司向他支付了巨额资金，但利润率却没有明显上升。然而，即使被解雇之后，泰勒也从不缺少工作。虽然他的科学在某些方面是失败的，但在其他方面却超出了人们的预期。作为一种将知识从工人转移到管理者的方式，泰勒主义无疑是革命性的。随着对时间的详细测量成为生产过程中更重要的因素，管理技巧的重要性也开始削弱了。秒表替代了鞭子，计时员也替代了经理。

尽管如此，泰勒还是被认为是现代管理的先驱，尽管他当时可能并没有被大众追捧。他的传记作者罗伯特·卡尼格尔（Robert Kanigel）所画的肖像画把他描绘成了一位被当下世俗的节奏所驱使的普通人，完全不具有预测未来的能力。从这个意义上说，泰勒的形象与泰勒主义的里程碑意义出奇地不同步，泰勒主义具有前瞻性和进步性，是工业资本主义的前沿。在阅读了可怜的施密特的故事后，美国劳工联合会的掌舵人、雪茄制造商塞缪尔·冈珀斯（Samuel Gompers）发现科学管理故事的“重点在于它的冷血”，足以让“每个人都成为一台大机器上的一个齿轮、一个螺母或一根针”。把工人视为零配件，仅仅是机器的附属品，对泰勒这些观点的指责很恰当。它激起了人们对通常所说的“最好的方法”的反思。[5]

当然，还有另一种方法。当泰勒忙着阻止时间，或者至少以效率的名义争夺时间时，吉尔布雷斯一家正在忙着设计人们的动作。1911 年，莉莲·吉尔布雷斯（Lillian Gilbreth）生下第五个孩子小弗兰克之后，开始为编辑她丈夫的手稿《动作研究》（*Motion Study*）而痛苦不已。弗兰克（Frank）和莉莲·吉尔布雷斯是泰勒的早期支持者，尽管他们未来达到的职业生涯对泰勒的科学既是一种有力的支持，又构成一种竞争关系。泰勒有泰勒主义，吉尔布雷斯一家有“瑟布利格斯”（therbligs），这是他们以自己姓氏的倒序重造的新词，含义是把人类在工作中的行动分解成离散的动作。吉尔布雷斯一家同意泰勒的观点，即将劳动过程置于科学的审查之下，如此一来，程序化将对盈利能力产生巨大的影响。然而，他们采用的方法完全不同。

吉尔布雷斯夫妇拍摄了工作中的工人、布置场景、评论磁带，指导工人如何可以更快更好地完成工作。他们的无声电影像真人秀一样平淡无奇，也像真人秀一样让人难以把目光移开。弗兰克安装了一台手摇 35 毫米的照相机，并在每一帧中放置了一个运行的微米计来记录时间。他们抓拍到工人砌砖、包装肥皂盒、在罐装盒上盖盖子、在请购单上盖章等行为。然后，吉尔布雷斯夫妇指导工人以不同的方式执行任务。砖块换了位置，肥皂盒和罐子也放在了更方便拿取的地方，冲压机上安上了脚踏板，这样就可以空出一只手来。弗兰克后来把微小的灯泡贴在工人的手指上，用他称为计时仪的长曝光照片捕捉他们的手部动作。

“吉尔布雷斯方法”被认为是技术和物质功能的完美结合，让影片观众都油然而生恍然大悟之感。在某种程度上，吉尔布雷斯夫妇的工作预示了我们所谓的“人体工程学”的诞生。

吉尔布雷斯夫妇非常了解如何有效地管理复杂的任务。作为一项社会实验，他们决定生 12 个孩子，以向全世界证明些什么。但到底想证明什么呢？我们目前还没想太清楚。无论如何，他们的两个孩子用闹剧《儿女一箩筐》(*Cheaper by the Dozen*)记录了一个双职工大家庭的疯狂冒险经历。在这本书和据此改编的电影中，莉莲作为科学家、作家和社会改革家的角色基本上被忽视了，当时的历史学家偶然提及管理革命时，也忽视了她在其中发挥的重要作用。续集《群梦乱飞》(*Belles on Their Toes*)在某种程度上纠正了这一失误。大部分时候，她是一位多面手母亲，好像做任何事情都能得心应手，甚至能同时给两个孩子哺乳。

吉尔布雷斯夫妇，至少是莉莲，不喜欢泰勒对待普通工人的尖酸刻薄。泰勒是一位享有特权的精英主义者，他虚报自己的研究成果以寻求

吉尔布雷斯把发光的灯泡贴在工人的手指上，用“计时仪”捕捉他们手部动作的图像。
资料来源：弗兰克·吉尔布雷斯。

财富，而牺牲了那些更努力、对情况更了解的工人。这使莉莲顿悟了。

1912 年，他们一家搬到了罗得岛州的普罗维登斯，这样莉莲就可以在布朗大学正式开始她的心理学研究了。两年后，她完成了自己的博士论文《管理心理学》。她的论文把运动研究置于核心位置，发展出了一种更全面的管理观。莉莲的研究专注于工人的福利。她坚持认为社会需要的管理方式应该包括充足的休息、改善照明、提高安全标准、提高工资、符合人体工程学的家具以及技能发展和职业培训。“成功管理的重点在于人，而不是工作。”她写道。[6]

吉尔布雷斯夫妇共同创立了一家咨询公司——吉尔布雷斯有限公司（Gilbreth Inc.），与老板和工会都签订了合同，以提高效率和工资，从而使他们从泰勒的阴影下走出来，以更加人性化的方式从事科学管理。吉尔布雷斯夫妇避免了当时许多针对泰勒的批评，因为他们对普通工人的困境具有人道主义关怀，并对他们充满了同情。他们认为自己是在帮助工人最大限度地发挥潜力，而不是提高利润，当然，这二者是联系在一起的。

为了寻找一个流行语来体现他们对工作内在回报的重视，吉尔布雷斯夫妇发明了一种时间测量的新方法，称之为“幸福时刻”。这个词的意思是，在工作中，当疲劳和压力降到最低时工人们感受到的更高程度的快乐，以及在生活中，工人们考虑接受效率挑战时感受到的热情与兴奋。从本质上讲，幸福时刻是一种生产力红利，工人可以选择以自己喜欢的方式将其储存起来或者用掉。幸福时刻特别适用于家庭经济，在家庭经济中，节省花在家务上的时间比在工厂里的工作时间更容易转化为休闲时间。

然而，弗兰克在 1919 年英年早逝，这让莉莲的事业、多子的家庭以及她本来就不多的空闲时间陷入了困境。在挣扎了几年之后，她最终决定把工业心理学的重点放在她最不了解的生活领域：厨房。尽管莉莲取得了各种成就，与有特殊需要的工作者进行过各种合作，创建了开创性的科学，取得了一系列荣誉——她却从来没有学过如何做饭，也从来没有做过饭。但为什么要阻止她做饭呢？毕竟泰勒也从来没有制造过车床嘛。

她的传记作者简·兰卡斯特（Jane Lancaster）在《腾出时间》（*Making Time*）一书中指出，通过推销她在管理方面公认的经过家庭管理验证的专业知识，再加上她作为一个古怪家庭现存的唯一负责人的公众形象，莉莲为自己创造了一个利基市场，开创了一份新职业。莉莲将科学管理引入了家庭，成为国际公认的设计师——例如，开创了厨房岛的先河，作为一位对家务不太熟悉的女性，她还拥有许多其他节省时间的创新设计。她试图使女性成为自己领地的主人。

1926 年，莉莲开始做各种家务的动作研究实验，包括铺床、洗碗、烘焙、摆桌子等。她还指导女性如何在家里进行自己的动作实验。她将这些实验的商业成果称为"厨房效率"，可以帮助"家庭创造者"（比起"家庭主妇"，她更喜欢这个词）减少从事某种劳动时的步伐数（而这往往是设计糟糕的传统厨房导致的）。

据《纽约先驱论坛报》报道，这种革命性的设计"将准备任何一道菜所需的动作减少了几乎一半，所需的行走量也减少到了六分之一"。与传统厨房相比，在吉尔布雷斯厨房准备草莓酥饼，厨房的操作次数从 97 次减少到了 64 次，实际步伐数从 281 步减少到了 41 步。她将设计原图送给女儿欧内斯汀作为结婚礼物。[7]

吉尔布雷斯厨房在 1929 年的女性博览会上亮相，与当时对家庭

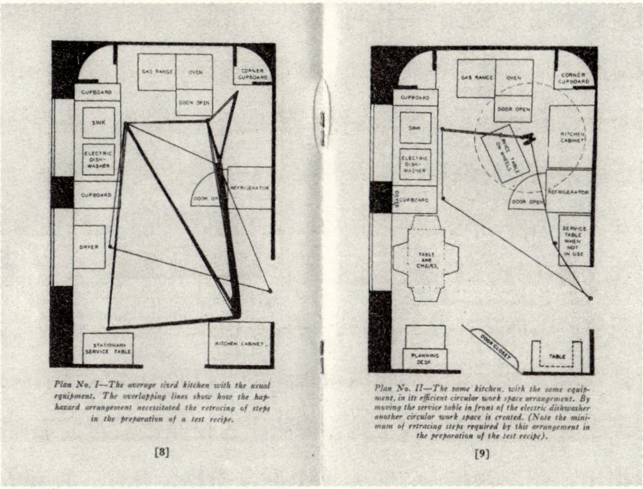

1930 年,《纽约先驱论坛报》刊登的吉尔布雷斯厨房的平面图,“改革前”(左)和“改革后”(右)。

资料来源：经普渡大学图书馆许可转载。

主妇的大量营销广告相呼应。可调高度的工作台面使得女性能自己轻松地整理厨房，并创造了宽敞的空间，让家庭主妇可以根据自己的需要进行定制。新家电产品出现在中产阶级家庭，而莉莲在这些问题上的专业知识帮助她将广泛的经验转化成稳定的职业。

她的精简家庭的努力最终又折返回工作世界，这一次是在零售业和家庭世界之外的公司办公室。作为梅西百货的承包商，吉尔布雷斯对销售台重新进行了设计，将达到最高效率所需的时间从 4 个月缩短到 2 天。

1933 年，在芝加哥举办的世纪进步展上，IBM 公司推出了吉尔布雷斯管理办公桌，将其宣传为“家庭经理的商业总部”。以普及泰勒主义辩论而闻名的马克思主义历史学家哈利 · 布里付曼（Harry Braverman）指出，其他人也认为这款办公桌非常适合泰勒主义的研究结果。他引用了 1960 年的一份办公室指南，其中规定了常见任务的完成时间。打开和关闭一个侧桌抽屉需要 0.015 分钟，关闭中间抽屉却需要 0.027 分钟，大约只有执行经典办公室操作“将椅子移到相邻的桌子或文件”所需时间的一半。[8]

然而，将吉尔布雷斯与泰勒区分开的并不是工业环境或对待工人的态度。泰勒科学研究的要点是，将生产分解为各个组成部分，剥夺工匠们久经磨炼的技能，并将这些技能传授给雇主。随着时间的推移，一旦工人对生产过程的知识和技能水平被充分降低，他们要求以任何方式改变生产过程的效率就会降低。去技能化削弱了工人的传统权力。相比之下，莉莲·吉尔布雷斯则试图教会女性一种新的技能，这是进步时代女性主义的主旋律，她因此经常受到高度的赞扬。但如果家庭内部的程序化仅仅是工厂去技能化的先导呢？毕竟，二者的结果是一样的：峰值效率。尽管莉莲拥有真诚的进步思想，但她毕竟还是提供了一种泰勒主义的工作模式。虽然无心插柳，但她预言了一个后工业社会的到来，并使其甚至成了一种工作场所之外的生活方式而得到广泛的推广。

•

19 世纪末，一种不断增长的末世颓废意识似乎表明，工业领域的工作场所只是在摧毁人类的身体，贬低他们的情感。疲劳和精疲力竭已经成为医学、国家安全和经济繁荣的主要困扰因素。正是在这种背景下，一位名叫埃尔顿·梅奥（Elton Mayo）的澳大利亚博学家化身为职场幸福的守护神。今天，现代管理留下了他带来的鲜明烙印。

1927 年，梅奥在哈佛大学的帮助下建立了一个跨学科的“疲劳实验室”，并配备了温度控制室，以研究工作者的不适和疲劳，包括他们的精神和情感健康、营养状况、血液、尿液和肌肉生理学。记录显示，在这项工作对人体影响的详尽调查中，他几乎没有留下任何实验细节。“身体和耳朵正常，”他记录，并补充道，“内衣干净、足够。”他认为在工业资本主义下工作的压力会表现为人体的身心创伤、细胞崩溃或精神失常。[9]

然而，梅奥的临床实践显然还有另一个动机。提到“对工作的悲观幻想”，他想“消除在社会动荡现象中表现出来的疲劳和非理性”，换言之，导致人们精疲力竭的原因不仅是工作，还包括他们需要不断地追求变革。梅奥试图了解情绪、心理和生理层面的退化，希望将工作者的不满情绪转化为对公司的忠诚。[10]

梅奥天才的洞察力在于，他把注意力完全集中在泰勒忽略的事情上：工作中人们的情感幸福。快乐的工作者不会反抗，基于这一逻辑，梅奥的科学有助于解释工作者的不满，也有助于消除工作者对资本主义的抵制，他认为，这种抵制离破坏主流社会的表面实际只有一步之遥。

在伊利诺伊州的西塞罗，他在西部电气公司的霍桑工厂开始了一项里程碑式的研究。霍桑工厂是一家电话生产公司，在其鼎盛时期雇用了 4.5 万人。梅奥有一个职业污点，就是没上过大学。但并不是他的低学历让他的拥护者们感到兴奋，而是他热切地坚持非经济激励是提高公司利润的关键。除了金钱之外，工人还可以受到其他因素的激励；他们只是还不知道而已。

在霍桑，梅奥的注意力果断地从身体转移到了情感领域。在一个有充分文献记载的实验中，梅奥和他的团队发现，无论自然光减少还是增加，生产率都会提高。他认为这一结果并不相互矛盾，反而解释了总体效果，即由于被安排在相互关系更密切的小群体中，工人的幸福感提高了。作为回应，梅奥改变了休息时间的长短，错开了时间表，并提供一日三餐。梅奥的最终结论是，效率的提高取决于工作组成员之间非正式的幸福感。随着他们之间关系的加深，他们对工作的投入也增加了，他们的工作效率也随之提高了。

梅奥随后亲自监督该项目，将霍桑的数百名主管培训成业余治疗师，其中包括战略提问、积极倾听和其他本应由拥有心理学学位的专业人士才需要的技能培训。泰勒希望工人们只要做好自己的工作就行，而梅奥却坚持说他们也应该享受自己的工作。

今天的管理者并没有放弃榨取更高生产率的老式方法，但已经明显地从工厂煽动者转向了工业心理学。现代科学管理的前提是需要控制工人的身体和心理，即使他们实际上并没在工作。其中一种方法是引入游戏和玩耍机制作为一种激励工具，数十亿美元寓乐于工作的产业的爆炸性增长就是明证。通过使用测量、观察，以及一点友好的竞争，游戏化旨在通过将打休闲游戏时意外挤出的创意果汁转化为面向市场的商品，模糊了工作中趣味性和功能性之间的区别。所有的工作时间都因此变得富有成效，工作成了休闲，玩耍转变成一种日常义务。

毫无疑问，如果增加了合作的因素和有趣的感受，大多数苦工将更值得为之辩护。一些进步时代的改革者把苦力看作工作中蕴含的美德。正如历史学家丹尼尔·罗杰斯（Daniel Rodgers）所指出的，他们认为“日常工作通过在神经系统中以一种深刻而舒适的轨迹来回穿行而解放了工人的思想，从而使他得以自由思考”。换句话说，工作无聊是一剂健康的良药，可以让我们偶尔有一些精神上的逃避，帮助我们度过漫长的工作日。但游戏化工作是不同的。它将员工在娱乐活动中学到的技能转化为一家逐利的企业，游戏规则也可以强化工作中的行为准则。[11]

当前，管理层对游戏化的痴迷常常被视为一种创新武器，用以应对出现在众多工作者身上的现代弊病：他们不仅对工作感到疲惫，而且对从毫无意义的任务中永无止境地追求人生意义感到疲惫不堪。但它并不像看上去那么新颖或具有革命性。[12]

长期以来，美国管理者也鼓励使用“娱乐顾问”来提升工作士气。这些想法正是迈克·贾奇（Mike Judge）的电影《办公室空间》迅速引起轰动的核心所在。在办公室里，3 个不知情的英雄，极度憎恨自己的白领工作，参与了一场大规模的公司破坏行动。这部电影的主要目标是讽刺星期五穿夏威夷衬衫所强行制造出来的娱乐性；在另一个情节线索中，一位角色被要求在制服上装饰“花哨”一点，以表现出她对低工资服务员工作的个人承诺。在纪录片《夜场女孩站起来！》（*Live Nude Girls Unite!*）里，在旧金山举行的“性感女士窥视秀”上，舞者们报告说，在工会谈判期间，管理层坚持认为她们的工作是一种“乐趣”，而工作者们成功地对该观点进行了指责。

今天，通过使用新技术使工作游戏化的做法得到了更大的发展。优步（Uber）和来福车（Lyft）给那些累积里程最多甚至与客户进行了最佳对话的司机颁发“徽章”。塔吉特（又被戏称为自由主义者扎堆购物的沃尔玛）使用结账游戏，对领着低工资的结账员的速度和精确度进行评分。在员工扫描和打包物品时，彩色编码屏幕会实时和公开地显示各个员工的效率。因此，员工可以在没有经理在场的情况下监控自己和同事。酷圣石冰激凌通过一款名为 Scoop It Up 的视频游戏来训练在商场就职的冰激凌服务大军，鼓励员工在非工作时间玩这款游戏。该游戏将玩家提供给客户的冰激凌球的大小与公司预先确定的最佳大小进行比较，然后计算出因给出的冰激凌球过大而浪费的数量。这种训练游戏变得十分流行，在市场上随处可见。[13]

此外，成百上千的应用程序为雇主提供了一种在监控工作效率的同时将工作游戏化的能力。Challenge Timer 使用番茄工作法（Pomodoro Method）将复杂的任务分解为更小、更易于管理的部分。与番茄工作法同名的是番茄形状的计时器，弗朗西斯科·西里洛（Francesco Cirillo）在 20 世纪 80 年代首次使用这种计时器，以 25 分钟为单位组织时间，使任务更易于管理，目标更容易实现。Beeminder 可以帮助你实现自己主动设定的生产力目标，如果你没有完成目标的话，它可以减轻你钱包的负担。因为你需要用信用卡注册这个应用程序，如果当天的目标没有实现，它会从你的账户扣除 5 美元。我真的非常怀疑这些技巧是否有任何个人价值，为了不至于显得太过愤世嫉俗，我讲一个自己的故事。这本书的研究激发了我对时间管理的兴趣，于是我也开始使用游戏化的时间管理应用程序。如果这本书真的能按时出版，我至少要部分地感谢 Forest 这款应用程序。它允许用户设置一个时间限制，在这段时间内限制用户使用手机，为此它会生长出一棵虚拟树。如果你像我一样，从自己专注的时间中获得了足够多的积分，那么与这款应用程序合作的一家非营利组织将在一块非洲农民的土地上种植一棵真正的树。在肯尼亚的某个地方，现在有一片小树林，都是我辛勤耕耘的结果。

优步型的劳动力前景令人兴奋，他们被内部的动力以及外部的推力所激励，这种模式对所有寻找赚钱机会的人具有极大的吸引力。工业科学对管理者的思维方式产生了深远影响，当美国人从制造业经济转向服务业经济时，工业科学的思想还在整个世纪回荡。他们引发了人际关系运动，应该被当作知名管理大师如彼得·德鲁克（Peter Drucker）和汤姆·彼得斯（Tom Peters）的前辈。德鲁克和彼得斯是不知疲倦（又烦人）的管理者，他们以乐观的性格和广博的组织心理学知识传播着如何管理员工的福音书。

最初的工作哲学已经演变成了一种生活方式。有人可能会说，我们对生产力的日益迷恋只是对死亡的理性反应，毕竟你从一出生就开始走向死亡。相比之下，效率具有直观的吸引力。做你已经做过的事，不过要以更快的速度。但如果认为我们不断增强的时间意识仅仅意味着一种自我感觉良好，那就错了。

16 世纪，钟表作为规范工作日的一种方式被首次引入英国工业。在早期工业历史中，工人和工厂主为争夺对时钟的控制权而展开了激烈的斗争，有时甚至是你死我活的战斗。据历史学家 E.P. 汤普森（E. P. Thompson）说，工人们虽然已经习惯了按时钟上的时间进行工作，但也努力地想控制工作场所的时间测量装置。虽然这一抗争的历史很无聊，但是从未彻底停止过。这些斗争的结果就是他所谓的“时间纪律”，即工人对老板时钟的主观取向。我们的祖先讨厌钟表。那么，我们所处的现代社会对钟表的痴迷从何而来？

泰勒的秒表成了我们的集体起搏器。这让我们更像泰勒还是施密特？泰勒和他同时代的人把效率强加于一支有抵抗力的劳动力队伍，而我们现在严格遵守着效率和生产力的要求，更多像是在内心默念口诀：完成工作。

事实上，“完成工作”（*Getting Things Done*，中译本书名为《搞定：无压工作的艺术》）是当代生产力大师戴维·艾伦（David Allen）管理圣经的标题。这个短语说起来有些费时间，所以他将其简称为GTD。GTD是个人责任、自助和企业友好型信息的混合体。关键是要把低效生活的责任转移到个人身上，而不是对社会问题进行调和。艾伦说，对于过度工作和压力过大的人来说，“时间不是问题所在”，问题在于“你需要心理带宽”。艾伦强调，个人的时间管理存在着等级制度（有些工作属于“立刻着手去做，有些则要委派给别人，还有些需要推迟”），这一分类可以通过一个纸质的待办事项列表系统来完成，但是要避免使用任何其他技术工具，除非使用它们有助于实现“GTD”（换句话说，由戴维·艾伦设计和销售的工具才行）。

个人生产力应用程序和提供时间管理建议的图书都承诺，让个体在一个越来越随意的社会中提升掌控程度。全球化造成了一个空间问题。它要求工作者要么选择来去自由，背井离乡，愿意为工作而搬家，追逐机会；要么只能在永久的竞争中失利，因为在世界的其他角落有人愿意并且能够以更低的成本工作。同样，不稳定就业造成的混乱意味着我们必须随时待命，随时听命于他人，与我们对生活的承诺相抗衡。在这种环境下，时间管理可能会使我们与他人相比存在显著优势，特别是如果我们恰好是不断增长的跑腿工作、自由职业者和零工经济中的一员。毕竟如果我们因为自身原因没有为下一个“机会”做好准备，就只能责怪自己了。

通过苹果公司的各种设备，我们可以下载成千上万的生产力类应用程序。有人称之为数字泰勒主义。它更像是促进生产力的色情片，因为它不仅提供了众多的工具，还创造了一个幻想世界，在这个世界里，自我是完全可以量化的、温顺的、受控的。像Self-Control这样的应用程序会阻止你访问某些你认为会分散注意力的网站，如色情网站。其他程序，如 Rescue Time，在你背后运行，跟踪你的在线活动，让你知道，比如，你到底有多少时间浪费在浏览色情网站上。Todoist 帮助你追踪自己的一整天活动，好像你是一个移动的待办事项列表。你可以划掉“看色情片”这一事项，感觉自己脱离了低级趣味。重点是色情片并不是问题所在，我们沉迷其中浪费的时间才是。

然而，我们当中最有时间意识的人也已经变得对此不那么虔诚了。他们管理的时间越多，实际拥有的时间就越少。以梅林·曼恩（Merlin Mann）为例，他是一位生产力传道者，创建了 Inbox Zero，这是解决无休止收到电子邮件的最佳方法，但这一方法却占用了世界各地白领们的大量时间。随着越来越多昂贵的“个人数字助理”在时间管理热潮中大行其道，曼恩发明了他称为“嬉皮士”的个人数字助理，实际上就是一叠空白便笺纸和一支用活页夹夹在一起的钢笔。这听起来像个冷笑话，但人们对此项发明却郑重其事，尤其是成千上万的 GTD 爱好者。曼恩把这种高人气变成了他的下一件大事。在他颇具影响力的谷歌科技演讲后，收件箱零邮件运动迅速风靡，因为他承诺这将是禅宗和实用主义的巧妙结合。他似乎在说，“空的收件箱，快乐的生活”，并期待由此带来近似日本家政女皇藤麻理惠的收纳智慧所引发的那种强迫症般的快乐。

曼恩的哲学很吸引人，因为它抓住了一个尚未被命名的迷思。20 世纪 90 年代预言了电子邮件将使通信更快、更便宜、更容易，为大家腾出时间做点别的事。但现实刚好相反，它似乎证明了芝诺悖论：如果你每次都半途而废地接近一个有限点，那么要到达那里就需要无穷多的半途而废。每封邮件都需要回复，而每次回复都会产生另一封邮件，这又需要另一封回复邮件。我们删除得越多，邮件就堆积得越多。历史学家罗斯·考恩（Rose Cowan）在1983年出版的《母亲的工作越来越多》（*More Work for Mother*）一书中指出，新家庭技术广泛应用后，家庭主妇们期待已久的休闲生活从未实现。相反，卫生和清洁标准不断提高。现在，吸尘器使一切变得更干净了，但我们希望家里一尘不染。随着洗涤技术的进步，我们对上浆的白衬衫和无磨损牛仔裤的要求越来越高。换句话说，“节省劳动力的技术”只是一个谎言。在《适得其反》（*Counterproductive*）一书中，技术作家梅丽莎·格雷格（Melissa Gregg）对“注意力经济”提出了严厉的控诉。她认为，我们只能不断追求时间管理计划，而不是去追求可预测的时间表、公平的工作周以及适当的家庭和医疗休假政策。后者才是少花钱多办事的必然结果，才是对不稳定进行统治的逻辑。[14]

时间管理软件的吸引力不仅在于节省时间或提高效率，如人们自以为的那样。相反，它让具有特别物质基础的新文化背后的逻辑登峰造极。格雷格的理论指出，生产力表明了个人在有意识地遵守21世纪理性。浪费时间不仅是一种浪费行为，更是一种邪恶性格的本质。时间管理的文献最早出现于20世纪50年代，但在20世纪70年代经历了一个繁荣时期，正逢第一波企业裁员浪潮的兴起。在裁员和稀缺工作竞争日益激烈的背景下，越来越多的言论向工作者施加压力，要求他们向雇主证明自己的价值，在与工会和中产阶级被迫妥协几十年后，雇主开始处于攻势。在这种环境下，掌握明智利用时间的能力成了一种重要的职业资格，一种在合格候选人的海洋中脱颖而出的手段，使自己能在经济不确定性的迷雾中小心翼翼地航行。

这种新的企业道德不仅对员工如何看待自己，而且对员工如何看待彼此都产生了重要影响。对个人生产力的强调实际上鼓励了“有竞争力的上班族以牺牲他人为代价获取个人成就”，格雷格认为这“抹杀了工作场所中存在的相互依存关系”。[15]

当我们努力专注于工作时，技术常常被描绘成肩上的终极恶魔。但是生产力应用程序如同我们对时间意识的数字延伸，以前发挥的作用是让我们远离工作岗位，但现在也可以让我们重新回到工作岗位。时间管理，正如目前的执行现状，不是在工作和休闲之间取得平衡，而是把我们的主观倾向转变成一般的生活方式。以微软新推出的电脑和平板电脑系列为例，它通过技术帮助我们“在工作和个人生活之间流畅地切换”，激发了我们对掌握时间的渴望：

> 我们相信，微软通过提供技术支持，帮助您管理这种数字化的生活方式，而不是让您不知所措。我们专注于自己的力量和激情，在生活的方方面面为您打造一个提高个人生产力的新时代。不仅是工作，还有生活、学习和游戏的方式。我们将帮助您充分利用时间，用我们的经验帮助您连接整个生活和所有设备。[16]

生产力应用程序，或者如格雷格所说的“以技术为中介的效率基础设施”，“推动了一种不区分工作、家庭和休闲的生活方式”。在生产力的论述中，工作的极限在哪里？工作场所的边界在哪里？工作日的结束在哪里？事实上，管理理论的一个核心要求是，工作可以用某种形式持续地从事。这样我们就可以在休息的时候再找到一定空闲，继续从事最有成就感、最有回报的职业或最有成效的工作。

然而，时间不仅能被管理，也会被消耗。社会学家丽莎・韦德

（Lisa Wade）举了一个奢侈茶叶的例子。这种产品的广告上写道："17盎司的茉莉龙珠绿茶需要我们用手擀一整天。但只需3分钟，你就能看到这些芳香的龙珠优雅地展开，变成世界上最舒缓、最美味的茶之一。"换句话说，消耗别人的辛劳——韦德所说的"一整天的劳动，才能呈现3分钟卷曲的美好"——能提高产品的质量。在这里，我们不是在庆祝效率，而是在崇拜我们从一款基于茶工一整天辛苦劳作的产品中获得的乐趣。社会阶层总是以你究竟是出售劳动还是购买他人的劳动为标准进行划分。重视地位，从字面上说，也就是有品位地消费他人的时间，突出了劳动时间非同寻常的本质：既是一种经济利益，也是一种文化地位的象征。换言之，时间管理理念的前提假设是我们的时间是可以掌控的。只有你正确地使用它，它才是你的。但如果你效率低下，那么它就属于别人，如老板或者消费者等。[17]

泰勒和他所激励的那些管理者之所以成功，不仅是因为他们强有力的残忍，更是因为他们的理性。他们利用了一种现有的常识，这种常识从一开始就是资本主义的基础，至今仍与我们同在。父母和他们的孩子，在持续忙碌的推动下，越来越多地求助于像Slack这样的劳动力规划应用程序——它的口号是"在这，你能找到各种工作"——来安排他们的私人生活。当然，充分利用时间是有道理的，但是为老板省钱和充分享受我们自己的时间是两码事。公司的鼓吹最终会侵蚀时间管理带来的实际好处。此外，管理控制不仅意味着更多的工作，而且意味着更快地工作。提速加剧了长时间工作的矛盾。时间管理作为一种生活方式逐渐成为一种社会规范，这一过程让过去的监工和他们手中的皮鞭变得更加隐蔽。不过，它们仍然如影随形，部分原因是新技术给了它们第二次生命。[18]

第3章

电　鞭

泰勒和其他管理大师是真正的革命者。他们改变了进行生产和提供服务的方式，这些改变至今还在影响着我们的日常生活方式。他们的科学成了美国资本主义的新节拍器。通过对劳动力的巧妙控制，他们使管理者占了上风，把工厂变成了一块贵族的封地。今天的工作场所对以上管理大师的认同一如既往。

但现代生产力专家已经强化了泰勒和其他人开创性的工作。看看这个国家最大的雇主的工作场所吧。很明显，工作时间在今天已经被有效地武器化了，它不仅可以被准确测量，而且可以完全被掌握和监控。我们必须知道人们是如何打发时间的，或者更准确地说，填满时间的。不仅如此，我们还要知道他们以什么样的节奏打发时间。泰勒和他同时代的人试图维护官僚制理性的正当性，要求员工和老板履行各自的职责。今天，时间理性统治着一切，因为时间在剥削过程中的作用比以往任何时候都更加居于管理中心。结果不仅延长了工作时间，而且加快了进度，缩短了最后期限，对时间表进行了更多的技术控制，并建立了一个监控和治安系统，用于确保每一秒的工作都能创造价值。在大多数情况下，没有大喊大叫的工头掐算着员工的每一次移动，也没有专家就如何有效运行向经理提供建议。但这并不意味着类似的过程没有发挥作用，许多做法甚至被新技术强化了。

2010 年，亚马逊宣布将入驻宾夕法尼亚州的莱海河谷，并在当地公路两旁的一系列广告牌上发布了这一新闻。我在那里长大，我认识的大多数人将这件事看作一项救济。每个空缺职位都有 5 个求职者，官方失业率上升了 10%。经常听到宣传说经济已经从大萧条中复苏了，但对大多数当地人来说，这种复苏根本不存在。几位老朋友和家人也曾收到明信片，上面印的其实是亚马逊位于布雷尼斯维尔的新执行中心的招聘广告，那里离我的家乡伯利恒并不远。

亚马逊位于莱海河谷的执行控制中心，距离一个多世纪前弗雷德里克·泰勒第一次要求施密特将 47 吨生铁装上一辆手推车的地方只有很短的车程。从那时起，美国通过了无数的劳动法，旨在保护工人免受过度的压力、危险、紧张和偷盗。然而，他们的时间却在很大程度上仍然没有受到联邦法律的保护。现在的科学管理并不比以前增加了更多的科学性，它只是拓展到了数字领域。想象一位当代泰勒主义工厂里的工人，她就像施密特的幽灵，在亚马逊的仓库里辛勤地工作。只不过她不是在装生铁而是在搬运包裹。她没有被掐表计时，而是在和自己赛跑。她名叫妮可·卡尔霍恩（Nichole Calhoun）。

起初，妮可对在亚马逊工作的前景感到兴奋。因为工作很难找，当地职业顾问承诺，只要她“掌握了‘个人核心竞争力’，并在竞争中脱颖而出”，就可以找到工作。这种说教充满了陈词滥调，让她感到筋疲力尽。当时，她只知道亚马逊是一家在线书店，当她去投简历时，她甚至想象公司在当地的办公室可能会像一座令人眼花缭乱的图书馆。经过药物测试和背景调查后，她得到了一份夜班零工，每小时挣 12.75 美元。

“他们甚至都没看我的简历。获得这份工作太容易了。”她后来写道。不过当她正式开始工作时，她很快改变了自己的想法。亚马逊当年赚了足足 340 亿美元。她意识到工作地点原来是一间典型的仓库，就像我们在新闻报道中已经熟悉的模样，而并不是一家外表光鲜亮丽的书店。亚马逊莱海河谷工厂占地超过 60 万平方英尺，面积巨大。

当收到订单时，妮可的手持扫描器就开始倒计时，她按照指示找到商品，扫描商品，并将其放在正确的箱子里。扫描器也给她指出了一条“选择路径”来跟踪下一个项目。她一整晚要步行 15 英里，穿过一望无际的货架，扫描数千个条形码。“所有的东西都有条形码，连我也有一个。”她告诉我。挂在她脖子上的白色徽章追踪着她的位置，她手里的扫描仪监测着她的工作效率。“扫描仪是你的主人。”她说。

她并不是独自在这个洞穴里工作。与她同行的还包括兼职教师、负债累累的学生、轮班照看孩子的父母、技术工人、退伍军人、移民以及有时需开车数小时往返于此地的其他同事。“我们有足够的时间互相了解。”她开玩笑地提到了自己的工作日程。由于强制加班，她经常每周工作 55 到 60 个小时，经常被保安从休息室提前叫醒，叫她回去工作。在寒假前后的旺季，为了完成生产目标，员工们经常不得不改变自己的日程安排，取消病假。然而，尽管始终需要人手，解雇却很常见，亚马逊有一种不停进仓出仓买卖股票的心态，这可能是由疲软的劳动力市场导致的。工作时间过长的挑战叠加缺乏工作保障，使得情况变得更为复杂。因为在圣诞节高峰期结束后，公司将发出喜忧参半的通知，决定每个人未来的就业前景。妮可告诉我，当拣货员们在货架之间彼此擦肩而过，和每个人的计时器赛跑时，他们会把扫描器瞄准自己的太阳穴，假装扣动扳机，这一场景十分常见。

然而，按照亚马逊的标准，妮可是一位理想的员工。她轻而易举地超过了每小时拣货 125 次的要求。作为工厂里最有效率的配货员之一，她很快就晋升为企业的“大使”，这个头衔意味着更高的报酬，且负有培训其他配货员的责任。在所谓的配货学校，她遵循着公司的培训方案，但也借机告诫人们不要过度工作、筋疲力尽。尽管一家临时工中介公司聘用了她，但亚马逊全职工作的承诺始终悬在她面前，诱惑着她保持积极性，更加努力地工作。

但她还是在圣诞节后被解雇了，第二年夏天又被重新雇用。与此同时，当地报纸《早报》披露了关于布雷尼斯维尔的设施情况，妮可就是那个主要爆料者。这是公众第一次读到亚马逊的点点滴滴，这迅速成为全球性的新闻。她在里面看到的一切突然公之于众了。

室内温度经常超过 100 华氏度，经常有员工因脱水或中暑而被抬上担架或扶上轮椅。在 6 月的一天，由于气温高达 110 华氏度以上，有 15 名员工在工作中晕倒了。报道引述了一名员工的话，管理层安装了风扇后，这里就像“一边在对流烤箱里工作，一边用吹风机吹干头发”。对此，亚马逊公司安排了医护人员坐在仓库外的救护车上，为那些饱受高温和工作节奏之苦的人提供治疗。妮可说，楼上太热了，有时都读不清配货箱上的号码。“这让我很抓狂。我简直看不清楚任何号码。”

这不仅仅只是炎热天气造成的，还是工作节奏不断加快的结果。许多奔波在仓库的员工甚至并不受雇于亚马逊。他们是被一家叫 ISS 的临时机构雇用的，ISS 是一家全球保安公司，亚马逊与之签约处理其仓库工作事宜。不过，临时工中介工作不仅仅是外包。妮可说："他们还是真正拿着鞭子的人。"

《早报》援引库兹敦居民斯蒂芬·达拉尔（Stephen Dallal）的事进行报道。他曾回应了一则广告，按其要求在"有趣、快节奏的氛围"中工作。达拉尔在 6 个月后因未能达到生产目标而被解雇。"事情越来越难，"他说，"一开始是每小时 75 件。然后每小时 100 件。每小时 125 件。效率要求越来越高。"

妮可在亚马逊又工作了一个旺季。情况没有明显好转。她开始在休息室里悄悄地谈论起一个工会，一些仅有的答复只能写在浴室墙上，她说员工害怕说话，因为害怕公司在监听。管理层开始在工作现场大量使用临时工。妮可开始被临时性地安排工作，中午就被通知回家，她赚钱谋生的时间远远不够。"首先我的工作累得要死；然后我又对工作充满渴望。这就是他们对我们的所作所为。"她说，"他们一直在看着我们……这是我见过的最残酷、施虐最严重的工作场所。"

妮可和其他人被监控技术吓坏了。但正是贫穷和厄运这些老生常谈的问题最终使她陷入困境。有人闯入了她的公寓。工作期间她的车因违章停车被从亚马逊停车场拖走。由于赚不到足够的钱，她不得不离开，到别处找工作。为了得到亚马逊的工作，她签署了一份竞业禁止合同，这是一份法律文件，禁止她在特定时间内与亚马逊的直接竞争对手合作。"但亚马逊与所有人都在竞争。"她告诉我，显然到今天还在为此恼怒，因为她又重温了一次不愉快的回忆。她找不到任何工作，所以把信用卡的钱花在了食物和其他必需品上，然后搬到了西部，在加州伯克利的人民公园里游荡，最后在西雅图安顿下来。

几年前，她在街上挂了一个招牌，上面写着“讨价还价”：“我是一个亚马逊线上超市的拣货员。获得了学位。现在我无家可归，每天写作，在街上举着牌子。”总之，6年来她一直无家可归，睡在街上，在庇护所里，偶尔也睡在朋友的沙发上。她说她遇到的人经常对她的故事感到惊讶。她先在街上谴责亚马逊，后来又在《卫报》上责备他们。“我的无家可归不难以理解，”她写道，“我只是赚不到足够的钱去租一间屋子……我还见过其他聪明勤奋却又无家可归的人。”

当我采访她时，她的情况有所好转。她设法避免了一些亚马逊对她这个“敌人”的最严重的高射炮攻击，最终找到了一块立足之地。但这并不容易。“我做了6年的美国实地研究。”她说，指的是她收集的有关自己和生活同伴的经验性数据。现在，她为一个帮助管理无家可归者帐篷城的组织工作，这个帐篷城实际上就位于亚马逊的西海岸新总部附近。她说：“我在街上挂牌子期间受到的尊重都比在亚马逊工作期间多。每次看到那个地方，我都会想起那里有多么可怕。”

如果这只是一件个人的传奇故事，那么妮可的故事确实只会让人觉得揪心而已。但是，在妮可和其他人通过《早报》举报了亚马逊的莱海河谷工厂多年后，更多的法庭案件开始描绘出亚马逊这家公司更加全面的情况，使她的故事具有了普遍意义。当巴尔的摩的一名员工起诉亚马逊时，亚马逊为自己辩护，用证据证明该员工犯了名为“生产能力”的过错。当公司的监控系统发现他们的生产率低于基准时，许多情况下员工会因此被自动解雇，管理人员并不会与他们真正交谈。公司说，在巴尔的摩的那家工厂，一年内有300名员工被解雇，比前几年已经有所减少。在另一个案例中，数百名东非移民在明尼苏达州的亚马逊工厂抗议因轮班而没有时间做祈祷。他们的抗议导致亚马逊公司的管理政策发生了令人震惊的逆转，允许他们有更多的时间来满足穆斯林信仰的要求。但其他人就没他们那么幸运了。内华达州的一个工人团体在最高法院的一个案子中最终败诉，该案裁定，亚

亚马逊专利：超声波手环和检测货物位置的接收器，二维平面图

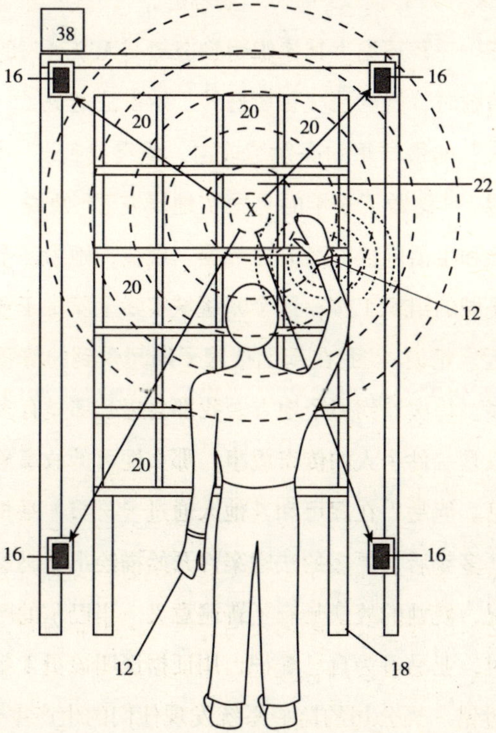

资料来源：Jonathan Evan Cohn, US Patent and Trademark Office, 2016。美国专利局，US009881276B2。

马逊不必为每次轮班结束后进行的冗长的强制性安全检查支付工资报酬。有时工人需要等待长达半小时的检查才能获准离开仓库。[1]

妮可离开亚马逊后，该公司申请了一项设备专利，以进一步指导配货者的时间和动作。上面是该手环的专利申请图。它会计算你的脚步声，绘制你在数英里长的货架之间的路线图，计算你在浴室休息的时间。它每 9 秒就会用“触觉反馈”来提醒你，这是一种“超声波脉冲”，它能感知你的手相对于架子上物品的位置，以电子方式引导你的手伸向货物。然后是与倒计时时钟赛跑，找到一个特定商品，扫描其条形码，并把它放在一个箱子里，然后再开始寻找下一个商品。如果来到该环境的升级版模式，拣货员甚至都不需要走路，只需要舒服地站在泡沫垫上，就像 Kiva 机器人一样，向腕部装置自动发布指令，每次将她送到一个货架跟前，方便她找到特定的商品并将其送到指定地点。

•

当妮在宾夕法尼亚州的亚马逊中心顶楼挥汗如雨时，伊莎贝尔·巴雷拉（Isabel Barrera）正在加州一家自助洗衣店的地下室里满头大汗地换班。在米奇屋和兔子罗杰旋转卡通车的下方，隐藏在乐园兴高采烈的游客人群脚下，一个巨大的工业洗衣房正 7 × 24 小时地在加利福尼亚州阿纳海姆隆隆作响。伊莎贝尔上白班。几年前，她逃离了萨尔瓦多爆发的武装冲突，来到了美国。最后，她来到这里，在迪士尼乐园清洗床单。她把床单、布制餐巾、被子和衣服塞进巨大的洗衣机和烘干机里。迪士尼乐园的豪华住宿提供了酒店业设计师口中天堂般的床，一张垫得厚厚的床垫，上面有温暖的毛毯和一堆花哨的枕头，在度过一天漫长的假期之后，这些将给游客带来终极的放松。但在这个地方的地下深处，工作充满着地狱般的灼热，无休无止的轰鸣和危险。

伊莎贝尔加入了工会，让这份工作的某些糟糕之处起码可以忍受。她的工资很高，享受着优厚的医疗保险。但 2008 年工会合同到期后，迪士尼乐园对衡量员工生产率的方式做了一些改变。员工们过去常常在纸上记录汇总他们每班洗涤的亚麻布数量，但迪士尼最近建立了一个自动计数系统，作为员工生产力的跟踪器。

一天，员工们上班后，发现工作场所周围贴着巨大的屏幕，屏幕上的人名用不同颜色显示，就像交通灯一样忽明忽暗。当他们工作时，那些与预定生产力目标保持一致的员工看到自己的名字闪烁着绿色。但是，当他们放慢速度或远远低于迪士尼的效率标准时，他们的名字就会以黄色或红色闪现。管理者可以监控地面上的屏幕，并根据平均绩效调整生产率目标。后来，洗衣机也被编程为闪光颜色，以进一步确定哪些员工在使用哪台机器时加速了或落后了。员工如果不能跟上速度将受到例行的纪律处分。他们称之为“电鞭”。

管理者可以在楼上的控制室里对生产力目标进行微小调整，监控个人和团队的行为表现，甚至不在控制室里也可以完成这项监管任务。不久，员工团队就被瓦解了。他们开始互相竞争以达到新的生产力目标。有时，他们互相指责对方拖累了整个班次的节奏，团队中充满了敌意。员工们担心上厕所会浪费宝贵的时间，休息室也空无一人，因为他们害怕管理层会进行报复。工伤开始增加，因为员工们努力想跟上更快的步伐。总之，团队士气暴跌。

伊莎贝尔讨厌电鞭。不久她发现其他人也讨厌它。毕竟，这是个小世界。所以她自己组织轮班想打败电鞭。如果一两个员工掉队了，那是员工的问题。但如果所有人都以合理的速度工作却仍然在掉队，那就是管理层的问题了。伊莎贝尔鼓励同事们按自己的步调工作，而忽视彩色的闪光。最终，管理层被迫放松了对时间的控制，以更少的换班次数恢复了更正常的工作节奏。简言之，他们放慢了每天的工作节奏，以减少工伤事故和伤害，并施以一定程度的控制。最终迪士尼做出了一点让步，同意不把它认为的生产力下降作为处罚员工的理由。然而，电鞭仍然存在。如今这样的鞭子随处可见。然而，世界上的伊莎贝尔们并不总是会及时出现并对此予以反击。

曾帮助伊莎贝尔和同事们与电鞭搏斗的工会组织者比阿特丽兹·卡萨索拉–托佩特（Beatriz Casasola-Topete）也目睹过这种技术在酒店中的应用。接待员由电子服务器监控，在电话中对他们与客人的互动情况进行计时。比阿特丽兹解释说，既定目标是高效的客户服务。比阿特丽兹曾经是一家大酒店的大堂经理，在夏威夷目睹了这一做法，不过这种做法确实很普遍，老板们经常通过电话或平板电脑监控哪些房间被打扫过。清洁工过去总是以他们知道的最好方式来完成这项工作，记录并相互交流。但现在，管理层可以实时看到哪些房间正在被打扫，算法也可以高效地把员工派到酒店各处。“这通常不是很符合逻辑，”比阿特丽兹说，“至少从员工的角度来看不符合。”

当然，这种安排的背后确实是有逻辑的。HotSOS 和 Rex Room Expeditor 是电子酒店管理行业的两家主要服务提供商，它们都承诺通过简化服务流程为酒店经营者节省数百万美元。在担任工会组织者的 20 年中，比阿特丽兹注意到一个明显的趋势，即酒店希望在更短的时间内，以更少的员工为客户提供更好的服务和更多的便利设施。

“总有人在身后抽打着鞭子，”她说，“员工的行为方式就像一个电脑程序。你以为计算机只是给自己编程吗？”

这两件逸事强调了任务的时间安排和小时间段的计算对大公司业务是何等重要。随着不断的现代化和技术发展，对精确性的要求也在不断提高。也对工人产生了诸多影响，包括明显的压力、健康状况恶化、精疲力竭、工作家庭冲突，更不用说经常被监视的幽闭恐惧感了。

对于大雇主来说，很容易就把工人阶层当作机器的一部分。但白领专业人士则是另一回事。适合于专业化环境的管理监控需要更多的数据，因为白领工作者执行的日常任务更少。他们的行动更难被引导，最关键的是，更难被预测。这使一种更先进的科学管理方式终有用武之地。妮可和伊莎贝尔在不同程度上受到了新控制方式的管控。她们的白领同伴可能面临着一种全新的资本主义。为了了解美国经理人是如何赢得对专业人士之战的，我们先来看看美国人的消遣活动。

迈克尔·刘易斯（Michael Lewis）在2003年的畅销书《点球成金》（*Moneyball*）中，讲述了奥克兰运动家队的总经理比利·比恩如何彻底改变了球队寻找新运动员的方式。长期以来，棒球被定义为一种具有分裂特质的运动——充满了空洞的统计数据，同时又拥有比赛的浪漫感。比恩没有依靠老式侦察兵常有的犀利眼光，而是求助于哈佛大学培养出来的统计学家，在新兵领域寻找经验主义的佼佼者。换句话说，通过科学预测，寻找那个会成为冉冉升起的新星的孩子。虽然奥克兰获得了103胜的好成绩，这也成了美国联赛历史上最长的连胜，但最终还是其对手洋基队赢得了本赛季更多的比赛。即使如此，2002年奥克兰的成功却点燃了一场革命。从那时起，体育团队越来越依赖复杂的预测算法来评估人才。

棒球是门大生意，但很难完全消除球场上存在的浪漫想象。毕竟梦想之地是无法被 3D 打印出来的！但是，办公室这个场所却更容易被想象成一个乏味的数字社会实验。Humanyze 应运而生，这是一家总部位于波士顿的科技公司，在工作场所应用所谓的“点球成金”原则。Humanyze 采用了详细的统计模型来衡量职场成功度。其首席执行官、麻省理工学院科学家本・瓦伯（Ben Waber）发明了一种信用卡大小的“社交”徽章，戴在员工脖子上，通过一个嵌入式麦克风记录下所有的人际交往过程。你多久和异性交谈一次？你的声音传达的是自信还是焦虑？你是在等着轮到你说话还是经常打断别人？公司可以听到这一切。蓝牙功能和红外线传感器可以在物理空间对你进行定位，加速计可以记录你的移动时间。徽章甚至可以检测出你对他人的同情程度。徽章每分钟收集的数百个数据点与电子邮件以及日历中的日期、时间合并在一起，描绘出员工如何、在哪里以及与谁共度工作日的全貌。

奇怪的是，Humanyze 并不完全记录对话内容。因为根据瓦伯的说法，“重要的不是沟通的内容，而是说话的结构”。Humanyze 徽章并不展示员工所说的内容，而是建立了一个空间和认知地图，说明员工是在何时以及如何互动的，最终达到“优化绩效”的目的。当我和他交谈时，瓦伯举了一个客户的例子，一家“美国大银行”意识到，旗下的各个呼叫中心业绩参差不齐。有什么可以解释这种差异呢？银行如何让生产率较低的呼叫中心模仿生产率较高的呼叫中心呢？呼叫中心是一个重要的研究对象，因为每一秒都是企业成功的关键，这意味着快速接通和断开电话非常重要。此外，它们是服务业海外外包运作的早期实验，因此，找出使其更具盈利能力的方法与基本的经济史演进并行不悖。利用 Humanyze 技术来衡量内部的沟通模式，很明显，最有效率的团队有一个不同寻常的优势——他们在休息时经常互相交谈。

结果是，在非工作时间形成的牢固社会关系提高了生产率。通过在表现不佳的呼叫中心实施新的日程计划，该中心的生产率提高了 23%，员工保留率提高了 28%。但这一新技术发现的见解似乎非常远古，让人想起埃尔顿·梅奥在工作场所休息室发现的霍桑效应（Hawthorne Effect），在上一章我们已经详细讨论过。然而，这一切的意义不仅在于提高了银行的生产效率，想要通过这个结果让世界变得更好，影响微乎其微。Humanyze 代表了“人力分析”的未来。人力分析描述了如何使用有关人类行为和特征的数据来作出商业决策。比起依赖资深管理者的经验、逸事或公司对风险的厌恶，这有助于公司作出更明智的决策。作为科学管理的修订版，人力分析使用数据的方式与泰勒使用时间的方式相同。

如果说 Humanyze 是管理层的点球成金，那么 Teramind 就是商业领域的黑镜。对于外行来说，《黑镜》（*Black Mirror*）是一部反乌托邦电视剧，它描绘了一个不远的未来，社会将被新技术产生的意外后果所撕裂，并将此作为故事展开的前提。其中，技术对隐私的威胁是一个反复出现的主题。Teramind 是一种监视员工的工具，是一个可以远程访问个人实时情况的私人网络摄像头，每 10 分钟拍照一次。

将这些数据与击键次数、发送电子邮件数量、应用程序使用情况、屏幕截图、社交媒体内容、生产率指标和时间使用情况相结合，它可以绘制出每个员工的生产率图片，并附上照片证据。这一点在雇用自由职业者时尤为重要，因为自由职业者不在办公室工作，也无须遵守“公司文化”。随着时间的推移，Teramind 构建了一个理想的模范员工，我们先暂称他为施密特，从理论上讲，他可以作为所有真正员工必须与之对标的标准。当然，Teramind 会让你知道施密特完全可以工作再努力一点。

Teramind 提供实时流媒体视频监控的能力使其有别于竞争对手，但对于寻求工作场所窃听的公司，它并非唯一的选择。还有 Activtrak、Avaza、Vericlock、Boomr、Hubstaff、TSheets、Staffcop、Time Doctor、Desk Time Pro、Track View、Interguard，是的，甚至还有一家就叫“窃听器”（Wiretap）的公司。公司宣称这些服务内容只是更大战略的一部分，并将此作为一种营销手段。更大的战略是指通过分散业务和依靠独立承包商来降低成本，特别是因为它们可以通过提供远距离监视来降低相关风险。此外，当他们创建以 1 分钟为单位的计时活动记录时，这种新的间隔尺寸级别允许管理者决定什么是应支付报酬的工作时间，并排除了像在洗手间休息这样的“非生产性”时间。2017 年，一项关于时间跟踪程序的研究发现，许多软件系统的默认设置会把休息时间考虑进去，并自动减少员工报告的工作时间，不管员工是否真正地享受了这些休息时间。[2]

“不用登录，也不用退出”，Hubstaff 通过随机截图监控着员工的工作效率。Veriato 尽职尽责地保护公司机密不受内部威胁，自称是“安全工作的阿喀琉斯之踵”。Interguard 的职能相同——显然，公司自己的员工对公司的机密构成了最大的威胁，它警告道：“你最大的资产也是你最大的负债。”Preempt 可以让员工“有条件地进入任何地方”，这是精英把关和社会民主的奇怪结合。

对于那些认为“大数据”是一种新的商业模式的人来说，往往会被它作出的民主承诺所吸引。休斯敦火箭队总经理达里尔·莫雷（Daryl Morey）说：“现在已经不再是男性头号人物、高层领导或是房间里最大声的人来做决定了。让数据来决定。”莫雷是篮球界的比利·比恩，他悠闲的举止掩盖了他对这门体育管理新科学的热情拥抱。“你必须优化你的冠军概率。”为了实现这一目的，在美国职业篮球联赛（NBA）中，那些已经接受“点球成金”的教练们，已经定制了一种技术来收集最精确的生物数据——心率、脉搏、皮肤温度、排汗水平等。至于场上的变化，高百分比的扣篮投篮仍然是可取的，但有一种趋势，即避免曾经认为可靠的中距离投篮，取而代之的是曾经饱受诟病的远距离三分球，因为简单的数学计算表明，4 个成功的三分球比 5 个成功的二分球要好。如果这让比赛看起来没意思，那么，像莫雷这样的统计人员对此并不在乎。

然而对于许多玩家来说，数据驱动的游戏不仅是为了最大化投篮命中率。球员工会对于广泛使用可穿戴设备收集数据提出了挑战，因为如果发现球员的体能不足，可能导致教练或管理层歧视他们。世界上有很多职业篮球联盟都会在球员罚球时在大屏幕上显示他的心率。但 NBA 的球员工会要强大得多，他们在很大程度上抵制了不受监管地使用生物特征数据的行为。[3]

当然，大多数工作者没有职业运动员的议价能力。敏感的医疗数据在其他行业管理者手中可能更具破坏性。

兰迪·豪厄尔（Randy Howell）在加利大学旧金山医学中心当了 11 年儿科护士。作为一名护理者，他在年幼患者和他们的父母生病和脆弱时安慰他们。2018 年，到处是传闻，说管理层正在以电子方式监督医院的护士。他所在的工会——加州护士协会（California Nurses Association）直接质询了管理层。“我们问道，‘你们真的在这么做吗？’他们说，‘绝对没有。’”

但差不多一年后，他发现他们在撒谎。加利大学健康网络的各个诊所和医院的护士都被要求佩戴一个两英寸见方的徽章，一个“实时定位系统”，用来跟踪他们在整个医院的行动轨迹。这些徽章是由Midmark公司制作的，专门设计出来以用于跟踪和测定医疗保健专业人员与患者身上的徽章和附在患者床上的设备进行的各种“互动”及所需时间。这些徽章设计的目的是识别特定房间的员工类型，包括护士、医生、技术人员，并在紧急情况下自动提醒其他类型的员工。因此，管理层将该系统作为同事之间的通信设备进行宣传。考虑到护士们一开始甚至不知道自己被跟踪了，管理层的否认也就不足为奇了。兰迪说：“我们一发现，就向加州大学旧金山分校发出了停产令。”但是当事情已经发生的时候，就已经很难再阻止它了。在医疗保健领域使用人工智能具有明显的好处，特别是当人工智能使得员工花更多的时间与患者在一起时。看护者自己，而不是管理者，最有能力弄清楚如何实施这项技术。

•

布雷尼斯维尔的亚马逊仓库、阿纳海姆的迪士尼乐园自助洗衣店和旧金山的医院有什么共同点呢？员工一直受到监控，但是在雇主已经对员工拥有很大权力的时候，对于新型工作场所监控方法的担忧不应被视为一种纯粹的偏执。老板会如何处理这些数据？他们一开始是如何得到这些数据的？

肖沙娜·祖波夫（Shoshana Zuboff）几年前构想了“监视资本主义”，以帮助回答这些问题。监视资本主义不仅是一项间谍软件技术、平台或算法管理，尽管它确实需要这些技术来实现其全部潜力。技术促进了监视资本主义，就像它促进了所有的社会行为和经济活动一样。她写道：“如果技术是骨骼和肌肉，那么监视资本主义则是一种软组织，它将这些元素结合起来并引导它们发挥作用。”[4]

当主要的技术公司将在线活动产生的大量未开发的用户数据盈余货币化时，监视资本主义就出现了。它的发明是为了解决互联网泡沫破灭后出现的经济危机，因为互联网泡沫对大型科技公司构成了威胁。谷歌将其庞大但尚未使用的数据日志缓存和计算能力结合起来，创造了广告收入，这得益于该公司预测点击率的能力。这一战略的成功鼓励了谷歌寻找新的方法来提取更多的数据，包括用户希望保密的数据，也促使谷歌申请了一项“生成用于定向广告的用户信息”的专利技术。直到2004年谷歌上市后，其庞大的规模和强大的实力才广为人知。自2001年以来，谷歌的收入增长了3590%。它催生出一种新的商业模式，搜索能力只是其中的一小部分。

在线活动提供了将原始的和相对无意义的“数据耗尽”转化为祖波夫所称的“行为过剩”的能力，即关于我们活动的大量可用信息。它是指我们的偏好、愿望、恐惧、性癖好、个人秘密、地理位置的信息，当然也是工作生活的源代码。然而，在互联网历史的大部分时间里，这些数据对资本主义来说都没用，因为没有人知道该如何处理这些数据。虽然它随时可以被拿来使用，但没人知道它是否值得一拿。

按照祖波夫的理解，数字化数据收集的广泛扩展对这种新的力量是至关重要的。

扩展以后，技术需要你的血液和你的床，你的早餐对话，你的通勤，你的跑步，你的冰箱，你的停车位，你的客厅，你的胰腺。监视资本想要的不仅是你身体在时间和空间上的坐标。现在它开始入侵人类内心的圣殿，就像机器和它们的算法解读出你叹息、眨眼和说话的意义；你的呼吸方式和眼睛的动作；你下巴肌肉的松紧度；你声音中的迟疑；甚至在纯真与希望年代，你社交网站上的一篇帖子中的一个感叹号所代表的意义。[5]

数字生活的无所不在慢慢地使人们对监视资本主义有了一个新的常识性理解，我们勉强承认我们参与了一场浮士德式的交易——以不受约束的通信和数据交换我们的私人信息。但我们对数据挖掘在工作场所如何运作知之甚少。

通过向工作场所延伸，监视资本主义的力量得到加强。优步驱动程序就是一个典型的例子。开车带人在城里转悠很重要。但是，这些“搭车”司机所做的开车这项劳动，不如他们开车时所产生的信息更有价值——优步收集、分析、打包和销售信息，以期成为一个全球的运输物流平台。这意味着，司机远没有按照他们为优步创造的实际价值得到补偿。人们常说数据是新的黄金。但与黄金不同的是，数据不仅是开采出来的，它更是生产出来的。生成数据需要人工，但它甚至不能被识别为一种工作。作为工作的副产品，它是驾驶员完成既定任务的同时产生的。由于不需要花费额外的时间，因此未被确认为一种工作。优步司机开得越多，他们生成的数据和信息就越多，公司就越有能力提取这些数据和信息，并从中获利。如果说数据是新的黄金，那么优步、谷歌和 Facebook 等公司就是在免费使用这些数据。[6]

观察员工的行为作为管理工作场所的方式之一是一回事。但在他们做之前就预测他们会做什么，并相应地采取行动是另一回事。一套新的人工智能工具可以对员工使用社交媒体的情况、电话记录，以及个人数据情况进行梳理，以预测哪些员工最有可能辞职。谷歌尤其因通过人工智能处理营业额问题而受到赞誉。该公司前“人员运营”负责人拉兹洛·博克（Laszlo Bock）在接受《哈佛商业评论》（*Harvard Business Review*）采访时说，预测分析法让谷歌能够“在人们知道他们可能离开之前就进入他们的大脑”。这一点很重要，因为正如管理咨询公司麦肯锡（McKinsey）解释的那样，把昂贵的加薪或奖金浪费在那些“无论如何都会留在原地”的员工身上是愚蠢的。[7]

人工智能应用于工作场所的一个明确承诺是它将使其更加公平。人类具有自己的偏见，但计算机却近乎残酷的诚实，任人唯贤，对于凡人会在乎的事情，如种族、性别和性偏好，一视同仁。但我们要记住，科技是社会的一面镜子，而不是一个更好的镜头。大量学术研究表明，人类将他们的偏见编程进人工智能、算法和平台中。流行的“数据不说谎”的神话依然有市场，当老板们面临抗议时，他们常常用它来掩盖事实。但私下里，他们似乎明白其中的危险。埃森哲（Accenture）的一项调查显示，三分之二的企业领导人表示，他们“不太相信”自己正在以“高度负责的方式”使用新的工作场所数据来源。不到三分之一的员工表示，他们同意雇主使用工作场所数据，而超过一半的雇主表示，他们甚至不用寻求同意。

这种缺乏同意的态度偶尔也会引起反作用。向监视资本主义的过渡并没有流血战斗，但它以其他方式控制了我们的身体。尽管我们大多数人在它无处不在之前几乎都不知道它正在发生，但它并不是毫无争议的。

杰伊·奥尼尔（Jay O'Neal）说："对我们很多人来说，这种监视是压垮骆驼的最后一根稻草。"杰伊在西弗吉尼亚州卡纳瓦县教八年级历史。他指的是一款名为Go365的健身追踪应用程序，这是他所在学校的老师们难以容忍的开端。年复一年，杰伊和他的同事们不断参加各类公众听证会，在听证会上，公共雇员保险机构的代表告诉与会者，现行的医疗保险计划会变得越来越昂贵和低效。2018年冬天，杰伊得知保险公司有了一个新想法，员工们必须注册一个计算自己步幅的应用程序。这一计划诱使——有些人认为其实是一种变相的强迫——一些员工使用这一监控个人身体状况的应用程序，并使用积分系统来激励自己进行锻炼、保持节制、节食等（如果这个应用程序真正曾把"休息"列为一个重要组成部分的话，西弗吉尼亚的老师们却从没有见过这一组成部分）。Fitbit计算着他们每天的脚步声，并能够将这些数字与体重、心率等其他数据进行交叉分析。达到设定目标的人将有资格获得亚马逊礼品卡。在学年结束前未能累积3000分的教师，每月将被收取25美元的费用直到达标，而且他们的健康保险自付额也将更高。

"我们处于一种非常不健康的状态。"杰伊说。但他指出，大多数教师觉得他们的雇主和保险公司提出这个计划时，并没有考虑过他们的福祉。从处方药到分娩，老师们面临着名目繁多的免赔项目和共同保险项目。在这种情况下，强制使用"健康"应用程序很难取得好效果。

在2010年之后，像Go365这样的应用程序出现了爆炸性增长。

当时,《平价医疗法案》(Affordable Care Act)鼓励大型雇主和医保公司建立伙伴关系，以识别与医疗成本上升相关的健康风险。这类应用程序可以通过将医疗费用转移到患病员工身上，为公司节省资金，但它们并不能改善员工的健康状况。

但是，对于那些十多年没有加薪的普通人来说，他们在暑期打工或是在教学学年干着兼职，他们的生活需要依靠一份又一份的薪水，身体在工作时间和空闲时间还要受到监视，实在是太过分了。这是全国罢工浪潮一个不寻常的导火索。Go365 只是侮辱行为的最后一根稻草，它把人们对难以承受的医疗费用的愤怒和筋疲力尽变成了一场大规模的群众运动，席卷了西弗吉尼亚州，并很快发展成全州的大罢工。在明戈县乡村教师的带领下，来自全州的报道源源不断。1921 年，武装煤矿工人在布莱尔山与一个连队民兵的战斗中戴上了红色大手帕，老师们借鉴了他们作为一个激进联邦州的历史。但最终，他们的胜利取决于他们现在的盟友，而不是一位位牺牲的烈士。公共汽车司机拒绝送孩子上学，家长们站起来为老师辩护。在很短的时间内，该州的每一所学校都关闭了。9 天后，教师们带着一笔可观的加薪重返工作岗位。

•

美国技术评估办公室(Office of Technology Assessment)在 1987 年首次敲响了工作场所电子监控的警钟，当时距离互联网普及还有 10 年的时间。报告认为，工会率的下降和工作场所监控技术的进步可能导致“不公平或滥用监控”，“到目前为止技术的使用方式是存在争议的，因为它们表明雇主控制或管理工作过程的权利与雇员的自主权、尊严和隐私权之间存在着基本矛盾”。[8]

这份报告清楚地表明，监视资本主义使得剥夺人们的医疗保险变得更容易，但这种情况早在 Fitbit 出现之前就已经在发生了。它还表明，加强工会力量将是一种很好的反击方式。1946 年，西弗吉尼亚州的激进分子赢得了一场长达数周的全民医疗保险之战。但所有的成果在随后的几十年里被完全破坏了，并不是因为技术专家和他们花哨的算法，而是政客和雇主的联盟。

从公司的角度来看，抵制监视资本主义其实也是在抵制这类监督可能产生的反作用。麻省理工学院 2015 年的一项大型研究发现，当老板允许员工选择在无人监督的情况下在办公室之外工作时，员工的工作效率更高。研究结果发现，当员工被赋予对自己时间的控制权，能够拥有更大的自由度去决定何时开始工作以及多久向直接上司报告一次自己的活动时，这一结果变得更加显著。[9]

卡尔·马克思在《1844 年经济学哲学手稿》中写道：“最终，一种非人道的力量统治着一切。”人们很容易将资本主义视为一种非人道的力量，部分原因是它的不人道，部分原因是我们崇拜技术。但这并不完全正确。管理层对员工的控制是一种人力资源，这里讨论的技术进步大大增强了这种人力资源。在某些情况下，这些技术甚至完全隐藏了实际的管理者，并强化了这样一种观点：工作场所的等级制度和地位不平等是自然而然的，事情就是这样，也一直是这样。

但是在上面的例子中，并不存在一种非人道的力量控制着员工。事实上，有两种明显的控制制度。一方面，管理者推动工人更努力、更快地完成工作。另一方面，通过收集个人信息，白领专业技术人士被远程操纵着。这些不同形式的控制试图以适合不同阶层特点的方式把劳动者组织起来。

一场有意识的劳工运动将决定这些形式之间能否产生某种联系，因为它们无疑存在着类似的目标，对此，本章提供了一些线索。伊莎贝尔在迪士尼乐园自助洗衣店通过参加工会对抗电鞭。兰迪·豪厄尔和杰伊·奥尼尔联合一个工会对抗可穿戴的追踪设备，甚至连 NBA 球员都动员起自己作为一名工作者的集体性力量。妮可·卡尔霍恩也试图在宾夕法尼亚的配货中心做同样的事。亚马逊工会可能不像公司希望我们相信的那样注定要失败。所有大公司的技术工人都已转向了工会运动，以提出此类不满。当我和科技工作者联盟（Tech Workers Collective）的一位成员交谈时，她告诉我："我们当然希望谷歌做得更好。毕竟我们在这里花了很多时间。但我们要成立工会也并不意外。"

我咨询了帮助伊莎贝尔和她的同事们对抗电鞭的工会组织者比阿特丽兹，问她鞭子是否也有发挥积极作用的可能性，她默然并沉思了片刻后回答说："这不是要让火车停下来，而更像是，我们如何驾驶它？"这才是对所有技术进步提出的一个正确的问题，因为对技术的控制既是一个技术问题，也是一场社会斗争。而且，这场斗争总是有可能以下列方式结束：普通工作者能够利用其手中的权力开展一场正义的运动。在节省劳动力的机器人技术领域，这种可能性似乎难以想象。工作场所技术应用的承诺通常是，它可以节省我们的时间，让我们摆脱劳累的工作。它现在仍然可以做到这一点。下一章我们将一起探讨实现这个梦想的各种希望、恐惧和潜力。

第 4 章

时光机

时至今日，每个人都或多或少得到过警告：机器人时代即将来临。《今日节目》的保罗·里弗斯（Paul Reveres）一直在提醒所有的听众。算法管理、监控技术和数字泰勒主义目前仍然是我们大多数人工作世界的一部分，但机器人技术的巨大进步有可能使这个系统过时。我们被告知空闲时间近在眼前，而且是很多的空闲时间，不管我们是否做好了心理准备。

自动化向我们承诺，未来我们面对的是更少的工作，更多的自由时间，或者至少是与机器人同事在一起从事更多的创造性劳动，因为机器人可以代替人类从事一些工作。随着生活中物质条件的变化，我们认识到这种可能性是一种乌托邦式的愿望，也是我们必须努力实现的目标。然而，这个承诺常常被一个系统打破，这个系统并不允许我们公平地分享因普遍自动化所带来的好处。结果不是更多的自由时间，而是不断恶化的不平等现象，越来越多的工作让人们感觉自己就像一个机器人。

自动化的乌托邦式愿景和反乌托邦的可能性之间形成了一种紧张关系，引发了大量令人震惊、吸引眼球的社会关注。报纸和杂志上充斥着关于机器人带来世界末日的偏执文章，机器人也出现在脱口秀和深夜电视节目上。计算机科学是大学校园里发展最快的专业之一。我们总是认为研发机器人的专家与未来的经济发展有着特殊关系，似乎未来完全依赖于现有技术。尽管有些担心具有明显夸张的成分，但在某种程度上，所有这些空谈都凝结成一种实实在在的观点，甚至有人把它称为理论。这一理论认为，我们将迎来一个劳动力需求很低的社会，这将会是一场革命，人力会被机器技术取代，而因技术改进造成的失业率正是这场革命已经开始的有力证据。

牛津大学的科学家卡尔·弗雷（Carl Frey）和迈克尔·奥斯本（Michael Osborne）计算得出，在未来的 20 年里，有近 47% 的美国工作者容易受到自动化影响，因为大数据和更先进的算法有可能取代人类的决策过程。麻省理工学院明星经济学家达隆·阿塞莫格鲁（Daron Acemoglu）和波士顿大学的帕斯夸尔·雷斯特雷波（Pascual Restrepo）所著的一篇引人注目的文章被广泛认为预示了机器人带来的末日灾难即将到来，尽管作者们预测，机器人末日灾难对就业的负面影响很小。[1]

事实上，越来越多的技术爱好者已经远眺天际，看到了一场机器人技术领域中文艺复兴味道十足的阅兵仪式。过去的机器人大多局限于用重复动作任务来代替体力劳动，这些重复动作都是相对容易实现自动化的。而人类特别擅长的其他工作，机器人仍然无法企及。但由于人工智能、机器学习和云计算的巨大进步，今天的机器已经有能力完成更多涉及高级认知和判断的人类劳动。目前已经出现了机器人记者、机器人小说家、机器人厨师、机器人秘书、机器人律师、机器人医生，机器人可以完成最后 1 英里快递收货的挑战，把包裹从仓库带到你家门前。它们可以谱写交响乐，而且已经有很多人提前订购了备受期待的机器人性伴侣。即使机器人不能投票，但它们仍然有权决定选举进程。[2]

与以往不同，这一观点一次又一次地被大家强调。用麻省理工学院的科学家埃里克·布林约夫森（Erik Brynjolfsson）和安德鲁·麦卡菲（Andrew McAfee）的话来说，也许他们最认同这一观点，我们现在“正处于一个拐点——一个曲线的拐点，许多过去只在科幻小说中出现的技术正在变成日常现实”。预测计算速度每两年翻一番的摩尔定律，会把我们推过拐点，不是吗？

但摩尔定律只是一个市场原则，而不具有必然性。自从 1965 年仙童半导体公司（Fairchild）联合创始人、英特尔首席执行官戈登·摩尔（Gordon Moore）首次提出这项定律以来，计算机运算速度的增长已经大大放缓。斯坦福大学和麻省理工学院的一组经济学家的研究发现，如今实现摩尔定律所需的研究人员数量是 20 世纪 70 年代初的 18 倍。人们对机器人接管人类工作这一近在咫尺的威胁很感兴趣，尽管如此，与以往相比，自动化和生产率的发展速度似乎有所放缓。美国经济政策研究所（Economic Policy Institute）认为，尽管“没有证据表明自动化会导致失业或不平等”，但“僵尸机器人论”不绝于耳。那么，为什么现在会有这么多关于机器人喋喋不休的争论呢？[3]

2019 年年底，由于经济形势在充分就业的边缘波动不定，过度工作和非自愿失业成为主要新闻，生产力增长缓慢。这些都表明机器人接管世界并非迫在眉睫，相反，这种预测被夸大了。此外，一个多世纪以来，美国劳动力的比例一直在稳步增长。尽管机器人并没有在实际生活中破坏人类的工作，但机器人成为当下头条新闻仍然可以得到很好的解释，并且可以从三个方面得到解释。

第一，由于工作时间过长和不规律已经成为当代工作的显著特征，机器人作为一种可能的工作方式可以减轻这一负担。技术专家和硅谷投资者纷纷抱怨说，过度工作是发明机器人的根本原因。就连美国劳工联合会—产业工会联合会（AFL-CIO）——通常被视为节省劳动力技术的反对者，也将自动化技术的进步视为减少每周工作时间的一种手段，同时将过多的工作分散开来，以便每个人都能得到更公平、更合理的工作量。

第二，机器人越来越便宜。在过去的几十年里，节省劳动力技术的成本是其实施的主要障碍。如下图所示，相对于科技产品，人力成本越来越高。

路透社 2015 年的一项研究称，重复性任务机器人的成本大约是 2005 年的十分之一。尽管人工成本仍然低于相应的自动化系统，但人力工作者的相对优势已经到了临界点。[4]

第三，大众文化在过去几年中促使民众广泛议论自动化现象。最近一个明显的例子是参加 2020 年美国总统竞选但机会渺茫的安德鲁·杨（Andrew Yang），他是一位杰出的机器人恐慌制造者和奥巴马的前“创业形象大使”。杨的一个应对妙招是每月向 18 岁以上的人发放 1000 美元的津贴，这是他在论战中首先提出的一个计划，即“对普通人的战争”。他说：“你们所需要的只是无人驾驶汽车来破坏社会稳定。这一创新足以在街头制造骚乱。我们也将对零售业员工、呼叫中心员工、快餐业员工，保险公司、会计师事务所采取同样的措

美国制造业中机器人的平均价格与人力劳动报酬指数

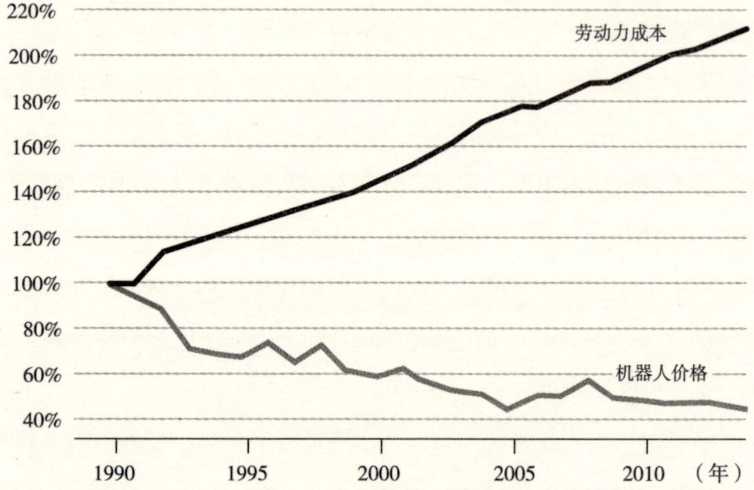

注：1990 年至 2015 年，劳动力的实际成本（经通货膨胀调整）稳步上升。2015 年的实际劳动力成本是 1990 年的 2 倍多。与此同时，机器人的实际平均价格自 1990 年以来下降了一半左右。
资料来源：McKinsey Global Institute analysis of data from Economist Intelligence Unit, IMB, Institut f ü r Arbeitsmarkt und Berufsforschung, International Robot Federation, and US Social Security data。经授权复制。

施。”这一信息刚好击中了美国工人阶级中普遍存在的一种明显的恐惧感，但这种恐惧感并不是那么简单。如果自动化技术能消除最肮脏、收入最差、最没有意义的工作，美国人实际上是赞成自动化的。然而，最近的历史提醒我们，恰恰是那些最常见的、已经被自动化替代的工作，为 20 世纪中叶的家庭提供了稳定的生活。[5]

下图显示了三次浪潮中发生的历史性转变。1939 年至 1970 年，美国在制造业中雇用了更多人，产量也随之增加。战后的经济发展和新兴的中产阶级社会的出现常常归因于美国制造业中良好的工会机制，这导致左派人士一致呼吁“让制造业复苏”。然而对工业的怀旧是错位的，我们应该恢复的是让这些工作有利可图的强大的工会机制。[6]

从 1970 年开始，尽管美国每年的就业人数几乎相同，但制造业产量却大幅增长。这一时期伴随着新自由主义结构的调整和服务型经济的兴起。2000 年左右，事情再次发生变化，美国制造业产量在大萧条后大幅下降，然后又开始回升。今天，我们看到更少的工人生产

就业和制造业产量，1939—2018年

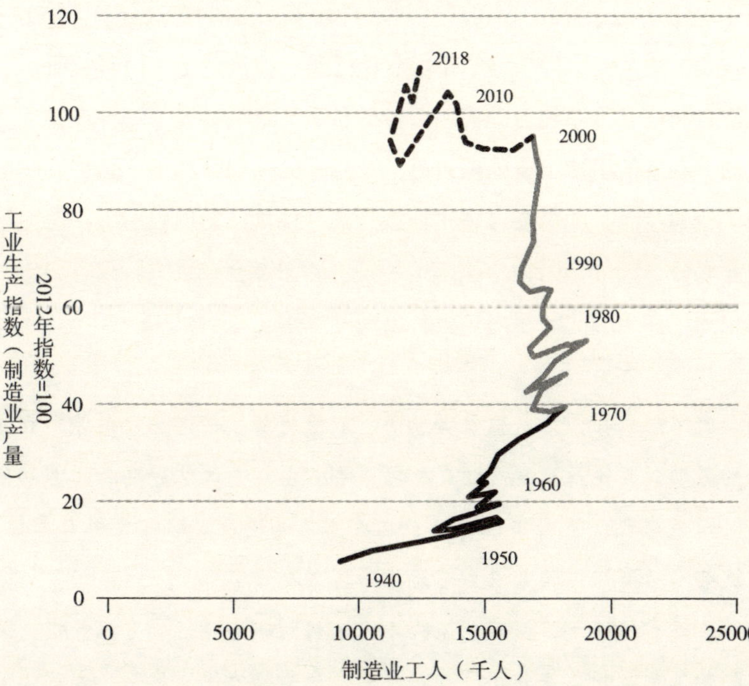

资料来源：所有雇员和制造业数据来自美国劳工统计局，检索自圣路易斯联邦储备银行（FRED）；工业生产指数来自联邦储备系统理事会，检索自圣路易斯联邦储备银行。

的产品总产量略有上升。虽然美国制造业从业人数减少是众所周知的事实，但我们经常错误地认为美国的生产总量也随之降低，事实并非如此。美国制造业曾经雇用更多的人来生产更少的产品，现在情况正好相反。这种非同寻常的变化被普遍认为是采用了自动化技术的结果，这是一种用节省劳动力的机器代替工人的管理方案。

自动化论调的预言最终可能实现。我们不能确定未来会怎样，但我们肯定可以将现在与过去进行比较。当机器人进入 20 世纪中叶的工厂时，美国人变得忧心忡忡，谈“自动化”色变，引起了广泛的“自动化过敏症”。1949 年，美国汽车工人联合会主席沃尔特·鲁瑟（Walter Reuther）收到了一封来自数学家诺伯特·维纳（Norbert Wiener）的奇怪信件。维纳是控制论之父，控制论是一门研究机器和生物之间信息传递和自动控制系统的科学。维纳代表了一种现实生活中的弗兰肯斯坦博士，他被自己危及生命的发明吓坏了，这种发明逃脱了他的控制。他简要描述了他设计的一种具体的伺服系统，但拒绝与业界分享细节，因为他担心这种系统“无疑会导致工厂没有员工”，他预测“在 10 到 20 年内，极易出现危急情况”。

我不想以任何方式出售劳动力，我很清楚，任何与奴隶劳动相竞争的劳动，无论奴隶是人还是机器，都必须接受奴隶劳动时的劳动条件。对我来说，置身事外只能让这些想法和发展思路被其他人掌握，而这些人对有组织的劳动力可能就不那么友好了。

在这种情况下，我可能不得不设法找到一些履行尽可能开明、诚实的劳工政策的工业集团，并把我的想法交给他们。然而，我必须承认，据我所知，没有哪个团体既有足够的诚心来负责这些发展，又有足够稳定的经济基础和社会地位，能够把这些成果实质性地掌握在自己手中。

他接着建议鲁瑟应该“在这件事上暗暗抢在现有的工业企业前面”，并以惊人的紧迫感补充道，因为“这些想法在很大程度上都是悬而未决的”。[7]

鲁瑟从未像维纳所敦促的那样挑战资本对技术的控制，因为他相信，跟对抗相比，争取利用自动化的有利条件是一种更好的策略。但他的工会也没有倒头休息。在那一年 5 月，美国汽车工人联合会几乎整整一个月都在罢工，这一行动被铭记为“防止因过度工作而筋疲力尽”。通用汽车公司提高员工工资的计划中，包括让国会立法，规定每周工作 45 小时，以取代传统的每周工作 40 小时。但美国汽车工人联合会进行了反击。在工会大会上，主要反对缩短工作时间的鲁瑟在主席台上发表了意见，“我们坚持认为，降低单位生产成本必须通过改进技术和生产工艺来实现。而不是把不公平的工作量加在工人身上。”[8]

第二年，美国汽车工人联合会与通用汽车公司签署了一项具有里程碑意义的条约，即所谓的底特律条约（Treaty of Detroit），该条约保证，在引进节省劳动力技术方面需秉承“合作态度”。在实践中，这意味着工资与生产率的提高挂钩，但工人们失去了大部分在何时何地以及如何使用技术的谈判权。尽管如此，随着汽车行业工资的持续上涨和工时的减少，以更少的工作换来了更多的薪酬，汽车工人仍然是大多数其他工业生产者羡慕的对象。

在这种背景下，随着全面社会福利的不断提高，因技术进步而失业的工人在其他地方也可以找到同样报酬的工作，美国人当时关心的不是失业，而是无所事事。1959 年《游行》(*Parade*) 杂志上的一篇文章指出："人类的主要斗争将是与无聊作斗争，随着人类在与无聊的斗争中节节败退，自杀率会急剧上升。" 1964 年，科幻作家艾萨克·阿西莫夫 (Isaac Asimov) 在《纽约时报》上发表了一篇题为"2014 年世界博览会之旅"的专栏文章，他在文章中表达了自己的担忧，即大规模自动化将把未来几代人变成一群无所事事的"机器放料工"。[9] 10 年之后，内政部起草了国家户外休闲计划，计划宣称，"休闲很可能成为未来最令人困惑的问题，虽然许多人认为它是天堂的缩影"。一个没有工作或至少缺少了很多工作的世界，前景令人担忧。

然而，由于工业经济的核心出现了显著的工时增长和失业，人们对无所事事的恐惧变成了真正的失业危机。20 世纪 70 年代末，工人们开始强烈谴责因工厂机器人引发的失业问题。1957 年，3 名汽车工人每小时生产 36 辆汽车，但到 1977 年，这一数字已增至 54 辆。在同一时期，运输设备行业的产量增长了 93%，而就业仅增长了 16%（减少了 24.4 万名雇员），初级金属行业减少了 21.8 万个工作岗位。美国汽车工人联合会地方 22 选区主席弗兰克·伦内尔斯在参议院发表的声明中指出，1955 年到 1976 年，工业制造业就业岗位增加了 3%，工业生产总量增加了 125%。

这些基本事实表明，效率的逐步提高能够消除数量惊人的工作岗位。但是，自动化影响的证据并不意味着自动化是产生这些影响的原因。基础工业生产率和产量的提高很可能是由多种因素造成的，自动化不是唯一因素，甚至可能都算不上是主要因素。[10]

更长的工作时间也发挥了作用。伦内尔斯也明白这一点，他指出，产业工人“如果愿意在非工会组织的商店每周工作 70 到 80 个小时，为低标准的工资工作”，他们会活得很好。工会游说联邦政府立法缩短每周工作时间，以保住就业机会，但事与愿违。在同样人数的情况下，美国经济提高生产总量的部分方式就是延长工作时间、强制加班以及解散工会。到了 2000 年，制造业工人每年投入的时间比 1975 年多了 2 周。在此期间，随着越来越多的女性进入职场，已婚夫妇的工作总时长增加了近 20%，这一变化主要体现在服务经济领域中。尽管如此，今天那些留在工厂里的人比他们的父辈祖辈工作的时间更长、速度更快，通过更努力的工作生产更多的产品。[11]

的确，这一次有所不同，但原因并不像自动化论调所暗示的那样。主要区别在于我们当代的经济形势，而不是我们拥有的机器人种类。自动化的反复无常是资本主义历史的一个稳定特征。我们在半个世纪前所从事的大量工作已经不复存在，我们有理由预计这一趋势将继续下去，而不是完全消除就业机会。在 20 世纪的大部分时间里，自动化导致了每周工作时间的减少，因为它导致了生产力的提高，这一变化往往受到许多工业工人的欢迎，他们的工作既肮脏又危险，而且他们的工会足够强大，能够对他们创造的利润进行一定程度的控制。直到 20 世纪 70 年代，新技术的使用帮助工人生产出了更多的产品，从而获得了更高的工资，同时，工人们也有机会用一些工资收益换取空闲时间，即使这样也不会影响他们生活水平的继续提高。经济学家德博拉・桑特（Deborah Sunter）和雷内・莫里塞特（Rene Morissette）表示：“满足工人和工会对更多空闲时间的要求符合雇主的利益。”[12]

然而如今，自动化仅是一个使用方便的替罪羊，有了它，工资低、工时长、变数多和管控高等问题都有了很好的理由。在《华盛顿邮报》（*Washington Post*）一篇题为“不断提高最低工资标准可能加快机器人餐厅的到来”的文章中，作者莉迪亚·德皮利斯（Lydia DePillis）再次讲述了一个故事，目的是点醒那些争取公平工资的潜在工会成员。其他人则冷嘲热讽地将这场为15美元而战的运动称为“机器人就业法”（Robot Employment Act）。信息很明确：*把工资提得太高，明天打卡上班的就是机器人，而不是你。*当然，这也可以是一个支持提高工资的理由，而不是反对的理由，只要有一套流程来确保被赶出汉堡包生产线的工人能够分享到失业带来的好处。我们大多数人都应该会同意，劳动密集度较低的快餐业似乎充满着田园牧歌般的诗意，更不用说这样做出的食物肯定也更美味。我们是应该欢迎Flippy——卡利伯格公司制造的世界上第一个“自动机器人厨房助理”？还是应该把工资和福利保持在很低的水平，这样人类就像机器一样便宜？答案是显而易见的，即使结果并非如此——汉堡包机器人被推出了，那也只有在有利于失业工人的条件下才可以实行。[13]

这些有利条件很难获得，这就是为什么恐惧传播如此有效。新自由主义对节省劳动力技术所带来的潜在收益施加了束缚，因为这些收益总是落到统治精英、机器人所有者或社会阶层中与他们关系密切的人身上。工人们害怕自动化也就不足为奇了。皮尤研究中心最近的调查显示，与移民相比，美国工人更害怕被机器人取代，他们申请按算法排序的工作时犹豫不决，并坚信自动化将压低他们的工资。由于许多工人抱怨自己被当作机器人对待，因此有理由相信他们将会很容易被机器人取代。然而，我们应该害怕的不是新移民或先进的机器人，而是老板们约束员工的老策略。[14]

与 60 年前的自动化不同，今天的自动化是在工作不稳定、工资低、工会组织减少、工作时间长和福利待遇缩水的背景下发生的。这一次，我们怕的不是懒惰，而是贫穷，因为没有强大的工人运动，失去工作就意味着失去生计。如果是在 20 世纪中叶，工人失业后，基本上可以在其他地方找到同样报酬的工作。但今天并非如此，有证据表明，自动化实际上有助于低薪工作的增长。这是通过所谓的“莫拉维克悖论”（Moravec’s paradox）证实的，这个悖论发现，机器人往往擅长于困难的任务，但在人类容易做的事情上表现相对较差。结果是我们不断将涉及高级认知或复杂数据处理的任务自动化，但经过多年的尝试，我们仍然无法制造出能够折叠衣物的机器人。

当然，也有证据表明技术水平提高了，因为自动化创造了就业机会，人们以复杂的方式与计算机互动，迫使他们发展新的技能，从而可以要求更高的工资。受教育程度越高的工作者，越有可能相信技术增加了他们的机会，或者使他们的工作更有趣，甚至更有利可图。然而，受教育程度较低的蓝领工人更害怕机器人。这些发现表明，经济保障越少，对机器人和工作场所自动化的恐惧程度就越高。随着关于自动化的争论成为主流，老板们逃脱了谴责，因为机器人承担了所有的骂名。尽管机器人已经变得越来越复杂，它们仍然不能为自己说话。但也有很多人愿意成为它们热情的拥护者。[15]

•

Hirebotics 联合创始人马特 · 布什（Matt Bush）和罗伯 · 戈尔迪兹（Rob Goldiez）正着手解决全国制造业 20 年来遇到的一个令人费解的问题——人们不想再在工厂里工作了。在他们看来，在流水线上奋斗一生曾经是通往美国梦的典范之路，现在已经成为成功的对立面。他们声称，年轻人认为这些工作枯燥乏味、毫无意义、老套过时、充满危险，这些想法无意中重新激起了20世纪60年代学生左派人士中流行的一种评论。布什说："我们正试图改变这种看法。"为了做到这一点，他和戈尔迪兹摒弃了吸引工人的传统策略，比如提高工资、改善安全条件、加强工会组织、缩短工作时间等，而是提出了不同的想法。布什说："我们想让雇机器人和雇人一样容易，同时也要让解雇一个机器人变得同样容易。"

这就是美国领先的机器人租赁服务公司Hirebotics最吸引人的地方。是的，当企业需要招聘时，布什和戈尔迪兹设法填补了这些就业缺口。他们还开创了一种在机器人工作期间全天盈利的方法，不是按小时而是按秒计费。他们甚至降低了与昂贵的自动化项目相关的沉没成本，从而刺激了工业机器人在更广泛领域的应用，而这些领域以前是中小型企业无法企及的。

但机器人最大的卖点并不是快速或便宜，而是简单。他们把机器人重新想象成活生生的人类员工，只是他们理想中的人类员工是被当作机器人对待的人。"主要区别之处在于，我们的员工拥有的是电子元素而不是神经元。"布什说，就好像我们的谈话是一场《创智赢家》真人秀比赛。他们实际推销的是一种成本效益的对比分析，即雇用一名"传统员工"，表现为低效、不可靠、昂贵且不稳定，或雇用一个他们的机器人，可以监控自己的生产率，每周工作80小时，而且从不罢工。

通过将资本主义常识与简单的价值主张——我们的机器人比你们的人类更好——相结合，自2018年以来，布什和戈尔迪兹的客户群增加了两倍。他们合理的价格水平也加剧了这一趋势。据美国劳工统计局的数据，他们的机器人每小时成本约为 17 美元，与工业制造业的平均工资水平相比，这一价格具有竞争力。不久前，工业机器人基本上都是庞然大物，在密闭空间里执行机械化任务。但随着机器人越来越多地从事补充服务人类的任务，它们已经，嗯，人性化了。Hirebotics 公司很赞赏人 / 机二分法的模糊性，亚马逊也是如此。

我在参观波士顿郊外的亚马逊机器人工厂时，有人告诉我，增加数万台 Kiva 机器人并不能取代员工的岗位，只是帮助亚马逊满足日益增长的更快的送货需求。事实上，它的仓库工人队伍在 2017 年增长了 50%。我见过的一位技术专家说，总有一天，天空会布满嗡嗡作响的送货无人机，但这不会以牺牲仓库或收发室的工作为代价，至少在亚马逊不会。然而，亚马逊和其他在线零售商在实体零售业取代的就业人数比它们创造的多得多，而且由于劳动力是商业仓储中成本最高的元素，亚马逊自己的员工最终将被裁掉是有道理的。然而，最终，对失业的恐惧让我们忽视了一个更糟糕的可能结果：人类最终会从事机器人的工作。[16]

Mechanical Turk（简称 MTurk），是亚马逊按需劳动的管理平台，在这里，员工注册后完成被称为“点击”的短期任务便可获得报酬，这些任务由被称为“请求者”的雇主发布。研究人员可以使用该网站管理调查材料、记录访谈信息和训练人工智能系统，这些已经变得很普遍。克里斯蒂·米兰德（Kristy Milland）凭借一个心酸不易的故事获得了世界上最知名的 MTurk 员工之一的殊荣，这个故事在网上的“点击工”社区引起了共鸣。“点击工”是个新名词，是指那些从事简短任务的人，比如标注、分类、转录或者基于网络内容进行注释。

需要快速廉价地完成基于计算机的工作吗？想要规避体面的劳动标准吗？亚马逊 Mechanical Turk 是您的一站式商店。标记这些图像（身体、头部、汽车、建筑物、门等），每个标签一分钱，完成这项调查每页 20 美分，确定颜色或屏幕上的图像，以帮助计算机了解猫和狐猴之间的区别。2018 年的一项研究发现，美国工人每创造 1 美元的价值就有 50 到 80 美分的收入，MTurk 点击工的收入约为 20 美分，剩下的 80 美分将直接进入平台。[17]

“Mechanical Turk”的名称取自 18 世纪的一种叫作 Turk 的机器，这种机器曾作为一种自动的国际象棋游戏设备在欧洲各地展出。实际上它就是一个精心建造的盒子，里面有一个真正的人类玩家，他以击败世界各地的对手而闻名，其中包括本杰明・富兰克林和拿破仑・波拿巴。亚马逊开发了自己的骗局版本，含糊其词地维持着这样一种假象：所有工作都是由平台而不是工人完成的。有时 MTurk 点击工在接到指示之后才知道他们所选工作的细节，而且通常出售劳动力的本质也被掩盖了。

米兰德为军用无人机进行目标练习时就是这样，她怀疑这项工作是由国防部安排的。她向我描述了这样一个点击任务：

这段视频是黑色和深褐色的，它是从空中拍摄的，这样你就可以从上面和后面看到一些人。他们通常都在肮脏的地方，当你最后需要预测结果时，这一点很重要。他们经常从一辆车边走开，所以训练也是针对这些场景的，比方说，有 5 张视频截图。我必须先确认照片 1 中的人在哪里，然后再确认照片 5 中的人在哪里。一段时间后，他们会给你看一张照片，然后问你 5 帧后他们会在哪里？我们正在训练无人机预测在这段时间后这个人会在哪里。这是无人机的算法训练。进行这项训练的唯一理由是需要向他们发射一枚炮弹，因为你会在第一帧发射，但必须在第五帧击中他们。

米兰德确认过伊斯兰国士兵拿着人头的照片，并在非法色情内容中儿童尸体周围画了一些小盒子。她对虐待动物的行为进行了编码，并为警方确认了人贩子的身份。如果你从未在晨间滚动新闻中看到过这些东西，你应该感谢像克里斯蒂·米兰德这样的人，他们从公共互联网上清除了有毒的图片。

如果你曾经通过在线服务按时填写报销单，那也是她做的。Expensify 公司将这款产品宣传为一款人工智能驱动的提交报销单的工具。Expensify 声称："我们的专利 OCR 技术自动读取收据细节并进行编码，然后将收据添加到费用报告中，这份报告可以自动提交、批准，甚至报销。""做这些工作的其实是我们，"米兰德带着一丝愤慨说，"报销单会派给我们，我们把它转录下来。我们这样工作了好多年，直到一位 MTurk 活动人士在 Twitter 上进行了披露。实际上是我们在做这项工作，我们才是把它（收据）审核通过的人。"

这类工作被称为幽灵工作或伪造工作，它将技术具体化，使正在进行的人类劳动变得模糊不清。在米兰德看来，这是 MTurk 的主要卖点。她说："亚马逊试图让我们隐形，把我们隐藏起来，好像我们是一种算法。MTurk 或类似网站上所谓的人工智能的工作内容，实际上是我们在做。但公司告诉客户他们使用的是人工智能。"平台或公司发布任务的匿名性，以及点击工的合同工身份，严严实实地掩盖了工人在其中的作用。他们没有工人的权利，没有工人的声音，没有工人的身份。米兰德说："与亚马逊仓库工人、MTurk 点击工、亚马逊看门人交谈，所有这些有组织的人，他们一直在说同样的一句话：'我们不是机器人。'我们有一个共同点，那就是我们都会时不时地感觉自己就像一个机器人。此外，我们都是合同工，这就是现实。"

对米兰德来说，这份工作却不是隐形的——其影响都表现在她的身体上。她从 2010 年开始从事这份工作，当时她的丈夫被工厂解雇了。一开始只是为了赚外快，但很快就变成了一份几乎全天候的工作。她会睡在家里办公房间的地板上，这样当某些高价"点击"任务出现时，电脑就会提醒她。在这个平台上工作了近 10 年以后，她身上留下了老工业工人的战斗伤疤。她患上了腕管综合征、网球肘和手腕上的神经节囊肿。由于重复性动作，她的斜方肌撕裂了；由于久坐和长期点击鼠标，她的颈椎倍感疼痛。她的体重增加了 100 多磅，导致心脏出现了问题，而且她在内容审核工作中患上了类似创伤后应激障碍（PTSD）的症状。

工作的强度和质量的下降鼓励她改进平台劳动。偶尔，工人们可以改变劳动法和公司文化强加在他们身上的隐形效果。米兰德创立了一个在线工人论坛——Turker Nation，成员们对数字领域的剥削进行反击，并帮助平台上的其他工人接到高价点击任务。米兰德说："隐身是一种武器，因为一旦我们终止它，一旦我们变得可见，整个系统似乎就被颠覆了。"

Turker Nation 利用在社交媒体上曝光的方式来引起人们对剥削性雇主的格外关注。最好的例子可能是由 Dynamo 网站发起的"杰夫·贝佐斯亲启"活动，活动时间定在 2014 年圣诞节前后，倡导 MTurk 点击工直接给亚马逊首席执行官写信，更重要的是呼吁人们关注他们作为工人的权利。这场活动（实际上更多的是公关噱头）有三个核心要求：MTurk点击工是人，而不是算法，应该相应地向大众进行营销宣传；MTurk点击工不应该被当作廉价劳动力出售，而是作为需要尊重的熟练、灵活的劳动力；MTurk点击工需要有一种方式，通过亚马逊向任务发布者和世界展示自己。所有人，也包括米兰德在内，都不相信一连串的圣诞贺卡会把贝佐斯变成一个富有同情心的资本家。但一个点击工作合作社或工人所有的平台可能会带来广泛的好处，即使它所做的只是推动亚马逊改革其做法。米兰德说："我们永远不可能改变亚马逊，除非通过竞争向他们施压，而合作可以做到这一点。"

点击任务的工人们将从合作中受益，但也会从简单的工作场所规则中受益，而这些正是机器人爱好者经常反对的事情。就像工人们往往害怕机器人一样，但有时出于错误原因，机器人专家和雇主则往往对政府监管产生非理性的恐惧。马特·布什告诉我："制造业应该尽可能高效和有效。"就好像教义问答书一样肯定。"没有理由阻止进步。"最反动的做法莫过于在没有与大多数人分享成果的情况下炫耀工业进步。归根结底，我们不仅需要对工作的未来有愿景，而且需要对工人的未来有愿景。

在与劳工领袖交谈的过程中，我发现当今工会制定了许多政策来管理工作场所技术的使用方式，数量之多令人惊讶。这些争斗不像20世纪中叶那样，与长时间工作的公开辩论联系在一起，但工会正在慢慢地面对机器人带来的挑战和可能。一些大城市的清洁工和餐饮业工会组织会在他们的合同中列出条款，明确限制管理层用机器人代替工人的绝对权利。在低水平服务业工人加入工会的地方，这种防止被取代而采取的保护措施正变得越来越普遍。拉斯维加斯烹饪工会（Las Vegas Culinary Union）声称，最新的合同为工人提供了“开创性”的保护，给他们高度自由用来掌控技术对工作的影响。这是一个好消息，因为现在拉斯维加斯这一罪恶之城雇用了机器人调酒师，采用了触摸板订餐系统，甚至在它的脱衣舞杆上也有机器人。[18]

凯撒医疗和美国服务业雇员国际工会之间达成了另一项极具启发性的保护工作协议。1997 年，凯撒医疗开始采用电子医疗记录系统，图表室工作人员因此面临着失业风险。纸质病历的主要问题是难以辨认医生笔迹，这导致处方延误，测试分析不准确，从而导致错误的诊断和后续护理。偶尔也会发生丢失或错放的情况。工会与管理层在电子病历方面的合作意味着，合理程度内的自动化以相对轻松的方式进入工作场所，员工不会失去工作，患者也会从中获益。凯撒管理层和工会联盟领导人创建了一项管理“技术变革对劳动力影响”的协议，其中包括关于工作和工资保障的新合同条款，在谈判部门创造新的工作岗位，以及解决培训需求的基金。此外，凯撒还解决了人们对工作安全的担忧，让失业员工为公司内的新职位做好准备。在全国范围内，这种伙伴关系发展得并不均衡，因此很容易比较哪些地方执行力度较大，而往往在这些地方，技术革新发展得最为顺利。[19]

除了让员工有权控制工作场所使用的各种技术外，还有其他方法来制约雇主通过技术施加的权力。例如，我们可以对机器人征税，这一想法得到了比尔·盖茨的认可，他本人就是一种迫切需要征税的机器人。

历史表明，当工作者有权决定技术的使用方式和时间时，他们从中受益就最大。如果工作者有更多的控制权，他们面临的生计风险就更少，就可以获得与自动化相关的收益，从而带来一个工作密集度较低、机器人密集度较高的就业环境。这个大的“如果”给我们带来了当下最重要的解决方案：普遍基本收入（universal basic income，简称 UBI）。

既然工资已经与生产力脱钩，下一个合乎逻辑的步骤可能就是将收入与工作脱钩。它看起来很简单，这是它如此诱人的一个原因，也是在表面上受到一群政治上模棱两可的追随者所倡导的原因。《钟形曲线》（*The Bell Curve*）的右翼作者查尔斯·默里（Charles Murray）认为，这是废除联邦福利计划的工具，包括扶贫、佩尔助学金、学前教育计划、学校午餐，等等。像埃隆·马斯克和马克·扎克伯格这样的硅谷巨头以及马丁·福特这样的未来学家认为，当技术失业威胁到自由市场稳定时，有必要提供消费美元的缓冲来拯救资本主义。他们的动机更多的是担心大公司的盈利能力下降，而不是担心那些失业者的生计。

然而，在很大程度上，社会主义左派才是普遍基本收入的坚实后盾。小马丁·路德·金提倡这种做法，许多女权主义者更喜欢它，而不是古老的“家务活的工资”这一说法，越来越多的年轻激进分子认为这是一条通往“完全自动化”的道路。努力工作有其宗徒，也恰恰就是其宗徒。一种新的技术狂热的“加速主义者”，是把工作者塑造成“全自动化”以“废除工作”的积极活动家。对他们来说，全自动化必须伴随高额的基本收入，这不是为了阻止资本主义的崩溃，而是为了加速它的崩溃。普遍基本收入也被“黑人的命也是命”（Black Lives Matter）运动采纳，作为其赔偿平台的一部分。为了进一步将左派观点与最近右派的拨款主张区分开来，一些人提出了 UBI+ 的提议，这是对现有福利规定的补充，而不是一项独立的政策。[20]

基本收入是个不错的主意，征收机器人税可以筹集一部分资金来支付基本收入，让工作者们靠机器创造的红利生活。然而，把基本收入和技术性失业联系起来是错误的逻辑。只有在工会更强大的时候，自动化才能帮助我们腾出时间。否则，它就会把人力劳动赶出去，取而代之的是温顺、高效、无声无息的自动机。正如社会学家朱迪·克曼（Judy Wajcman）所写的那样，技术决定论者“没有回答追求利润（而非进步）在多大程度上影响着数字技术的持续发展，他们也没有谈及同样的这些技术不是减少了工作，而是如何促进了更多更糟糕的工作”。[21]

关于基本收入政策的激烈辩论常常被一分为二，不是赞同就是反对。然而，在大多数情况下，不同的观点都被视为达到目的的手段，右边是自由主义的自由市场天堂，左边是通往共产主义的资本主义道路。这些论点都是错误的。基本收入可能是争取更多时间的结果，但它不会成为实现这一目标的途径。目前对基本收入的实验认为，它是劳动力历史性弱点的解药，是一种安慰剂，一旦所有工作都消失了，它就会支持我们，甚至是一种可以刺激人们工作效率的东西。但是，如果我们不先对时间和技术进行更多的控制，就不会得到像基本收入那样好的东西。这应该是我们的首要任务。只有在全社会对技术和时间有更大控制的情况下，自动化才能使我们减少辛苦劳动。

美国劳联—产联对自动化越来越感兴趣，希望借此实现每周工作 32 小时的目标。2018 年，联合会主席理查德·特鲁姆卡（Richard Trumka）回应了工会成员与机器人交接做好准备的问题。他把问题转向了政治和雇主战略，而不是技术，坚持认为“一代人糟糕的政策选择创造了这样一个经济体，许多新兴产业在成长过程中根本没有工会”。他澄清说，劳工绝不是反对科学技术本身，他提供了现代汽车工人欣然接受机械外骨骼技术的例子。基于“自动化意味着我们可以分享更大的繁荣”这一信念，他说，劳动力“可以要求一个世界，在这个世界上，技术带来的收益转化为每个人更好的工资和工作条件；在这个世界上，更高的生产力意味着我们可以少工作、多生活；在这个世界上，人工智能可以让我们拥有更好、更安全、更有趣的工作”。[22] 特鲁姆卡的乐观精神令人振奋，这提醒了我们，机器人是人类双手的产物，同样也可以由它们的创造者来控制。

在写这本书的时候，我遇到了一些机器人专家，但是没有一个像D博士一样理解这条基本真理。5月的一天，我和卡里克·德特维勒（Carrick Detweiler）一起在内布拉斯加大学的大豆田上试飞无人机。电气工程师雅各布·霍格伯格（Jacob Hogberg）和经验丰富的海军直升机飞行员亚当·普洛查（Adam Plowcha）也加入了我们的行列，普洛查现在是德特维勒——D博士（普洛查这样称呼他）的研究生助理。作为机器人领域的年轻领导者，德特维勒与人共同创建了内布拉斯加大学智能移动无人系统实验室，将高效的机器人技术与政府和科学探索相结合。随即，州法律要求，某些类型的无人机操作员必须持有私人飞行员执照。为了克服这一法律障碍，德特维勒很快就学会了驾驶塞斯纳飞机。足智多谋的天才们就是这样，样样精通。然而，到目前为止，他未能说服妻子买一架塞斯纳。“她认为我们需要留一笔钱给孩子上大学用。”他指着一个孩子的汽车安全座椅说。

从麻省理工学院研究生毕业后，德特维勒已经制造出陆上、海上和空中机器人，美国国防部将这些机器人用于……他不太清楚，因为，你知道的，客户是国防部。在这一天，当普洛查启动嗡嗡作响的引擎时，无人机起飞了，它盘旋了几秒钟，然后飞到了一个预先设定好的地点，小心翼翼地下降，降落在松软的土壤中。它配备的3D打印钻头可以精确地钻入地面，几乎没有发出声音。一旦洞口的深度合适，无人机就会放置一个可追踪的传感器，然后飞回来，降落在我们面前。

这种特殊的机器人可以帮助政府工作人员勘探茂密的林区和山区中的情况。德特维勒的其他机器人可以飞越湖泊、测试水样以进行科学评估，还可以在森林火灾周边投放高尔夫球大小的炸药，以帮助控制火势蔓延。载人飞行器在有些地点使用时要么太昂贵、太耗时，要么太危险，德特维勒的研究重点就是通过对这些地方进行深度探索来扩大人类工作者的工作范围。

其中一架无人机一度未能起飞。在进行了相当长时间的调查之后，他们发现只是两根电线断开了。德特维勒说："机器人学是一门研究电缆和连接器的科学。"他的观点不仅关于机器人，还涉及自动化和就业。机器人仅仅是在人类控制下制造出来的设备，尽管弗兰肯斯坦式的幻想让它们超越了人类的创造者。同样，机器人也不能代替人类工作者——雇主才会。而且其实他们大可不必这样做。

"唯一真正的问题是，究竟机器人应该取代我们的工作，还是帮助我们做得更好。"德特维勒简洁地总结了许多关于自动化的争论。换言之，真正的问题是，作为一个社会，我们是否看到机器人取代或增加了人类劳动。当大多数人想到自动化时，他们认为这意味着机器正在取代人工，这似乎是一个标准定义。但其实机器人也可以帮助人类工作，使他们更有效率，或只取代某些任务。不同的是，可以完全取代我成为大学教授的机器人和只能批改论文的机器人之间的区别，后者会让我腾出时间去做其他事情，或者大幅减少我的总劳动时间。我承认，有时我认为机器人能胜任我的工作。事实上，有很多时候我都希望如此。

德特维勒说："我们唯一要担心的是让做决定的权力从我们身边溜走。"

德特维勒几乎是对的。在这场争辩中，这并不是唯一值得担心的事情。还有另一种恐惧，更多的是事关生存的威胁，随着机器人最近占据了更多的新闻，很多人开始购买机器人。如果自动化夺走了我们的工作，也带走了我们生活中重要的意义，那该怎么办？人们已经开始重视工作，不仅仅是看重金钱上的回报（虽然回报已经大大减少），但工作的力量在于能够提高我们个人的自我意识。换言之，即使我们可以通过基本收入或其他方式，不工作地生活，我们的时代会不会因为缺乏目标而变得不那么富裕？机器人取代人类这一威胁提出了一些问题，这些问题触及了人性的核心。但是，为什么我们的工作是身份认同的来源呢？接下来我将讨论这个问题，并考察我们思考工作方式的转变对我们花在工作上的时间有什么影响。

第5章

比金钱更重要

美国资本主义的变化——历史上的不平等、工人力量的倒退、技术革命——导致了长时间工作、就业不足和不稳定的作息时间这些彼此矛盾的现象。这些变化迫使低收入工作者从事无法被他们控制的工作。无论他们工作多久或多么努力，都不会取得进步，始终生活在被移民、机器或最新的管理伎俩取代的恐惧中。

同样的因素也迫使中上层工作者延长了工作时间。但是，有些人由于自己的地位和职业而幸运地拥有更多自由裁量权，可以控制自己的工作时间，但他们的工作时间仍然比其他人都长，我们需要更全面地解释这一现象。虽然领薪水的专业人士在老板下班回家后很长一段时间仍在工作，但他们不一定能挣到更多钱。为了更好地理解这一现象，我们需要深入了解当今工作场所的文化，尤其要审视一种新的工作信条：努力工作使得我们的时间变得更加充实，即使我们的薪水并没有因此增长。

“有意义的工作”这一概念已经成为一种文化支架，社会学家称之为“上层建筑”，用于构建长时间工作的经济模式。这并不是说关于意义的信念迫使我们工作更长时间。相反，这些信念促使我们在工作中寻找个人价值，而不是变革经济，使之服务于每个人。由于这种流行的意识形态，现代工作场所的要求似乎不像是强加的，更像是一种实现目标的途径。

这种文化转变是 20 世纪 70 年代以来，两种不同类型的工作场所中不满情绪（白领困境和蓝领困境）共同激化的结果。有段时间，这些不满似乎不仅反映了工作的剥削性质，而且也印证了新左派的预言。校园的活动人士、女权主义者，甚至年轻的技术专家都试图将各自的工作从异化的性质中拯救出来，或者干脆废除它。新的“身份认同的政治”也鼓励年轻员工审视自己，寻找反映内心真实性的职业机会。

随后，越来越多的管理者和监督者加入进来。他们拦截了这些对有意义的工作的新需求，并将其重新包装为一种新的工作理念。其结果就是我们今天流行的关于有意义工作的讨论，从某种意义上说，在工作中发现个人价值和成就感已经成为工作本身的一部分。这场管理革命之所以成功，是因为它似乎带来了我们长久渴望的东西。然而，今天，关于有意义工作的承诺，依赖于新自由资本主义的胜利，而不是作为终身劳动这一令人窒息的现实的替代品。

这一变化的结果实际上不是更多的优质工作岗位，而是更加强调努力工作带来的非经济利益。人们很少意识到这一事件的重要性，因为我们通常认为有意义的工作是一种个人偏好，而不是整个社会观念的转型。但是，在美国，特别是在高收入者中，工作时间增加的部分原因是：随着工作成为个人意义的主要来源，更多的工作意味着更好。

乍一看，“有意义的工作”的概念似乎解决了一个根本问题：这是对所有工作的剥削性和异化性的提喻。它放纵我们的兴趣，帮助我们完善身份，通过实践磨炼我们的技能，并为追求一个更好的社会做出自己的贡献。我们讨厌把时间花在不能丰富自我意识的没有意义的工作上（虽然它们能让我们挣钱），有意义的工作成了一个可行的选择。我们的工作可以反映我们的价值观，并通过向他人正面描述自己来提高自我价值感。从这个意义上说，工作中为个人和社会功能服务的属性，远远超出其经济回报。

要理解这一现象，必须从坐落在圣克鲁斯山麓的企业生态系统开始。这里是全球高科技和社交媒体的中心，是几十家财富 1000 强企业的总部，还有数不清的初创企业。硅谷不仅是一个制造应用程序的地方，它还是一种哲学，一种梦境，一种*境界*。所有这些似乎都值得被拍成电视节目。

科技界的后人发起了一场反抗，反对格子间的无情生活，这场运动是为了帮助全国许多办公室白领摆脱失序困境。工作枯燥、工作时间长、生命短暂，有相当一部分年轻的电脑迷认为有更好的方法。办公室，这里曾经是对“未来工作应该更具社会性”这一理想充满希望的地方，它曾经是那些想要逃避工厂劳动的人们的避难所，如今却已经变成了被分割的荒原，只有被背弃的承诺和被拖延的梦想。事实上，到了 20 世纪 70 年代末，办公室开始变得像工厂。

底特律曾经是汽车的代名词，但一提到硅谷，却不仅仅是科技的代名词，它也是反传统文化大赚一笔的地方。科技先锋们试图将办公室改造成一个培养皿，巧妙地把休闲、创新和自由这些被视为典型加州文化的精神融入其中，从而孕育出一种更酷的资本主义。今天的科技公司继承了早期硅谷企业家罗伯特・诺伊斯（Robert Noyce）的管理原则。20 世纪 50 年代末，诺伊斯创立了仙童半导体公司，并在当时将公司视为一个"社区"，而不仅是一家公司。诺伊斯给职场带来激情的同时，也伴随着对普通员工的尖酸刻薄，就像在大型企业一样。这一传统由史蒂夫・乔布斯、马克・安德森和埃隆・马斯克等行业元老们高贵地发扬光大。

到了 20 世纪 90 年代初，随着计算机和互联网公司的成功，这种风气已经成为主流，这些公司成为新经济的代表。尽管很难对硅谷的工作条件进行全面的评价，但有一点是毋庸置疑的：硅谷已经并将继续发挥重要作用，促使人们相信，我们不仅可以而且应该从工作中获得意义。

硅谷是由这种新时代精神的热心信徒们建立起来的，他们鼓吹努力工作和长时间工作是对自己的一种回报。事实上，工作甚至已经不是工作了。在 2009 年的一次采访中，马克・扎克伯格（Mark Zuckerberg）这样解释了 Facebook 的使命："我们提供服务不是为了赚钱；我们赚钱是为了更好地服务。"换句话说，价值 3500 亿美元的 Facebook 将自己视为一个非营利组织，将其资源用于慈善目的。而且它并不是个例。史蒂夫・乔布斯（Steve Jobs）在斯坦福大学 2005 届毕业生班上说："你的工作将占据生活的很大一部分。做伟大工作的唯一方法就是热爱你所做的事情。"他真的认为没有人会记得，他对工作的热爱之所以能实现，是因为苹果产品是在海外的血汗工厂组装的吗？重点不是强调伪善，而是要认清围绕有意义工作开展的讨论如何成为圈套和诡计，如何成为牟利的遮羞布。[1]

几年前，我作为一个闯入科技界最私密领域的人，亲身经历了这种现象：我因为谈论约翰·梅纳德·凯恩斯而被踢下了谷歌巴士。经过一天的采访后，我正要离开谷歌在山景城的园区，巴士停了下来，准备将员工运送回旧金山的教会区。大多数大型科技公司都有这样的巴士，但它们通常被称为谷歌巴士。硅谷外地区的人对高新科技管控下的北加州非常不满，人们把这种不满都发泄到了谷歌巴士上。因为虽然它们是专门为科技员工服务的公司私人巴士，但它们在接送谷歌员工上下班时，会使用公共巴士站，并挤满了风景优美社区的狭窄街道。这些巴士经常被抗议者拦住、涂鸦甚至破坏。

我跳上车，果断在车厢里移动，低着头，坐了下来。这是一个很好的研究机会——车程长达 1 小时，乘客都变相地变成了我的被试者，还增加了在敌人后方进行报道的魅力。车厢里一片漆黑，为了防止笔记本电脑屏幕上出现眩光，车窗都拉上了窗帘。没人说话。巴士驶入拼车车道后，我向一群在折叠桌旁工作的人做了自我介绍。我注意到在谷歌总部度过了漫长的一天之后，太阳已经落山了，我想知道他们中是否有人认为，谷歌为庆祝有意义的工作而举行的著名庆祝活动，与员工被要求的过长的工作时间存在着矛盾。

“我们这样工作是因为我们想要，而不是因为我们必须这样做。”有人说，感觉到我在下判断。我点头表示同意，然后提到约翰·梅纳德·凯恩斯曾经的预言，技术和效率将使人类摆脱繁重的工作生活。他们认为谷歌有朝一日会兑现这一承诺吗？

“如果是这样的话，我们将是最后兑现这一承诺的人。”他说。

显然，我需要表现得更温和一些。我注意到其中一个人的笔记本电脑上贴着一张经文，上面写着“以西结书 33:31”。但我还没来得及问他，就有人说我可能是一家初创公司的间谍。“你在这辆车上干什么？”另一个人问道。“这是私人公司的巴士。”一开始，我以为他在开玩笑，但很快就明白了，关于工作时间的随意谈话是不可能再进行下去了。我在紧张的沉默中忍受了剩下的旅程，直到巴士停下来，他们让我下车。有人甚至拍了张照片，威胁要报警。这是我在硅谷进行的第一次凯恩斯主义演讲，也是我第一次同时唯一一次乘坐谷歌巴士。

我之所以提起凯恩斯，是因为他是早期最清楚地谈到经济繁荣可能产生积极和消极影响的学者之一。他在 1930 年的著名演讲“我们后代的经济前景”中，预测在接下来的一个世纪里，人类将以指数级的速度发展世界经济，并在工作场所创造出每周工作 15 小时的技术创新。但凯恩斯本人并不完全乐观。每周工作时间的缩短可能会带来一个新的难题：工作者将如何处理他们多余的闲暇时间？对于那些在谷歌巴士上埋头于笔记本电脑的人，他不必过分担心。

人们普遍喜欢在谷歌工作。尽管工作时间长和产期性别歧视在过去几年引发了很多抗议活动，但在 Glassdoor 网站（一个员工匿名评价雇主的网站）的年度评级中，员工将谷歌评为“伟大的工作场所”榜首。当然，这与谷歌在文化劳工食物链中的崇高地位有关。在很多时候，为滚石乐队调试设备是件很有压力的工作，但你仍然心甘情愿给他们调音。其他科技公司也享有同样的地位。

Facebook 前台的大门贴着“Sun Microsystems”的标签，这是一家硅谷的销售巨头，变得越来越默默无闻，直到 2009 年被数据库管理公司甲骨文（Oracle）收购。Facebook 总部位于 Sun Microsystems 的老旧大楼里，尽管 Facebook 对这家老公司的大部分建筑进行了彻底检修，但这些原有的大门仍留在原处，以此持久地激励自己的员工。正如我在Facebook公司的个人导游林赛告诉我的，“马克认为把这些门留在原地是个好主意，以此来提醒你如果工作不够努力会发生什么。”

我问：“会发生什么？”

“你死定了，”林赛平淡地说，“你的竞争对手会杀了你。”

“谁是Facebook的竞争对手？”

“我们没有任何竞争对手，”她说，“但你永远不知道谁会冒出来。”

在这个不确定的时代，很难与不确定性争辩，但数据表明，Facebook的年轻程序员和工程师，或者几乎任何员工，都不缺乏动力。正如林赛所解释的，旧门很俗气；Facebook的任何人也都不需要外部激励。“我们是为自己而来的，”她一边说，一边指着露台上正在吃午饭的员工，“不是为了公司，而是为了工作。”

Facebook让无所不包的工作场所流行起来，这是我祖父时代家长式公司的回光返照。Facebook提供免费的洗衣服务、一日三餐、美发沙龙、免费上下班的交通以及一个名为“充电”的休假计划。“充电”计划鼓励员工从繁忙的工作日程中恢复过来，以便可以准备重返工作岗位。“就像你的手机，”一位员工告诉我，“它因过度使用而多次自动关机，所以你必须给它充电。以便可以再次让它自动关机。”

这些福利仍然不足以赢得对公司的忠诚。我错误地认为Facebook是一个技术工作者梦寐以求的雇主。但是很少有人会在这里工作很长时间。刚刚过了3年大关的林赛将自己形容为一块“化石”，其实，很多人都希望结识其他人，与他们一起创办公司，并尝试超越扎克伯格。

她说："硅谷的人们想做点大事。这就是人们来这里的原因。这不仅仅是钱的问题。"当我们的参观快结束时，林赛推荐了一家当地的酒吧——玫瑰木酒吧。这是一家很著名的酒吧，吸引了很多科技工作者，我很可能会遇到其他受访者，用她的话说，可以"领略领略风景"。

玫瑰木酒店和酒吧的马蹄形入口两旁排满了特斯拉和零排放摩托车。除了资金不足的学校和医院，加州正处于干旱之中，但这里是一片过度的绿洲。你可以听到风拂过棕榈叶的声音，高跟鞋在鹅卵石人行道上哒哒作响。玫瑰木酒吧位于一个俗气的伊比沙岛俱乐部和佛蒙特州滑雪小屋之间，为今晚的非官方主题提供了完美的魔力：硅谷的美洲狮之夜。在《名利场》报道了一对专门为年长女性和富有的程序员小伙牵线搭桥的职业媒人后，这里的周四晚上变得非常出名。然而，他们的人数却远不及那些只想在下班后一起瞎混的人。或者，像通常情况一样，他们会一边瞎混一边工作。这家酒吧坐落在推动科技繁荣的金钱之上，人们说，各种交易就在酒吧洞穴般的内部不断地进行着。

"那家伙把 Skype 变成了一个爆款软件。"我身边的陌生人说。很显然，这就是你在这里展开对话的方式，一个既像封建庄园又像资本主义天堂的地方。我身边的这位朋友叫尼基尔，他说得很对：安德烈森·霍洛维茨公司（Andreessen Horowitz）的风险资本家们很早就把赌注押在了 Skype 上，当时没有其他公司看好它，结果却得到了回报。现在他们是世界上最富有的天使投资人。

尼基尔自己的故事，听起来也像是被金钱、意义和宏伟蓝图所吸引的硅谷原型。他在斯坦福大学的第一年就辍学了（他的父母现在仍不知道），他在很多家失败的创业公司从事过全职工作。但他毫不气馁，他明白事情就是这样发展的。辍学生在这里致富，每个人都知道那些故事。只是需要时间和工作。鬓边过早地长出了白发，他认为自己和周围的人都是加州新一轮淘金热的组成部分。但确切地说，他们追求的不是金钱。“我们想要一些有意义的东西。”他眯着眼睛看着夕阳，这一刻似乎是电视剧《硅谷》中的一个镜头，“一种不仅仅是钱的东西。金钱激励系统已经不再起作用了。”

但要想成功，即使是以他自己的条件，尼基尔仍然需要钱。他需要很多钱。事实上，他今晚在这里出现就是为了会见像那些聚集在我们楼下的人，他们很快就会来到这个阳台上，就像许多星期四晚上一样。他和一些朋友有一个虚拟现实创业的想法，迫切需要资金，但到目前为止，他们只能从所谓的三种人身上筹集到资金：友人、家人和蠢人。

他笑着说：“有些人来这里是为了做爱，但我是来赚钱的。”然后他想了想，补了一句，“两者都不错。”

•

我去那里也是为了寻找一些东西。与尼基尔不同的是，我要找的既不是美洲狮也不是投资。我带着一个问题而来：为什么我们会开始寻找有意义的工作？要追溯一种想法的来源，就需要去调查这个想法的多种源头。我确信有一条源头是流经玫瑰木酒吧的。

玫瑰木酒吧的顾客与索尔斯坦·凡勃伦在《有闲阶级论》中对富人的描述形成了鲜明对比。他对世纪之交的财富进行了考察，生动地描绘了致力于“炫耀性消费”的富人，这是一种赋予自己地位和荣誉的战略性购买行为。懒惰和闲暇曾经是成功的标志，而今天，富人通过炫耀他们对工作的极端投入而获得声望。这里有一群相对富裕的人，他们的自我概念建立在他们对努力工作、忙碌和长时间工作的承诺上。凡勃伦可能会建议今天的富人参与一种“明显的忙碌”文化；当工作是肮脏的，越少越好；现在既然它具有意义，那么越多越好。

道格拉斯·库普兰（Douglas Coupland）在他 1995 年的预言性小说《微软信徒》（*Microserfs*）中捕捉到了这种对工作的完美激情。在这部小说中，一群讨厌自己在 IBM 的守旧工作的书呆子工程师从华盛顿的雷蒙德搬到了硅谷，寻找更能实现自我的工作。他们的新家简直就是他们的生活之光，建筑的光线恰到好处地穿过了平板玻璃外立面，空间布局完美和谐，创造出美丽和亲密的感觉。当他们厌倦了追逐总是遥不可及的风险投资时，一位程序员有一个惊人的发现：“我简直就白来了一趟。因为我从来没有得到过任何报酬。从来都不是钱的问题，或者说不太是因为钱的问题。我们都不是为了钱，对吧？”[2]

真正的谷歌从未远离库普兰的虚构世界。从低级程序员到更有经验的员工，“做你喜欢做的事”是我反复听到的咒语，后来都听得让人恶心。事实上，科技型雇主越来越倾向于通过提供非金钱待遇来吸引新员工，据业内人士称，这种做法正是员工想要的。10x Ascend 招聘机构的里肖恩·布卢姆伯格告诉美国全国广播公司财经频道：“我们看到，如果人们所从事的项目更符合自己的目标，他们愿意接受更低的待遇。”

然而，谷歌很难说是一块擎天巨石。在我参观这一科技巨头的过程中，我听到了很多不同的声音。那天晚上，我在玫瑰木酒吧遇到了一位名叫迈克的谷歌工程师，我提到了我和他的同事在谷歌巴士上进行的争论。“谷歌认为，如果我们从事有意义的工作，比起生命的其他组成部分，我们就会更喜欢工作。”他说，“因此，我们需要更多的工作。无论你往哪儿看，都能听到人们在谈论意义。他们不是哲学家，不是心理学家。他们就是个卖横幅广告的。他们知道什么是意义呢？我喜欢这份工作。但这并不意味着我需要它来拯救我的灵魂。”

迈克有权参加公司的“20% 计划”，这一计划使他有权在一周工作的五分之一时间里从事副业。这样做的目的是让员工满足他们的奇思妙想和好奇心。但他从不使用这段时间。“这是哄年轻人的玩意儿。”他说，虽然他还不到 40 岁，“我上下班打卡。这不是一个受欢迎的观点，但对我来说很管用。”迈克进一步强调说，在公司里持他这种想法的人只是少数：“你知道我想做什么吗？我想提前 20% 的时间回家。”

如果说很多工作都是令人心碎的苦差事，那么有意义的工作则恰恰相反，它充满了创造性、艺术性和社会性。这种诱人的可能性让人想起卡尔·马克思关于人性的评论，他通过指出最坏的建筑师和最好的蜜蜂之间的区别来解释这一点：前者首先在头脑中建立结构；后者建立在本能之上。换句话说，工作中的创造性想象力是人类最基本的特征。然而，马克思也担心，在资本主义条件下，工作必然是异化的，对工作者来说，这意味着“自我牺牲”“自我丧失”和“自我疏远”。

有意义的工作，让更多的人参与其中，可以解决现代职场存在的结构性问题。但是女权主义者长期以来一直声称，那些需要对自我进行更充分投资的情绪劳动，往往比那些允许我们在工作和非工作时间之间划清界限的劳动更让人异化。

尽管如此，科技界盛行“有意义的工作”的意识，往往显得具有真正的革命性。一开始它只是加州反主流文化中的一种风气，可以理解为对 20 世纪中期封闭、单调的灰绿色办公室中的工作生活的一种拒绝，但很快它就成长为资本主义的一种新精神。人力资源大军强化了雇主的这一战略，形成了一种促进员工更多参与、更多投入和忠诚度的工作场所文化，即使工作场所放弃了对他们的承诺。

我们为此付出了高昂的代价。正如谷歌前人力资源运营主管拉兹洛·博克所言，“我们（谷歌）改变了方向，从提供金钱奖励转变为体验式奖励项目……（目的是）受助者能够关注自己体验到的是什么，而不是去计算其带来的金钱收益。”他补充说：“金钱是可以替代的，它会从记忆中消失。”金钱也会从薪水单中消失，如果不是在硅谷，那么其他地方的钱也会消失。但在企业高管推动下的有意义的工作策略其实只是避免了再次支付而已。这让我想起了在谷歌巴士上贴在笔记本电脑上的以西结的一句话：“他们用嘴巴表达忠诚，但他们的内心渴望不义之财。”[3]

•

科技公司并没有发明出“工作应该有意义”这一想法，但它们确实帮助推动了这一观念成为主流。这一概念以其固有的可取性，在当今大多数行业中被广泛接受为一个重要目标。但情况并非总是如此。

亚里士多德（Aristotle）认为，休闲，而不是工作，是我们可以实现真实自我的生活领域，是人类追求完美的地方。长期以来，如何充实我们的空闲时间一直是一个目标驱动的生活问题。资本主义的兴起使得对工作和自我的新理念纷纷让位。早在19世纪，家庭和车间仍然是经济格局的中心特征。无论他们在生产什么，他们都为早期的现代美国工作创造了道德愿景。个体户的农民、工匠、店主和商人基本上是在没有直接监督或管理监督的情况下从事着劳动。哲学家伊丽莎白·安德森（Elizabeth Anderson）称他们为“无主之人”。“无主之人”的崛起，破坏了基于神性、血统、魅力或继承财富的传统权威的合法性。当自雇职业成为主要形式时，自由和自由的概念与家庭手工业产生了内在的联系。工作没有什么好处，“若有人以雇工的身份维持生存，”亚伯拉罕·林肯（Abraham Lincoln）认为，“这不是制度的错，而是因为有人天性上喜欢依赖，或者因为意外、愚蠢或仅仅因为不幸。”[4]

然后工厂来了。工厂被马克思称为“撒旦的作坊”，并成为经济进步的新象征。当大雇主在黑暗屋顶下收集了大片土地，将独立劳动者转变为受薪劳动者时，一种新的道德观诞生了。手艺人的浪漫世界现在只不过是怀旧，很快就出现了对“经理”这一角色的新需求——他们是一种新兴资本主义的眼睛、耳朵和大脑。早期资本主义国家兴起的资产阶级，将自己与寄生贵族区别开来，认为自己是生产性阶级。他们的价值观和对权力的要求，建立在他们的职业道德之上，他们认为这是创造社会真正财富的基础。工人阶级运动后来也采取了几乎相同的立场。为了生存，你不得不出卖你的劳动，但这种劳动对社会也产生了积极作用，产生了幸福生活所需要的基础。工人作为一个阶级的意义来自他们声称自己是公共利益的提供者。关于工作的概念本身就是代表着一种非经济性的身份，具有社会性和阶级性。

19世纪中叶，工艺美术运动的社会主义倡导者威廉·莫里斯

（William Morris）提出了一个著名的两难问题：“有意义的工作还是无用的辛勤劳动？”这些都是富裕社会所能提供的选择。他认为工人阶级总体上履行着一项有社会价值的职能，但对“所有工作都有意义”的观点嗤之以鼻：“对那些依靠他人劳动生活的人来说，这是一种方便的信仰。”然而，他说，确实有些工作“离福报不远”。关键的区别，也是最重要的区别在于，有些工作伴随着希望，它最终会带来理所应当的休闲生活。[5]

今天流行着完全不同的观念。有意义的工作并不是人们所希望的休闲的保证，而是增加工作的理由。此外，有意义的工作的概念更多地集中在工作对个人的意义上，而不是对阶级的意义上。随着工作占据了我们更多的时间，休闲也成为一种自我放纵的奢侈品，我们比以往任何时候都期待着为更多的个人意义而工作。

下图并未显示所执行的有意义的工作的数量。这是无法量化的。它描述了“有意义的工作”这个短语在过去200年里出现在英文图书中的频率。直到20世纪70年代初，似乎还没有人谈论过它。然后它出现的频率开始暴增。为什么会出现这种现象？

现代人对有意义的工作的追求，即一个人应该寻找工作来实现自我，是最近才出现的一种现象，它将我们置于新自由主义的坐标中。在20世纪70年代的某个时候，一种新的职业道德形成了，它将工作从个人牺牲转变为我们为自身利益所从事的活动。旧职业道德的最主要的矛盾是在休闲与就业、自我认可与自我否定之间取得适当的平衡。新职业道德的崇高承诺使二者之间根本不存在任何紧张关系，工作完全可以实现自我。

对于这种现象，当今最流行的解释是，公司文化已经把我们引入

英文图书中“有意义的工作”的出现频率，1800—2008年

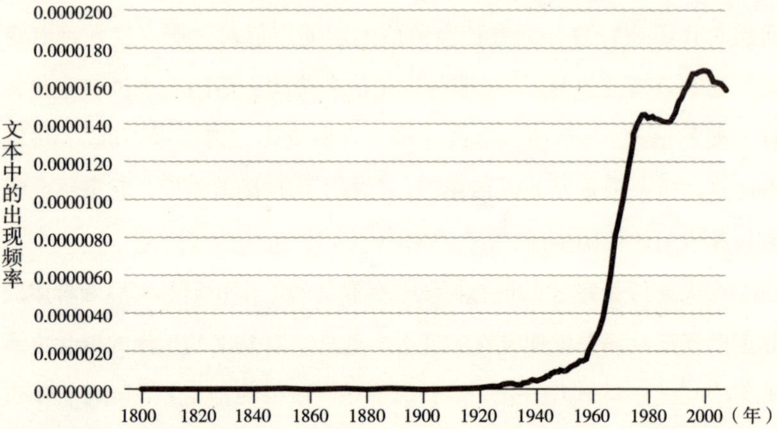

来源：Google Books Ngram Viewer。

歧途。在《纽约时报》上，记者艾琳·格里菲斯（Erin Griffiths）表示，她那一代人“假装”热爱工作。在“花花公子文化”和“做你爱做的事”这些意识形态的空洞承诺的诱惑下，她和千禧一代的同龄人愚蠢地浪费了一生中最美好的时光用来“扮演工作狂”。《大西洋月刊》（*Atlantic*）的作家德里克·汤普森（Derek Thompson）认为，他所说的“工作主义”是“最具影响力的新宗教争夺教众的一种方式”，他说这种趋势其实“违背了经济逻辑”，但如果它肯定了经济逻辑呢？如果喧嚣文化只是喧嚣经济学的必然结果呢？

1972 年，参议院劳动和公共福利委员会就美国工厂工人阶级的异化问题召开了一次奇怪的听证会。奇怪之处在于，通常应该是马克思主义者，而不是参议院，去谈论异化劳动。听证会讨论了全国范围内工人的不满危机，包括对所谓蓝领的详细研究。当白领们试图给办公室带来革命性变化时，产业工人们也要求更具吸引力和个人满意度的工作。根据委员会的说法，工人们过度工作，“虽然对工资感到满意，但对工作条件越来越不满意”。工厂外的国家“被工业机器蒙住双眼了，看不见机器后面的人”，这导致了“工人的非经济需求被遗忘了……造就了愤怒和叛逆的工人阶级”。委员会认为自己的工作是研究这一现象，并提出建议，“鼓励工作条件和工作本身都应该更人性化”，补救措施包括更灵活的时间表和减少每周工作时间。[6]

在某些问题上，委员会听取了丹·克拉克（Dan Clarke）的证词，他是俄亥俄州洛德斯顿市的一名汽车工人，那里发生过著名的“野猫罢工”，即反对工作提速、长时间工作和工业的单调性。克拉克对出席听证会的工会官员说，美国汽车工人联合会“过于关注工资和琐事。他们最好开始考虑一个人的思想和休闲方式”。

克拉克的证词得到了其他工人、雇主和工业专家的响应，他们的名字出现在听证会数百页的文件中。他们一起描绘了一幅焦躁不安的工人阶级画卷，他们不是为了更多的钱，而是为了一份有创造性、参与感、有意义和成就感的工作。

认为工作应该有利于自己的新风气不仅是不满的产物，而且是工作本身结构发生变化的产物。随着时间的推移，技术进步催生的工作不再那么手工化和程序化。随着这些变化，工作场所的白领劳动力比例也随之提高。

下图显示了在20世纪70年代早期，非常规的分析和人际关系工作在总体就业中所占的百分比是如何超过体力劳动的常规工作的。因此，在过去的40年里，工作总体上需要更多的人类决策和认知投入。1983年，丹尼尔·扬科洛维奇（Daniel Yankelovich）和约翰·伊梅

美国劳动力市场中大量增加的非常规任务

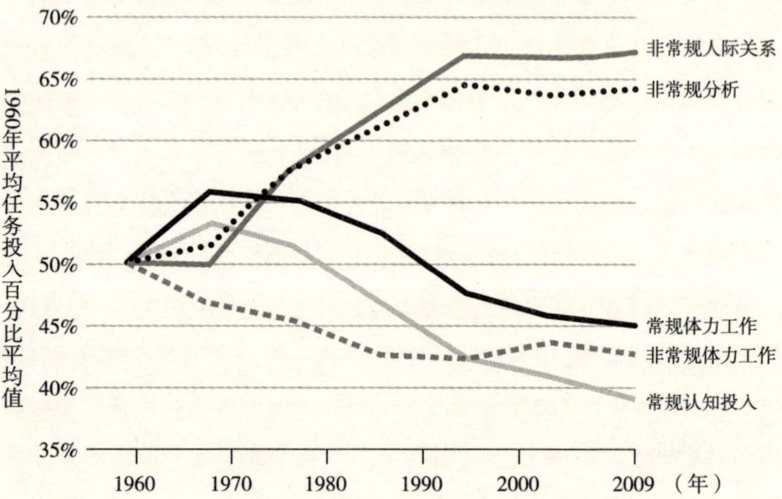

资料来源：David H. Autor and Brendan M. Price, "The Changing Task Composition of the US Labor Market: An Update of Autor, Levy, and Murnane(2003)," MIT Mimeograph, Massachusetts Institute of Technology, 2013。

瓦尔（John Immerwahr）在这些深刻变化中进行的一项研究发现，增加工作自由裁量权——工作者在工作中的主观投入程度——有助于产生有意义的工作话语。[7]

扬科洛维奇和伊梅瓦尔写道："进入高度谨慎的工作场所将职业道德提升到了具有战略意义的位置。如果管理者不能通过现有的奖励制度和传统的监督方法来激励员工，他们就必须依靠从业人员的内在动机来保证高水平的努力和高质量的工作。"换句话说，如果一个人随时可以在流水线上取代另一个人的工作，当经济被这种情况所主导时，在工作中寻找更深层次的意义几乎没有必要。但是，当工作者具备了一定程度的认同感，并且在没有持续监督的情况下完成任务时，主动性任务才能完成。当个人努力掌握一项特定任务开始在生产过程中变得更重要时，这种充满内在意义的新职业道德就出现了。[8]

1962 年的一项民调要求受访者描述他们“在当今美国取得成功的方式”，只有 6% 的人提到了一份有意义的工作。20 年后，这个比例提高到了 49%。扬科洛维奇对职业生涯的记录反映了美国公众舆论的微妙变化，他注意到一个明显的趋势，即“表现性”价值观，这些价值观反映了一种日益增长的精神需求和自我反思。在 20 世纪 80 年代中期，扬科洛维奇发现“现在很多职场人士把自我发展看作工作的主要动机”。

随着工业工厂为主的格局受到侵蚀，服务业在不断扩张，新自由主义精英打破了长期以来的惯例，即在工作者创造更多财富的同时向他们支付更高的工资。这是美国近代史上商业的标志性成就。从第二次世界大战结束到 1973 年，生产力的提高通常与生产这些产品的工作者进行分享。相对较高的工资和一定程度的共同富裕意味着工作者首先受到金钱的激励。为什么这会影响我们对工作的看法？随着工作者逐渐失去权力，一个历史性的交易被打破了，在这个交易中，金钱是一个“普遍的动力”，以补偿艰苦和日常无聊的工作。这种讨价还价慢慢地被一种所谓的有意义的新意识形态所取代。

1968 年，58% 的公众同意“努力工作总是有回报的”。到了 20 世纪 80 年代初，扬科洛维奇和伊梅瓦尔进行了一项类似的调查，只有三分之一的公众赞同这一观点。随着经济交易开始破裂，将工作与金钱联系起来的文化也开始瓦解，从而导致了职业道德的普遍崩溃。

也许这就是为什么这个笑话在 20 世纪中叶的企业高管中很流行：“你们公司里有多少人工作？”

"大约一半。"

这句俏皮话本来还会好笑一段时间，但到了20世纪70年代初，伴随国民对职业道德焦虑感的日益高涨，它却一点也不好笑了。宏观经济的巨大变化不能仅用态度的转变来解释。尽管如此，认为工作者懒惰和叛逆使国家失去竞争力的想法慢慢变得普遍起来。其中一些想法只是几乎不加掩饰的资本主义的陈词滥调。美国管理协会（American Management Association）的一份报告指出，工作者们"最希望的可能莫过于放下工具，发动一场振奋人心的大罢工"。[9]

这当然发生了。在整个20世纪70年代，数以万计的工作者甚至未经自己的工会批准就参加了非法罢工的纠察队。美国卫生、教育和福利部1973年发表的一份报告发现，"枯燥、重复、看似毫无意义的任务……正在引起各个行业层次工作者的不满。工作者们以旷工、离职、非法罢工、蓄意破坏、生产劣质产品以及不愿全身心投入工作任务来表达不满，这些正在削弱工作场所的生产力。"[10]

商界领袖因此面临双重危机。一方面，经过20年的工会活动，他们的利润一直在下降，限制了最过分的高管薪酬计划，并提高了普通人的工资。另一方面，他们创造更高利润的主要资产——正式工人，由于过于无聊和异化变得不再可靠。当时的劳联—产联主席莱恩·柯克兰（Lane Kirkland）用一句简单的调侃抓住了这种阶级斗争和怨恨的精神。当被问及工作上的懒惰时，他对记者说："如果努力工作如此重要的话，富人自己就会把它据为己有的。"

纽约证券交易所（New York Stock Exchange）主席威廉·巴顿（William Batten）对有关职业道德危机的广泛报道感到失望，他声称，商界领袖面临的"最大挑战"是"以能够让员工从中获得满足感的方式重组工作”。巴顿说：

由于美元薪酬不再是工作动机中压倒性的最重要因素，管理层必须更好地理解那些更难以捉摸、更不实际的因素，这些因素加起来就是“工作满意度”。也许今天最大的问题是如何重新组织工作，使工人从中获得满足感。如果我们不能发展出必要的哲学和程序，我们最好听天由命应对阻碍了产量的工作紧张、态度和行为。

我们通常认为，寻找有意义的工作是富裕社会的产物。到了 20 世纪中叶，不言而喻的是，自动化和工时减少的幽灵将逐渐侵蚀我们对艰苦工作的感情。德里克·汤普森援引作家埃里克·巴努夫（Erik Barnouw）在 1957 年提出的说法：“许多工作越来越自动化，再加上每周工作时间的缩短，越来越多的工人不再关注工作，而是关注休闲，以获得满足、意义和表达。”巴努夫的过度乐观在今天读起来就像是一张明信片，一张来自潮汐上升和共同繁荣的古朴时代的明信片。此外，心理学家亚伯拉罕·马斯洛（Abraham Maslow）的人类需求金字塔告诉我们，在放纵人类自我实现的欲望之前，我们必须首先达到一定程度的人身安全和经济水平。这种说法很有说服力，因为它表明，寻找有意义的工作是一项历史性成就的结果——经济和人身安全，这促使我们重新审视工作，以获得其他形式的回报。[11]

但现实不是正好相反吗？工人们对有意义的、人性化的工作的需求源于 20 世纪 70 年代工厂的单调乏味，而不是他们舒适的富裕生活。而今天，在经历了几十年的阶层向下流动之后，富裕的承诺还没有兑现，这是我们时代的特征之一。越来越多的人找不到足够的工作来生存，而另一批人则抱怨工作过度，这一趋势反映的是经济的不平等，而不是日益高涨的繁荣浪潮。不，大众对有意义工作的追求是失败的产物，而不是胜利的果实。这种态度的转变并不是随着工作变得更好而发生的，恰恰是在经济回报开始下降的时候发生的，这表明我们今天所知道的有意义的工作的概念其实是一种补偿机制而已。新的职业道德将资本主义的目标重新定位于自我的情感需求和心理需求，从而使资本主义免遭批评。

长期以来，管理学评论家一直宣称，在服务经济中激励员工的策略是“意义的替代品”，但他们的做法却很落后。有意义的工作不会被高工资侵蚀；这个词的言外之意其实是用意义来弥补工资的下降。换言之，管理动机不是意义的替代物，而意义是金钱的替代物。20 世纪 70 年代的职业规划图书，从理查德·鲍利斯（Richard Bolles）的《你的降落伞是什么颜色？》（*What Color Is Your Parachute?*）开始，就鼓励员工寻找职业道路，这些职业道路基本上是清教徒式呼吁的世俗版本，强调自我发现和个人成长。到了 1989 年，玛莎·辛塔尔（Marsha Sinetar）的经典之作《做你喜欢的事，金钱回报将随之而来》（*Do What You Love, the Money Will Follow*）为求职者制订了一个计划，把追求激情放在首位。

作家德光米亚（Miya Tokumitsu）认为，正是在工资停滞不前的时期，精英们开始呼吁“做你喜欢的事”，这一呼吁最终变成了“我们这个时代的非官方的工作咒语”。二者之间的关系并不是历史的巧合。“接受这份工作并热爱它”的指示在美国文化中根深蒂固，以至于在一起涉及 T-Mobile 公司的案件中，美国国家劳动关系委员会试图作出反对它的一项裁决。这家电话公司规定，禁止员工说公司的坏话，还有禁止员工互相争吵。美国国家劳动关系委员会讽刺说，想得美。但劳委会的决定后来被法院驳回了，法院授予该公司强制执行“积极的工作环境”的权利。[12]

对意义的关注并非仅是高地位工作者中的一种现象，也有一些指导手册告诉工作者如何在单调的低薪工作中寻找意义。商业顾问杰西卡·阿蒙特哥建议，任何人都可以从有意义的工作中获得回报。对你的工作不满意吗？她问：“提升工作的意义能为你带来什么？”奇怪的是，有一些证据表明它确实在起作用。最新研究发现，如今的美国年轻人对工作的满意度往往比前几十年更高，尽管工作时间安排越来越糟糕，福利和工资几乎没有变化。根据盖洛普民意调查机构的调查，在忍受了几十年令人失望的工作环境之后，我们似乎正在降低期望值。这些受访者称，虽然他们对自己不灵活的工作时间和安排的抱怨更多，但他们对自己的工作比 10 年前更满意。[13]

20 世纪中期，工厂的工人要求更多有回报和有意义的工作。但结果刚好相反，他们只得到了一种鼓吹意义的管理文化，这其实是实践中的一种新剥削方式。硅谷的老板们不喜欢那些身穿灰色法兰绒西装的男子。但事实证明，那个穿黑色高领毛衣和连帽衫的男人，和他们的文化祖先一样，都致力于商业纪律。事实证明，在工作中发现意义对生意有好处。经济学家迈克尔·科斯菲尔德（Michael Kosfeld）、苏珊娜·内科尔曼（Susanne Neckermann）和杨晓兰（音，Xiaolan Yang）的一项研究证实了这一信念。他们发现，“知道自己很重要确实很重要，”并补充说，“提供意义可以成为刺激工作努力的低成本工具。”

事实证明，有意义的概念对雇主非常有吸引力，即使我们过去所说的那些工作已经不存在了，但意义仍然存在。过去 10 年创造的 1000 万个岗位几乎都是临时性的，把美国梦变成了一种马后炮。虽然巨大的经济鸿沟进一步将富人与其他人分开，雇主们却助长了一种新的信念，即我们应该热爱有意义的工作。这种巨大的转变预示着一个令人啼笑皆非的悖论：工作条件越糟，我们得到的报酬越少，就越应该被告知它很有意义。

•

然而，这么多人在工作中发现了意义，因此很难辩称意义仅仅是商业精英阴谋的产物。伟大的美国工人编年史学家斯特劳斯·特克尔（Studs Terkel）是这样说的："工作就是每天一边寻找意义，一边寻找面包；为了获得认可，也为了获得金钱；为了刺激而不乏味；简言之，就是为了生活，而不是从周一到周五混吃等死。"人们往往会发现"除了薪水之外，他们的工作还有更多意义"。

奥利维亚·贝（Olivia Pei）是一个活生生的例证。她辞去了曼哈顿维萨公司（Visa）的一份稳定的高薪工作，这份工作可以让她很好地平衡工作和生活，并有可能选择远程办公，她却选择加入了旧金山一家令人兴奋的创业公司。如果你曾经租过这种按分钟付费的电动踏板车，你可能会感谢她所在的莱姆公司（Lime），这家公司正与其他 11 家公司一起，争夺替代交通市场的主导地位。她解释说："我想全身心投入工作，做一些真正让自己感到兴奋的事情。"奥利维亚对于共享滑板车项目充满热情，她认为共享滑板车有利于生态环保，是优步和巴士有趣的替代品。此举意味着大幅减薪，她在莱姆公司的大部分薪酬都是股票，可能价值不菲，也可能一文不值，而且会在数小时内大幅飙升。她估计自己每周工作约 70 小时，但并没有真正“感觉到自己是一名员工”，因为这是一家以使命为导向、目标明确的公司，鼓励员工认同自己是“环保运动的参与者”。“我认为这在某种程度上是可持续的，”她说，“现在我们正处于一个关键时期，我们需要尽我们所能投入自己的一切，希望换来一个有意义的未来，到时候我们就不必做这么多了。”

她形容这是一种“996 的工作”，每天前 8 个小时都在开会，然后“从 5 点开始才是我真正工作的时间。我们在办公室也备有食物，这在某种程度上鼓励了我在办公室待到很晚”。奥利维亚的情况证实了一种带有讽刺性的猜疑：科技公司提供免费餐饮和其他便利设施确实就是为了鼓励延长工作时间。“可以说，如果你（在工作中）不去吃饭，你就有点把自己排除在晚餐时进行的社交或商务对话之外。”她指出，广泛的假设是，科技员工在寻找意义。“这就好像是，如果你觉得自己的工作没有成就感，那么可能是你自己出了什么问题。”她苦笑着说。

山姆·邓宁顿（Sam Dunnington）肯定是出了什么问题，但并不是因为他找不到工作的意义，他就是从那份工作才开始失去意义的。山姆在费城当过假顾客。他是通过一家临时中介公司被一家公司雇用的，这家公司没有向他透露，他要去 21 世纪百货公司整天假装购物。“这是你最基础性的‘热身’工作。”他需要试穿衣服，仔细选看商品，与销售人员交谈，但是根本就不想买任何东西，事实上，因为他的工资微薄，也没有能力买任何东西。他工作的核心是通过自己在商店里晃来晃去来刺激顾客进入商店，因为从理论上来说，真正的顾客如果看到一家空荡荡的商店，会转身就走。有时，他和他那 50 个，是的，是整整50个冒牌购物的同事被告知只需绕着街区走几圈，进出商店，或者从外面欣赏橱窗，给人一种商店值得进入的印象。

山姆努力从他的工作职责中找到更大的意义，但这是不可能的。他说："我想不出任何让这份工作有意义的方法。"因为薪水太低，而且他"除了微笑和四处走动之外，不可以进行任何脑力劳动"。山姆熟悉人类学家大卫·格雷伯（David Graeber）在《胡说八道的工作》（*Bullshit Jobs*）一书中的论点，书中记录了许多高薪专业人士的生活，他们的工作没有提供任何的个人或社会效益。"这比那还低一两级，"他说，"因为我确实找不到其他的谋生手段。"

唯一比山姆的工作更没有意义的是他主管的工作，他们也隐姓埋名地走遍了整家商店，只是为了确保所有的假顾客不会中途翘班。很难想象，在一个本应重视意义的文化体系中创造了如此毫无意义的工作岗位。山姆说，他寻找更好的工作是希望找到有意义的工作。他说："我认为每个人都希望这样，我们理应得到工作中的意义，即使我们的工作报酬很低。"

我的采访表明，像山姆这样的低工资工作者，虽然很少与高地位的工作或崇高的理想联系在一起，但他们通常认为他们的工作不仅是为了金钱。我在轮班前、轮班中、轮班后以及工作间隙都采访过零售业员工。许多人对低工资和糟糕的工作时间表示不满，这是可以理解的。但他们也提到了这份工作的全局观，他们从中得到的意义，以及他们认为自己带来的积极特征。

H&M的销售员塔蒂安娜说："我想大多数人都认为我们被困在这里了。我们在这里是因为找不到别的工作。但是……重要的是工作，是不断工作。塑造你自己，让自己变得更好、更完美。所以你可以把它带到下一个工作的地方。我们是为了自己而努力，而不是为了他们。”说完，她回头指了指店里的经理。几乎每一个我采访过的零售业职员都用不同说法表达了这一观点。

低收入工作者寻找有意义的工作的激情令人惊讶。毕竟，意义是要付出代价的。心理学家胡静（音，Jing Hu）和雅各布·赫什（Jacob Hirsh）的一项研究发现，希望在工作中找到意义的人愿意接受比“毫无意义”的工作的报酬低大约 2 万美元的工资。Better Up 实验室在 2018 年的一份报告中发现，超过 90% 的员工会放弃部分收入去从事更有意义的工作，而那些认为自己的工作有意义的员工会更少请假。在硅谷，这当然是事实，那里的员工在接受大公司的职位时，经常会用部分金钱置换意义。此外，一份工作对社会有用这一事实常常被用作少付工资的理由。我们不希望公立学校的教师仅仅为了钱而工作（即便他们的平均工资已经 20 年没有增长），对不对？然而，人们提出了相反的观点，为社会中那些倒退最严重的高薪劳动辩护。如果我们不以高额的薪水激励公司律师，他们为什么要投入这么多时间？就好像一份工作的无意义决定了它的经济价值。[14]

但也许最不在意工作意义的人群，正掌握着改革我们工作生活的关键。无意义工作的现象说明了资本主义本身的核心矛盾。长时间从事单调乏味的工作本来是可以避免的，但我们现在却身在其中。我们应该以何种方式表示愤慨？更重要的是，我们对变革的需求在哪里？

自由市场思想的主要支持者米尔顿·弗里德曼（Milton Friedman）来到一个建筑工地，那里的工人正在用铲子而不是重型设备进行挖掘。当弗里德曼问起这个看似愚蠢的项目时，当地的老板告诉他“这是一个工作项目”。然后，弗里德曼回答说：“那他们为什么不改用勺子呢？”实际上，弗里德曼从来没有说过这些话，但他的笑话可以很容易地让我们联想起美国社会。人们常说工作既是为了实现一个社会必要的目标，也是为了一种道德。在美国，大多数民调显示，他们“积极地摆脱了”工作，相当一部分人认为他们的工作“毫无意义”。[15]

这一趋势似乎有可能继续下去，因为大多数新创造的工作往往都是低技能、低收入和低地位的。到 2028 年，美国将新增 5000 万个就业岗位，其中只有 37% 需要接受教育。因此，虽然一小部分人可以找到令人满意的工作，但越来越多的工作看起来像是低工资的苦差事。这是一个坏消息，原因有很多，但在这样一个越来越多地用意义来定义工作的经济体中，显得特别糟糕，因为它会加剧收入和成就的不平等。

工会主义者威廉·温皮辛格（William Winpisinger）有句名言：“你想让这份工作变得丰富吗？那请你先让工资水平丰厚一点……同时请减少工作时间。”但如果这是唯一的要求，我们就不能充分利用工人陷入的绝望危机。许多人所表达的异化是对资本主义的一个重要批判，尽管加薪非常重要，但工作者们不太可能突然因为加薪而感到宽慰。未能为绝大多数人提供有意义的工作，才是对我们当前体制最有力的控诉，因为这是资本主义作出的又一个承诺，却无法兑现。寻找真正具有吸引力和自主性的工作和职场，并不是愤世嫉俗、徒劳无益的，也不应被视为肤浅的。相反，它带来了社会变革更大的可能性。[16]

如果我们必须为了生活而工作，我们就应该要求有意义的工作成为一项合法的社会基本权利。这样的工作应该挑战和激励我们的集体主义精神和情感能力，并为一个更美好的世界作出明确的贡献。对更具吸引力的工作的需求也可能伴随着对更短时间的需求。如果某些工作不能达到上述标准，当然我们可以做一些不符合标准的事情，我们应该合理地要求加薪，并将工作时间减到最少。工作机械化的重点可能不仅在于哪里可以获得最大的利润，而且在于哪里可以减少最无意义的劳动。如果我们的工作场所在这两个方面都是失败的，或者他们试图向我们兜售意义而不是金钱时，我们就应该追究他们的责任。

有意义的工作的话语源自 20 世纪中叶工厂的蓝领抑郁，加州科技圣地的白领困境，以及带来服务经济的结构转型。这些趋势使我们重新认识了工作的意义和金钱的价值。然而，一旦管理层学会了利用这些新思想，对更有成就感的工作的合理要求就被重新导向了一种商业思想。因此，寻找有意义的工作，更多的是渴望，而不是现实。换句话说，几乎没有证据表明我们在过去几十年里创造了更有意义的就业机会。不同的是，今天我们通常承担着额外的负担——即使工作让我们感到失望，不管怎样，我们必须通过工作寻找意义。在寻找有意义的工作成为主流的同时，另一个变化正在酝酿之中。自相矛盾的是，在意义话题兴起的同时，要求数百万美国穷人从事毫无意义的工作的政治变革出现了。那些阻碍我们创造更好就业机会以及让更多的时间被毫无意义的工作填满的政策，现在是时候审视一下。

第6章

重返职场

人们普遍相信辛勤工作的内在好处，这为长期不稳定工作的经济学观点提供了说服力。有时，市场压力和贫困迫使我们不得不工作，奖金吸引着我们周末去办公室加班。其他时候，长时间工作似乎是衡量我们究竟是谁的尺度，工作时间越多，地位就越高。当市场和意识形态不能让我们专注于日常工作时，我们就制定相应的政策，迫使我们中的一些人重返工作岗位，这些岗位几乎没有任何报酬，至少是最不理想的工作。但有人会告诉我们，这不仅可以塑造人的性格，而且可以强化全社会的职业道德感，我们中的一些人必须通过这种艰苦的方式才能学习到这些。

劳动时间上的冲突有多种形式。纵观美国历史，一以贯之却可能改变了其表现形式的政策认为，几乎每个人都亏欠社会劳动时间，甚至包括那些有不可避免的日程冲突的人，那些有精神和情绪健康问题的人，那些需要照顾孩子和其他亲人的人。区别于其他类型的福利政策，通过提供工作环境实施的援助措施被称为福利性工作，人们通常在道德标准的框架下讨论它。但是，工作者们通常感觉到的是时间上的冲突，而不是道德上的冲突。这是因为这些政策的目的是控制和垄断特定工作者的时间，他们可能因为各种原因需要或者希望摆脱有偿的劳动力市场。为了进一步理解今天关于劳动时间的故事中福利性工作的重要性，我们需要回顾某些政治背景，消除一些关于福利和为福利而工作的人的神话。

美国人倾向于认为福利和工作是对立的，这是一条明确的界线，将那些应得到福利的人（曾经工作过的人）和社会寄生虫（没有工作过的人）区分开来。但在现实中，福利和工作却总是紧密相连的。福利人数随劳动力市场状况扩大或收缩，政策制定者通常会制定特定的福利政策以满足雇主的需求。福利被设定在一个较低的水平，以避免削弱地区劳动力市场的竞争力，目的是确保与福利相比，工作看起来总是更好的选择。福利性工作并不是主要劳动力市场的替代品，却与之密切相关，因为低工资和大量的劳动力供给会降低主要服务行业的劳动标准。由于用福利性工作取代了福利，参与工作的要求与食品、住房和医疗福利捆绑在一起，劳动力市场的界限变得更加模糊。所以，当今大多数福利改革的目标都强调提高潜在工作者的就业能力，而不是扶贫。[1]

然而，将工作和福利视为不同的领域，这一当代观念其实在美国社会中由来已久。早期美国殖民者在新大陆复制了中世纪英国的济贫院。英国的“穷人法”规范了济贫院，穷人在济贫院里辛勤劳动以换取微薄的收入。为了确保外面的任何工作都比济贫院里的工作好，济贫院设计了非常糟糕的劳动条件。19 世纪中期的一份报告对此形象地说道，济贫院的工人们“只能从原本应该被用作肥料的骨头中吸取骨髓”。[2]

在马萨诸塞州，参议员约西亚·昆西三世（Josiah Quincy Ⅲ）声称，向穷人提供福利将“破坏经济规律，根除上天对劳动阶级的庇佑”，从而侵蚀职业道德。作为一种解药，昆西提出了“工业之家”，即“为穷人的每一种能力提供工作，从而使有能力的穷人至少能部分地自我谋生”。离我在佛蒙特州居住的地方不远，就有一家“贫穷农场”，那里挤满了病人和残疾人，他们完成分配的工作任务，从而获得在那里居住的权利。[3]

最终，为福利计划工作这一明确的政治目标在20世纪中叶的美国实现了，这个目标虽然不像早期的做法那么粗鲁，但其惩罚性别无二致。1965年，丹尼尔·帕特里克·莫伊尼汉（Daniel Patrick Moynihan）完成了关于“黑人家庭”的报告，这可以说提供了一个现代概念的起点。莫伊尼汉是林登·约翰逊政府劳工部聘请的社会学家，他试图“在某种程度上用‘人人都知道’的统计论证一个精练的观点：经济状况决定社会状况”。但他却得出结论，说他收集的证据显示结果却恰恰相反，黑人核心家庭中普遍存在“贫困文化”。[4]

莫伊尼汉的报告推翻了左派长期以来的假设，即社会弊病的罪魁祸首是资本主义，而不是个人行为。随着时间的推移，这种新的行为主义成为一种教条，直到今天还对公共政策有影响。然而，尼克松（Nixon）不得不首先面对大学校园里日益高涨的不满情绪、马丁·路德·金的游行、爱之夏以及摇滚乐中不和谐的喧嚣。随着20世纪60年代接近尾声，尼克松通过了当时历史上最进步的再分配政策，即所有贫困家庭的年收入最低水平为1600美元（按照2019年的标准，大约是11400美元）。为了避免听起来像赠品而招致反作用，尼克松将这一政策称为“家庭援助计划”(Family Assistance Plan)。

1969 年的一个早晨，尼克松总统宣布了这一计划，他的顾问马丁·安德森，一位爱恩·兰德的忠实追随者，递给了尼克松一份备忘录。根据历史学家拉特格·布雷格曼(Rutger Bregman)的说法，接下来发生的事情是美国公共政策史上最令人震惊的转折之一。尼克松推迟了他的声明，并命令他的助手们研究一项英国 18 世纪神秘的福利政策，这项政策被称为“斯宾汉姆兰德体系”(Speenhamland System)。对于他们发现的很多观点，卡尔·波兰尼(Karl Polanyi)都曾在他的经典著作《巨变：当代政治与经济的起源》(*The Great Transformation*)中描述过。波兰尼是一名基督徒和社会主义者，但他的结论是，斯宾汉姆兰德慷慨的福利权利计划最终使群众陷入贫困，因为他们被指责为懒惰、不积极。这一结论被证明对保守派非常有用。布雷格曼表示，为了缓解国会共和党人的担忧，尼克松在法案中附加了一项规定，即基本收入的领取者必须在劳工部登记，他认为这项规定几乎不会对该计划的实施产生任何影响。“我其实一点也不在乎你是不是真的会工作，”尼克松关上门说，“登记就是得到 1600 美元的唯一代价。”[5]

第二天，在一次电视讲话中，尼克松实际把这个“福利”重新包装成了“福利性工作”，但尼克松认为自己只是在口头上做了让步。然而，就是这个“说法上”的让步，成了对其原始法案的致命一击。事实证明，大多数人确实对关于工作的要求很在意。尼克松的基本收入法案最后功亏一篑，福利性工作成为保守党首选的政策目标。

比起一个腐败的保守派鼓吹进步政策的奇闻逸事，尼克松计划的失败意义更加重大。毕竟，我们有可能把福利想象成我们所知道的结束工作的激进承诺。与虚高的福利支票相比，究竟什么才是稳健的基本收入补助呢？事实上，这就是美国国家福利权利组织（NWRO）的立场，该组织在20世纪70年代早期发起了以黑人女性为主的福利运动。他们坚持每个人都有“享受福利的权利”，因为它不仅提供了一种生存机制，还提供了一种方式，保证他们有时间专注于对他们来说更重要的事情。他们要求的是舒适，而不仅是可供生存的工资及一种脱离工作的生活方式。他们争取更稳定的基本收入运动使他们与尼克松的计划相悖，他们显然反对该计划中关于工作的要求。他们要求“消灭家庭援助计划”，被错误地指责为立法失败的罪魁祸首。

考虑到立法的时机，关于工作的要求被吹捧为赋予女性解放某种权力的可能性，这是对第二波女权主义信奉的工作价值信仰的曲解。但是美国国家福利权利组织反对更中产阶级的女权主义分析。记者朱迪思·舒莱维茨（Judith Shulevitz）引用了洛杉矶县福利权利组织成员凯瑟琳·杰里曼（Catherine Jermanny）的话：“我们认为白人女性简直是疯了，竟然想放弃她们克里弗小姐似的舒适生活，我们认为那是一种美好的生活。”中产阶级的女权主义者认为福利阻碍了妇女在劳动力市场上更充分地实现自我，而工人阶级的女权主义者则认为享有自由时间的权利才是更激进的变革。[6]

不管怎样，里根（Reagan）入主华盛顿时，没有人再提起这些历史逸事或狗哨。[①]右派赢得了这场争论。保守派学者劳伦斯·米德（Lawrence Mead）感叹下层阶级的懒惰，他直言：“显然必须强制保持低薪工作，就像军队有时需要征兵一样。”没有哪个国家在紧急情

---

① 比喻政客们表面说一套，背后的真实含义只有少数目标人群才能领会。——译者注

况下会使用一支由贫困工人组成的后备军。当米德写下这些话的时候，失业率实际上已经连续下降好几年了，工资也因此上涨。工作已经成为公民身份的代价。

扩大公民身份要求并不是右派的最终工作。比尔·克林顿（Bill Clinton）最终把它变成了一项国家政策。[7]1996 年，克林顿兑现了“结束我们所知的福利”的承诺，签署了一项共和党支持的法案——《个人责任和工作机会协调法案》（PRWORA）。这一事件俗称福利改革，实际上是福利替代。该法案取消了罗斯福新政时代对有照顾子女需要的家庭提供的援助（AFDC），建立了贫困家庭临时援助（TANF）。这项法案被誉为“美国职业道德的重申”，要求人们以工作换取福利待遇。克林顿大笔一挥，就把美国的安全网变成了一个低工资工作计划。

虽然克林顿慢条斯理地宣布了这项法案，但这是一项激进的立法，打破了党内的正统观念。该法案大幅提高了获得现金援助的资格，对福利增加规定了 5 年期限的限制，并将严格的工作要求作为援助的条件。《个人责任和工作机会协调法案》还取消了一些合法移民的联邦支持，如食品券和社会保障。

福利改革要么是执行不力的“好人政策”，要么是执行高效但冷血的糟糕政策，后者的证据要多得多。如果它是为了减轻贫困而设计的，那么它肯定会被认为是失败的。如果它是为了结束福利而设计的，那它确实是一个巨大的成功。下图显示了实际情况。随着“伟大社会”的改革试图遏制大规模动乱，领取福利的人数不断增加，到 20 世纪 70 年代初新自由主义开始时，这一人数趋于稳定，20 世纪 80 年代末随着经济衰退和“冷战”结束再次达到高峰。但克林顿的

接受AFDC/TANF现金援助的家庭数量（1959—2018年）

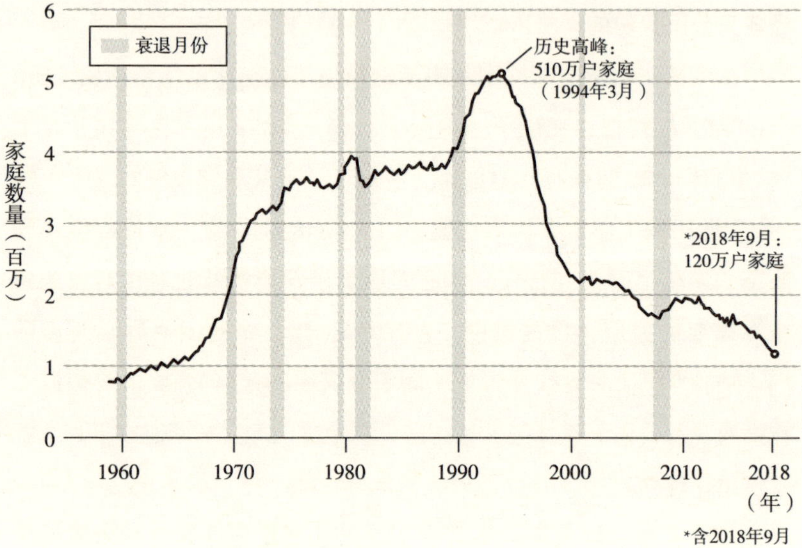

注：阴影区表示国民经济衰退的月份。这些信息代表从受抚养儿童家庭援助和贫困家庭临时援助中获得现金援助的家庭。1999 年 10 月至 2018 年 9 月的数据包括接受独立州计划（SSPs）援助的家庭，其支出是 TANF 专款专用要求的一部分。

资料来源：美国国会研究局，数据来自卫生和公共服务部。

改革结束了这一长期趋势，随后的几届政府也继续推行他的政策。到 2015 年，领取福利金的人数已经从 20 世纪 90 年代中期的 1300 万人降至 400 多万人。

尽管福利支出大幅下降，但政府没有存下一分钱。取而代之的是，各州将福利项目资金转向其他项目，用于教育、基础设施建设，甚至用于促进婚姻。2014 年的一份报告显示，贫困家庭临时援助资金总额中，只有约四分之一用于现金援助；另一项研究显示，密歇根州用贫困家庭临时援助资金扩充了大学奖学金，而路易斯安那州则把这笔钱花在了“堕胎替代方案”上。鼓励各州减少福利资金产生了灾难性后果。美国民权委员会的一份报告发现，大量证据表明，用于儿童保育补贴的资金正被转移到其他项目中，这相当于广泛的种族主义歧视，对贫困的有色人种家庭造成了无法承受的伤害。[8]

最糟糕的是，福利改革几乎没有影响官方的贫困率数据，几十年来，官方发布的贫困率一直在13%左右徘徊。虽然儿童贫困有所减轻，但失业者和贫困在职人口的贫困程度加深了。极端贫困人口（每日生活费不到2美元的人）数量自1996年以来翻了一番。社会学家凯瑟琳·爱丁（Kathryn Edin）和卢克·谢弗（H. Luke Shaefer）发现，这种程度的退化“集中发生在那些受1996年福利改革影响最大的群体中”。[9]

这些都不是偶然的，也不是政策失败的结果。法案通过后不久，克林顿的老朋友、美国卫生和公共服务部助理主任彼得·埃德尔曼（Peter Edelman）向他的员工递交了一封只有两句话的简短辞职信，他写道：“在过去的30多年里，我一直尽我所能帮助美国减少贫困。我认为最近颁布的福利法案在朝着相反的方向发展。”[10]

在一个阳光明媚的夏日，克林顿在白宫草坪上签署了福利改革法案。正是站在他右手边的那个女人，让这一刻变得如此深刻。莉莉·哈登（Lillie Harden）是一位来自北小石城的42岁黑人单身母亲，她出席签字仪式绝非巧合。十多年前，克林顿在阿肯色州的一次关于福利性工作的公开讨论中遇到了哈登。在享受了两年的福利后，哈登在当地一家杂货店找到了一份工作，她证明自己通过工作给她和孩子们带来了尊严，她在签署法案时的讲话中重复了这一观点。尽管一些民主党人指责克林顿在1996年签署的这项法案实际上是对共和党人的屈服，但实际上，类似的计划在他的家乡已经试行了很久。

这使哈登在讲话中的结论更加令人信服。哈登被称为“前福利的受惠者”，她认为克林顿是“开启了我成功的人，开启了我孩子未来的人”。哈登的例子体现了福利改革的承诺。克林顿把这位里根时代的“福利女王”——一位依靠公共援助生活的黑人未婚母亲，转变成了把一切掌控在自己手中的个人奋斗的典范，一位令人骄傲的黑人职业母亲。

正如希拉里·克林顿（Hillary Clinton）所说，他们“不再是游手好闲的人，他们真的在努力工作”。很多游手好闲的人都有孩子，希拉里特别坚决地要扩大惩罚性制裁的范围，不仅惩罚他们不外出工作，还要惩罚他们差劲的教育方式。她说：“我一直主张将福利金与好父母的某些行为挂钩。如果你的孩子没有接种疫苗，你就拿不到福利支票。如果你不参加育儿计划，你就拿不到支票。如果你不出席学校的师生会议，你就拿不到支票。”

这些制裁带有鲜明的性别色彩，这一点很有趣，因为这些制裁恰恰来自美国最强大的自由派女性之一。但这并不奇怪，福利改革的目标是女性，那些工作时间最少的女性，也就是说，她们本来可以坚持做更多的工作。“再见了，福利女王！你好，职业母亲”是当时一句很常见的口头禅，是支持福利改革的种族主义和性别歧视语言的标志。然而，在美国历史的大部分时间里，女性，尤其是中产阶级白人女性，不被要求在外工作。事实上，工作反而会带来对违反传统女性标准的指责。福利改革的前提是相反的假设，即女性和男性一样有能力并愿意工作。这个前提是怎么形成的呢？

一个令人不安的答案是，福利改革的意识形态基础恰恰是由

20 世纪中期的女权主义者奠定的。他们普及了这样一种观念：除非女性能够在工作中充分发挥自己的潜力，否则她们就不可能获得真正的自由。1963 年，贝蒂·弗里丹（Betty Friedan）在《女性的奥秘》（*The Feminine Mystique*）一书中写道："女人和男人一样，只有在充分发挥自己能力的工作中才能找到自己的身份。她在枯燥乏味的家务活中找不到这一点。"

1987 年，《纽约时报》的莫林·多德在一堆珍藏本图书中采访了丹尼尔·帕特里克·莫伊尼汉："为什么在目前的一系列建议中，让母亲工作是其中最必不可少的？"莫伊尼汉的回答令人震惊：

> 当最初的福利计划开始时，家庭被视为一种安排，丈夫外出工作，妻子待在家里料理家务，抚养孩子。那是在洗衣机、冰箱和吸尘器发明之前。只要这个假设持续存在，如果你建议领取福利的人应该工作，你就是在建议对两性进行区别对待，在某种意义上也是对女性的一种惩罚，因为你在说，"好吧，你必须做任何有自尊的女人都不能做的事。"但是有一天你抬头一看，女人们都在工作。一旦进入劳动力市场成为一件代表着自尊的事情，父母双人养家模式下的子女抚养问题就似乎没有什么值得再讨论的了。[11]

换句话说，莫伊尼汉认为中产阶级女权主义者通过工作获得自由的理想产生了意想不到的后果。这意味着女性不仅可以工作，而且这样做确实对她们有好处。女权主义者是否无意中派出了为福利性工作辩护的突击队？几十年后，莫伊尼汉的预感似乎被历史的狡猾所证实。女权主义学者南希·弗雷泽（Nancy Fraser）认为，随着第二波女权主义与新自由主义的兴起，它们的意识形态信息变得密不可分。她写道："女权主义者无助地看着比尔·克林顿将他们对性别歧视和污蔑穷人救济制度的细微批评，转变为一项旨在'终结我们所知的福利'计划，这项计划取消了从联邦政府获得收入支持的权利。"20 世纪七八十年代，随着中产阶级女性果断地进入有偿就业领域，美国老板们面临着新局面和新机遇。决策者慢慢意识到，甚至女权主义者也认为，让女性在有报酬的劳动力市场工作也没关系。

在接下来的 30 年里，职业母亲从福利名单上消失了，但她们并没有以相应的速度摆脱贫困。今天，三分之一的儿童在以女性为主的单亲家庭中长大。大约五分之一的低收入母亲仍然保持着"脱节"状态，研究人员用这一术语描述那些既没有进入劳动力市场也无法领取福利的人。然而，随着人口的激增，支持她们的资金也在减少。城市研究所的一项研究发现，这些单身母亲只能依靠非正式的社交网络来维持不稳定的生活并照顾她们的孩子。[12]

如果女人应该工作，为什么孩子不能工作？这就是偶尔在福利性工作计划的拥护者中流行的逻辑。在竞选共和党 2012 年总统候选人的过程中，纽特·金里奇（Newt Gingrich）公布了他用年幼的学童取代有工会组织的成年看门人的计划，称禁止童工的法律"真的很愚蠢"。"孩子们真的会工作，他们能赚到钱，他们在学校也会感到很自豪。"他说。这个计划的目的是让贫穷的年轻人能够从事工作，即使金里奇自己也承认，对于这份工作，世界不会赋予他们任何地位以及相应的经济回报。这与之前探讨的有意义的工作相反。他说："找一份周一必须上班的工作，找一份让你整天待在办公室的工作，即使你和女朋友会为此吵架。让工作有价值的整个过程才是问题的关键。"

还好这些政策建议没有被认真对待，但它们强调了这样一个事实：福利性工作的设计与其说是为了提供机会，不如说是为了“传授”工作的价值。

从莉莉·哈登后续故事中吸取的教训要重要得多。2002 年的一次中风导致她无法工作后，哈登要求《纽约时报》的撰稿人杰森·德帕尔（Jason DeParle）“把消息捎给克林顿”。在《美国梦》（*American Dream*）中，德帕尔讲述了哈登在领取福利金时得到医疗补助，但最近却失去领取资格，因此她希望比尔·克林顿帮助她获得医疗补助。由于她每月的处方药账单达到 450 美元，她需要额外的帮助。她说，她在失去福利申领后得到的那份工作“最终无法支付账单”。当另一名记者试图为 PRWORA20 周年纪念的专题报道而采访哈登时，他得知她已经于两年前在北小石城去世了，享年 59 岁。那里有超过五分之一的人口生活在贫困之中，就在阿肯色河对岸，克林顿作为州长第一次开始试行福利性工作的地方。

如今，北小石城的贫困程度明显高于全国平均水平。2019 年，立法扩大了对受援者工作的要求，我在那里花了一段时间采访了福利性工作的参与者。阿肯色州最近成为美国第一个规定需要工作才能享受医疗福利的州。其他州也尝试过类似的政策，但那些地方由共和党控制，他们的立法机构相当顺利地通过了特朗普政府的政策。阿肯色州很快成为一场旨在进一步削减福利并迫使人们工作的保守运动的领导者。

2016 年 4 月 1 日，唐娜（不愿意透露自己的姓氏）像多年前一样，拿着食品券到北小石城一家杂货店购物。但她的电子卡被拒收了。“我知道这不是愚人节的玩笑。”她说。她大步走出商店，步行了几英里到她借住的朋友家，3 天没有离开。

唐娜是 1.8 万名福利食品券领取者之一，他们因未能满足阿肯色州新的工作要求而失去福利。在随后的几个月里，她也没有获得为避免长时间挨饿所需的重要福利，只有在证明自己实际上一直满足那些工作要求之后，她才能恢复获得福利。这项要求在许多方面是一项报告义务，因为大多数食品券领取者都已经开始从事有偿工作。唐娜的工作不规律，但她尽力将它们拼凑起来。她在阿肯色州最大的雇主沃尔玛有一些轮班工作，通常再加上其他一些非正式工作作为补充。她曾在自助洗衣店工作过。作为一名动物爱好者，她也在一家人道主义协会收容所当过志愿者。但由于缺乏负担得起的或可靠的公共交通工具，她通常步行或搭便车，即使这样，在北小石城通勤仍然很困难。她发现很难保住一份工作，而且她没有被诊断出精神疾病或身体上的残疾，不然就可以被排除出健全的成年人，无须再满足新的工作要求。[13]

满足工作要求对唐娜来说很困难，但州政府在管理方面其实也存在困难。凯撒家庭基金会（Kaiser Family Foundation）2018 年的一项研究发现，将医疗保险转变为工作计划非常困难。失去保险的医疗补助用户，一部分没有听说过工作要求因此没有遵守，还有一部分遵守了规定但无法准确报告他们的工作时间。[14]

阿肯色州的低收入乡村居民很难上网，但最初记录工作时间的唯一方法就是上网。阿肯色州饥饿救济联盟的社会工作者汤利（Tomiko Townley）回忆说，他与医疗补助金领取者进行了交谈，这些人已经达到最低工作标准，却不能正确地上报。即使那些可以上网的人有时也会遇到麻烦，因为在晚上 9:00 到次日早上 8:00 之间，报告工作时间的在线表单莫名其妙地无法使用。实际上是政府让人们很难满足报告要求。而在当时，这是确保继续获得医疗保险的唯一机制。但报告中最要命的部分是，工作要求只会加剧贫困者生活中已经存在的压力、焦虑和恐惧。报告总结说："新的要求并没有鼓励参保者从事新的工作或其他活动，而是在参保者本来已经很复杂的生活中增加了一件需要处理的事情，并造成了额外的压力，因为没有人想因此失去他们的保险。"[15]

汤利告诉我："这是一种治愈不存在的疾病的方法。这只会加剧问题。"贫困这一确实存在的"疾病"迫切需要治疗，并在北小石城迅速显现。我在那里看到的问题并不是人们不工作或者不想工作。即使是那些身体、情绪和精神健康问题百出的人也说，他们拼命地寻找工作来维持生命、维持药物治疗或养活家人。

河城政府提供的免费早餐——隔夜的披萨、成堆的鸡肉排、烤意大利千层面和冲淡的咖啡——甚至在 7:30 开门之前就吸引了一群早起的鸟儿。汤利在那里给人们登记领取食品券，他刚刚告诉了斯泰西·埃斯林格（Stacy Eslinger），给了她一线希望。前一天，一位联邦法官否决了该州对医疗补助的工作要求，认为州政府"没有充分考虑这一计划是否真的'能向其公民提供医疗援助，而这恰恰是医疗补助计划的中心目标'"。埃斯林格离开了得克萨斯州，逃离了虐待她的丈夫后，到了北小石城，挽救了她和两个孩子的生命。但这一举动并没有解决她的问题。她和警察之间的一次无关紧要的暴力冲突使她入狱 7 个月。

"在那之后就再没人雇我了。"她说。她生着病离开了监狱，一贫如洗，没有任何社会人脉。有时，当游客们走过克林顿大桥去欣赏城市全景时，她会在桥上乞讨。她也会做一些非正式的零工，如老人护理工作，为一个被她亲切地称为“爷爷”的男人做一些家务。“我工作了 40 个小时。”她说，“我想，这不是一份合适的工作。”埃斯林格失去医疗保险并不是因为她没有工作，而是因为她不知道如何报告自己的工作时间。她身无分文，除非有邻居愿意开车送她，否则就没办法往返位于北小石城郊区的家，也没办法出门工作或参加面试。

填写报告是她获得援助资格的主要障碍。对于已经启动医疗补助的 1.8 万人来说，社会服务工作者知道，让他们重返社会的过程存在一些故意制造的障碍。当我查看接收申请的网站时，主页甚至都没有提到医疗补助。

•

阿肯色州的情况令人深感无奈。尽管福利性工作计划长期以来引发了敌意、动乱、冲突和抗议，但只有在纽约市，这种能量才转化为具体的改革。尽管这很反常，但实施改革的做法可以为希望改革福利性工作法的其他州提供启发。

20 世纪 80 年代末，大量步鱼的腐烂尸体被冲到了拉奇蒙特、马马罗内克和黑麦的长岛海滩等地的海岸上。没有人知道这些鱼是从哪里来的，也不知道为什么它们会大量死亡。但有些人却嗅到了机会。

玛丽·格拉斯（Mary Glass）是共和党控制的韦斯特切斯特县的社会服务行政长官，她制订了一项计划，派遣福利领取者去清理死鱼的烂摊子。为了确保符合工作要求，她还征召了一小批监督管理人员，找出那些试图通过谎报住址或藏匿现金以假装贫困来逃避工作的人。如果福利领取者没有到场，他们的福利就会被削减。如果他们打电话请病假，县里会派医生去检查他们是否撒谎。资格要求也提高了。监督管理人员会例行上门，确保身体健全的成年人住在他们声称的住所内。

但是，监督和诉讼涉嫌欺诈的程序非常烦琐且费用昂贵，以至于鱼群都腐烂在了海滩上。愿意工作的人数急剧下降，监督机构有所增加，要么没有足够的合格人员来清理，要么没有足够的官员来监督这项工作。尽管如此，公众所熟知的“以工作为荣”计划，或格拉斯和她的同事私下里说的“步鱼行动”，激发了纽约市市长鲁道夫·朱利安尼（Rudolph Giuliani）几年后扩大福利性工作的想法。

鱼的问题那时已经是明日黄花了，但是这个城市的公园里充斥着毒品泛滥带来的吸毒滤管和海洛因针头。还有谁比领取福利的人更适合清理它们呢？朱利安尼讨厌福利。他认为这不利于维持城市基础的勤勉性，用他的话说，这是禁止受助人实现“工作为其带来的自我价值”。为了激发这种创业精神，他给福利受助人提供了城市里最差的工作，而且几乎不给他们发工资。他称之为“工作经验计划”（WEP）。这些工作并不是为了让WEP工人摆脱贫困，而是为了通过控制时间来约束工人。更多的工作时间意味着更少的时间用于吸毒和其他形式的不良行为，这是合乎逻辑的。朱利安尼用特殊的制服来区别WEP工人，偶尔还会限制他们使用正式员工的卫生间和自助餐厅。他们把WEP工人视为二等公民，朱利安尼同意将WEP和非WEP的工作人员在公共项目上区别对待，尽管二者做的工作完全相同。[16]严格的工作规定和更高的资格要求，使得相当一部分福利领取者被排除在名单之外。救济量急剧下降，从1995年的116万人下降到2005年的43.75万人，减少了63%。

泰勒莎·萨缪尔（Tyletha Samuels）是被淘汰的人之一。她15岁时，母亲把她拖到福利院去领取支票。她不喜欢去那里，觉得那里不体面、混乱不堪。泰勒莎不记得她母亲什么时候不能再领取福利金了。不过，对于如何申请和获得家庭所需的帮助，人们总是有一定程度的困惑，因为规则总是在变化。这一次，她们已经连续3天往返同一间办公室，试图提交必要的书面材料以取得资格。那天，在被社工拒绝服务后，她们与社工争论了起来，似乎这次她们又要空手而归了。一位主管被请来进行调解，结果适得其反。

“那个福利女士叫我妈妈‘贱人’，”泰勒莎解释道，“所以我举起一个书柜，打了她。”她非常愤怒，以至于用家具打人算得上是那天比较美好的回忆。办公室里爆发了一场斗殴。警方逮捕了泰勒莎，但当天晚些时候便释放了她，没有提出任何指控，另外还送给她一份免费的汉堡王外卖。泰勒莎说，在接下来的几年里，她不断回到办公室，寻找那个社会服务工作者，心中充满了想要报复的愤怒。“但是谢天谢地，我再也没见过她了，”她说，“她应该也这样想吧。”

泰勒莎的愤怒和暴力反应并不罕见。来自福利办公室的信件常常暗示着一种正在酝酿的不满情绪，这种情绪威胁到了扶贫管理的官僚文明的表象。

25年后，泰勒莎不再为福利支票而斗争，而是作为一名WEP工作人员来赚取福利支票，负责接听电话并为医疗补助人员提交文件。福利改革意味着泰勒莎的家庭从接受援助变成了付出劳动。虽然社会曾经认为他们应该因自己的厄运（泰勒莎有身体残疾）而得到一些东西，但新的规则意味着她应该为其他人付出她最宝贵的资源——时间。福利性工作是一项政策，旨在用微薄的工资、无意义的工作来填补穷人的时间。政策制定者声称，这教会了他们努力工作的价值，无所事事这种事情在资本主义经济中是不应该发生的。20 世纪中叶，美国人曾攻击苏联仅仅为了确保“充分就业”而创造就业机会。然而，“冷战”刚刚结束，一位世界历史上最富裕国家的民主党总统，就开始着手确保任何人在不交出时间的前提下甚至不配活着。这既残酷又无效。

泰勒莎每两周领取一张 68.5 美元的福利支票，此外还有食品券和住房补贴。但她办公桌隔壁的同事，做着完全相同的工作却薪水不菲。她在医疗补助办公室的工作也揭开了旧伤口，因为她突然被迫面对一个问题——拒绝向有需要的人提供福利，这让她想起了自己的童年。“有些来这里的人买不起卫生纸，带着孩子，在 WEP 全职工作，被告知不会得到任何额外的帮助。我讨厌这里的每一分钟。”她说。

在 WEP 工作后不久，泰勒莎就开始行动起来。她通过一个朋友加入了纽约市的一个草根组织——“社区之声”。在接下来的 20 年里，这里成了她的基地，成为反工作福利制的发动地。尽管她一开始就反对鲁道夫·朱利安尼的共和党新政权，但泰勒莎回忆说，事实证明，民主党人才是更精明的对手。“在这个问题上，有时候你真的分不清两党有什么区别。他们都一样糟糕。”

尽管享受福利的人越来越少，工作的人越来越多，但纽约的贫困人口比例直到最近才有所下降。2003 年，“改善社区行动”和纽约市公共服务部门对前福利家庭状况进行了一项研究，这项研究是在他们的福利工作项目结束一年后进行的。研究发现，大多数家庭的收入不足以使家庭收入超过联邦贫困线。调查对象平均有 3 个孩子，每周工作 34 小时，每小时工资 9.80 美元，或年薪 17327 美元。WEP 同时降低了非福利工作者的工资。到 1997 年，有超过 3.8 万名 WEP 工人需要满足工作要求才能领取福利。但法律规定他们每天只赚 2 美元，这使得他们非常想签订一份城市公共合同。很快，朱利安尼开始用 WEP 工人取代工会的高薪职位。[17]

福利性工作的支持者强调，工作要求包含了与完备公民权相关的古典共和党价值观——自由、责任、尊严、文明等，但 WEP 工人获得的工作几乎没有希望能够为他们提供这些美德。市政府官员坚持区分福利工作者和正式雇员，称 WEP 工人为“参与者”，甚至在口头上也拒绝他们加入劳工社区。

研究发现，朱利安尼政府实际在规避正当程序权利，这引发了一场诉讼，认定纽约市的福利性工作计划违反了 1964 年的民权法案。在《公民与穷人》（*Citizens and Paupers*）一书中，社会学家查德·戈德伯格（Chad Goldberg）将 WEP 比作林肯在重建时期建立的自由人局（Freedmen's Bureau）。“正如该局试图将特定人群改造成自律的员工，使其符合自由劳动社会的公民身份一样，WEP 旨在向计划参与者（绝大多数是有色人种）灌输一种‘迷失’的职业道德。”[18]

这有助于解释 2009 年泰勒莎在联合广场的所作所为，她打扮成一个美国种植园奴隶，拖着一帮福利领取者。泰勒莎在戏剧化地讲述当时批评 WEP 的人经常说的一句话——福利性工作是现代的奴隶制。“我看起来像哈里特·塔布曼或杰米玛阿姨。”她笑着说，尽管很明显她的愤怒是真实存在的。“他们称之为工作经验计划，”她强调了其中的讽刺意味，“没有人能像普通人那样获得工作经验。这只不过是一次奴隶式的工作体验而已。”

在纽约市 1997 年的劳动节游行中，WEP 员工们聚集在一起，表达了他们主要的不满，即他们被错误地归类为“福利接受者”或“参与者”，而不是全职工作者。来自全市的草根团体组成了一个联盟，他们称自己为“WEP 员工团体”，并寻求对自己身份的认可——他们是有价值的、有贡献的、对社会有用的公民。“如果社会期望通过工作而不是享受福利的权利，为他们提供了一条获得完全社会公民身份的途径，那么市政府管理人员应该善始善终。他们想让我们工作，所以我们说，先把我们当工作者一样对待。”泰勒莎说，“特别是当你这么做的时候，也应该像对待工作者一样给我们发工资。”

到 1998 年，超过 1.7 万名 WEP 员工签署了由进步社区组织 ACORN 收集的工会投票卡。但这些投票通常被全国各地的法院和劳资关系委员会否决，他们认为，参加福利性工作的人无权与州政府进行集体协商。[19]

然而，进步社区组织 ACORN 的努力确实刺激了工会，一旦他们觉得非营利组织侵占了他们的地盘，就会参与 WEP 员工的组织。37 区议会是最大的市政工会，最初与朱利安尼达成了一些幕后交易，以避免 WEP 被替代。但他们现在对代表所有的城市公园清洁工产生了新的兴趣，不仅是那些在官方工资单上的清洁工。37 区议会的努力激励了劳联—产联更加认真地对待福利性工作组织，开始着力于“改变‘工人’的传统定义”。[20]

史蒂文 · 班克斯（Steven Banks）对这种激进主义很熟悉。作为法律援助协会的负责人，他代表城市的无家可归者和穷人 6 次起诉政府。诉讼指控，人力资源管理局（HRA）非法剥夺了人们的救济金，如食品券和医疗补助，这是一种违反章程的行为。非营利性新闻机构 City Limits 的一项深入调查显示，HRA 坚信“纽约这么多人贫穷的主要原因是懒惰”，这意味着“负责帮助纽约人脱贫的机构常常把他们推向更为贫困的境地”。[21]

今天，作为 HRA 总干事，班克斯发现自己是他曾经攻击的机构的掌舵人。班克斯说话温和谦虚。当我们见面时，他在 HRA 的一个会议室里向曼哈顿下城的美景挥手致歉，这表示他在这样奢华的环境中感到不舒服。2014 年，市长比尔·德·布拉西奥（Bill de Blasio）任命班克斯处理泰勒莎和其他人遇到的问题。他估计，HRA 安排工作的人当中，约有三分之一在一年后重新开始领取福利，这是一个长期存在且迫切需要解决的问题。但是，他不仅解决了这个僵局，还解决了更大的问题。2016 年，他悄然取消了 WEP，取而代之的是一个健全的社会保障体系。

班克斯逐步取消 WEP，这需要对面向较贫穷纽约人的社会服务进行数百项立法修改。新制度以各种支持性计划取代了“不工作就不能享受福利”的计划，并与纽约城市学院合作扩大了就业培训计划，与雇主签订的合同数量增加了 2 倍多，而且工作者能够在不损失福利的情况下进入四年制大学学习。此外，据活动人士称，失业的纽约人 20 年来首次不再需要为食品券而工作，这一政策改变将帮助数万名饥饿的居民。尽管福利性工作已经被取消，但现在政府提供更多的服务帮助人们找到并保住工作，包括为青年、同性恋者和有犯罪记录的人量身定制的各种服务。最重要的变化是，通过与 37 区议会合作，寻求就业的福利领取者现在被纳入按工会工资标准执行的工作中。批评人士说，如果结束 WEP，那么福利人数将上升。但班克斯证明他们的判断是错的。最新数据显示，每年的福利登记人数几乎持平。“我做这一行已经很长时间了，”他说，“人们对惩罚和制裁的反应不好。如果你想让人们重新站起来，那就应该帮助他们。这就是我们要做的。”

取消 WEP 是一项英明的决策。然而，这一切发生得非常平静，因为班克斯和其他机构希望尝试一种新的手段，同时尽可能少地激起反弹。班克斯因此获得的公共认可很少，但他很快指出，像泰勒莎这样的人也是一样。所有的这些变化意味着，现在对参与者的评估将更加全面和个性化。班克斯承认，新系统的管理更为复杂，但人们生活的复杂性不能也简单地用“一刀切”的模式来管理。“我们现在开始认真对待每宗个案。你知道为什么吗？”他苦笑着问道，“因为个案背后是一个个活生生的人。”

“WEP 的终结是因为我们没有放弃。”泰勒莎告诉我。她指出，班克斯和其他一些人“想明白了”。他们了解这一旧体制有多糟糕，并对如何改革这一旧体制有了一些想法。她说：“那些‘明白’人通常都束手束脚的，但幸亏这次有所不同。哈利路亚。”

实施福利性工作制度的话语是巧妙的，因为这些政策的拥护者貌似给了更多我们喜欢的东西——工作，还消除了与福利有关的搭便车者和闲散人员。虽然泰勒莎故事的结局很难得，但是对福利性工作制度的抵制一直持续着。她并不是在孤军奋战。现在是时候审视那些为赢得更好的工作和对时间的控制而努力的个人和团体了。

第 7 章

由我们来控制时钟

福利性工作法让低工资工作取代了传统的社会保障网。在私营企业中，零工经济成为新的社会安全网。为了获取低于贫困线的工资而被迫加班加点，这并不是什么了不起的成就，毕竟这是为了满足政府提出的要求。接着，零工经济出现了，它使用基于应用程序的劳动力为基础的高科技功能，并不断地许诺你可以成为自己的老板。如我所说，如果管理者的权力确实是员工控制时间的一项主要障碍，那么有着无限的日程安排可能性的零工经济，似乎提供了一个现成的解决方案。在你想工作的时候工作，以你希望的速度，并重新掌控你的生活。不是有托儿的冲突吗？在他们睡觉的时候工作不就好了！觉得现在的工作薪水太低、工作时间太短吗？那就下班后、上班前或周末，干点副业好了。选择权在你。

基于应用程序的工作表面显现的现代性实际上让人回想起过去，那时工作者没有权利。即使是作为核心承诺的灵活性，其实也没有企业宣传的那么真实。社会学家亚历珊德拉·瑞文艾拉（Alexandrea

Ravenelle）指出，TaskRabbit 的员工必须在 30 分钟内回复客户的电子邮件，并同意至少完成 85% 的工作，才能保持自己在平台上的良好评分。同样，许多共享网约车平台要求司机必须接受他们收到的大部分请求，并对取消订单处以高额罚款。“他们期望的自主性——在想工作的时候工作，做想做的事情——已经被保持算法认可的接受率和响应率的需要所取代。”瑞文艾拉写道，“零工经济确实提供了‘灵活性’，但如果他们离开平台太久，他们可能会发现自己已经‘从社区中被删除’或‘停用’。”

平台在其逻辑中扭转了长期以来形成的一种交易：在传统的工作安排中，员工在老板要求时必须提供工作，以此换取一定程度的稳定性和经济安全性。合同工和自由职业者能更自由地选择工作时间和工作方式，因此缺乏由雇员保护和福利带来的确定性。打零工、任务型工作、点击工和网约车司机在这两个世界中都只能接受最糟糕的结果，因为他们缺乏由就业监管带来的权益保护，又缺乏真正的合同工能够享受的自由。总体而言，有很多证据（包括下面的故事）表明，“按需”的不仅仅是服务，还有员工本身。不信就问问丽贝卡·伍德（Rebecca Wood）。

忘记从什么时候，丽贝卡开始给我发送她作为优步外卖司机的夜间收入截图。短信通常很晚发来，一般是在午夜之后。有时她会在每晚工作结束之前就发来短信——“到目前为止已经跑了 17 单，在向 20 单努力”。这产生了一种意想不到的效果，让我一直好奇她最终是否达到了预设的目标。事实上，在几周的时间里，我发现自己开始调整睡眠习惯，比平常晚点睡觉，看看她究竟做了什么，或者问问她是否有任何关于深夜外卖配送现场不同寻常的故事要讲。有时我自己困得迷迷糊糊，但醒来时会看到一条宣告胜利或筋疲力尽的短信。虽然我俩素未谋面，但这使我对她产生了一种奇怪的亲密感。美国人不喜欢谈论自己究竟赚了多少钱，但她通常很看重这个问题。答案是大约每小时 11 美元。周末的晚上，如果她下午 5 点出发，一直开到凌晨 2 点，可以赚 150 美元。工作日的时候，她从下午 5 点工作到晚上 11 点半左右，赚了大约 90 美元。但手机截图显示的不仅有工资单，还有她每次配送的收入明细，加上她每次送到某一时点累积的奖金。跑了 12 单后，她得到了 7 美元的奖金；跑了 15 单之后，得到 9 美元。跑了 20 单后，再去争取奖金已经不太划算了。

有时候，我发现自己会用自以为是的鼓励回复她。“你终于完成目标了！”或者为了配合她与生俱来的黑色幽默感，回复她“现在才半夜，别停下来呀！”但有时我也会为自己给予她的支持而感到内疚。她以异于常人的努力程度工作着，但在那些漫漫长夜里，她并不孤单。她 7 岁的女儿查理每晚都坐在后座上，是一名安静的陪驾，当她不打瞌睡时，就和妈妈一起在弗吉尼亚州夏洛茨维尔及周边地区接送订单。

丽贝卡怀孕 26 周时，被诊断出患有先兆子痫，一种对母亲和孩子都可能致命的疾病。查理不久就出生了，只有丽贝卡的手掌那么大。分娩时进行了全麻，两人都命悬一线。分娩结束后，丽贝卡在重症监护室醒来时，查理 3 天大，这是丽贝卡第一次见到她。“我看着你在挣扎，也为你加油，”她后来在博客上写道，“在你困难的日子里，我祈祷、祈求。有时你会忘记呼吸。我轻轻地推你一下，提醒你。”

丽贝卡很快就放弃了在公共卫生研究生院深造的计划，成了查理的全职看护人。在 4 年中，她每天都带查理去做物理治疗。查理有脑瘫，6 岁以前得一直穿尿布。3 岁以前，她一直以配方奶粉为食，直到插上喂食管。之后她需要不断接受监测，很难找到一个专业性强且经济上能负担得起的看护，帮助应对查理的健康问题引起的各种挑战。当地的学校没有能帮助她的专家，所以尽管她具备认知能力，也不得不晚入学。但查理的健康问题并不是她面临的最大挑战。

在 2016 年的选举中，右翼势力大获全胜，丽贝卡有充足的理由担心查理会失去对她而言最重要的医疗保险，所以她们收拾好行装搬到了夏洛茨维尔。即使已经购买了私人医疗保险，查理的大部分医疗保健还是得依赖医疗补助。作业疗法使她学会了使用双手，物理治疗使她能够跑和跳，语言治疗使她学会了说话。然而，所有的这些技能的习得都付出了沉重的经济代价。如果没有医疗保险，丽贝卡将无法负担通过胃管喂食查理的巨额费用。

即使有医疗保险，他们不堪一击的家庭也只能勉强维持生计。他们的置业计划被彻底粉碎了，度假或休息变得不可能。然而，丽贝卡做出了更重大的牺牲。“这让我失去了所有的牙齿，还有我下巴的一部分。”她说，用一种平静的语气。这种平静似乎是因为怕你不太相信她说的话，同时口气中又透露出她说的确实是事实。查理 3 岁的时候，终于可以用语言与人交流了，不再仅是咕哝和打手势。丽贝卡不想让查理错过任何预约的语言治疗，所以她选择放弃自己的牙科手术，打算等到下一个发薪日再说。“这是一个很容易做出的选择，放弃我的治疗、支付她的治疗。但我本来不应该这么对自己，任何人都不应该做出这样的选择。”

在放弃自己的治疗期间，一种严重的感染开始通过丽贝卡的口腔四处传播，几乎阻断了她的呼吸道。她做了紧急手术，需要牙医拔掉一些牙，但为时已晚。她忍受了 6 个小时的全麻手术，因为她只能负担得起这种手术的费用。“他们开始拔掉我的牙，拔啊拔，直到我的牙一颗不剩。后来他们把我下巴的一部分也刮掉了，结果我的脸垮掉了一大块。”丽贝卡自己承认，手术给她留下了“蹩脚的不合适的假牙”，直到今天还不断引起疼痛和其他健康问题。在那之后的某一天，她的婚姻也破裂了，她突然成了一名单身母亲。由于负担不起育儿费用，她无法从事传统工作，又不得不回到美国新构建起来的社会安全网——零工经济。有一天我看到了她的帖子，给她打了个电话，于是就有了她分享的查理睡在后座的故事。

丽贝卡开始在晚上为优步外卖送食物，白天为 Instacart 送食物，她带着查理一起，想攒够钱搬到波士顿。她在那里有很多朋友，可以享受更高质量的医疗保健。但最终她退出了 Instacart，因为公司的薪酬结构改变后，她的收入低于最低工资。她在帖子上写道：“我试着让它变得有趣，就像我们正在进行一场精彩的比赛。但我觉得我女儿也不得不忍受这些，这一点真的很可怕。当我一只胳膊搂着一个熟睡的孩子，另一只胳膊执行命令的时候，我感觉自己是一个糟糕的家长。”这份工作对她的身体也是个很大的挑战，工作期间她的慢性疼痛经常发作。她担心还没攒够搬家的钱，自己的车就会坏掉。她告诉我：“晚上没有人会带着个孩子来回地给别人送食物。但你必须要完成你的任务。”

深夜的投递线路包含着某种同志情谊，因为每个人都在忙碌。她说：“每个开车的人都很绝望。这是一种快速获得现金的方法。你把那辆车的钱付清了吗？糟了，又该为优步开车了。”更何况，工作时间并不像看上去那么灵活，因为在非高峰时间开车是不划算的。这使得她的工作日程完全由用户需求和优步算法决定，而不是由她自己决定。因此，她几乎只能熬夜工作。

后来有一天晚上，她发现了一件事。查理很早就睡着了，她用一张礼品卡在家里订了晚餐。她出去拿外卖时，注意到司机也是一位母亲，也带着一个小孩。“我不是唯一的一个，”丽贝卡想，“这太可怕了。”她的声音里没有逆来顺受，而是满腔愤怒。“当我看到另一位母亲也在配送食物时，我就想，天哪，我们的人太多了。我们得谈谈这个问题了。”

我第一次和丽贝卡交谈时，她明确地说了一件事：她不是一名活动家。“我是一位母亲，做了任何一位母亲都会为自己的女儿做的事。”然而，如果你确实认为她是一名活动家，那也是一个可以原谅的错误，因为查理和丽贝卡都是国会山的常客，查理穿着一件 T 恤，上面写着，“我是一个预先存在的条件”。她们四处会见决策者和几乎任何会听他们故事的人。当她们在 2018 年闯入一个假日派对，与议员们讨论医疗保险问题时，南希·佩洛西一度拿着麦克风嘘了一声让人群安静。“我只想让你们知道派对现在可以正式开始了，”她说，“查理来了。”

捍卫《平价医疗法案》（Affordable Care Act，简称 ACA）是生死攸关的事，丽贝卡一心想要改变现状。有一次，在得克萨斯州奥斯汀的一次旅行中，她决定拜访参议员特德·克鲁兹，告诉他自己为什么支持 ACA。但克鲁兹的工作人员禁止她进入大楼。后来，她反思了这段经历：“我意识到，为了实现医疗公正，制定政策的人必须感同身受。”

这是一个顿悟的时刻，她转变成一个激进的声音。突然间，仅在办公室里会见立法者是不够的。不久后，她在抗议废除 ACA 时因非暴力反抗而被捕，她说此时脑子里唯一的挂念就是查理。

我想告诉她，如果它真的要被废除，我会尽我所能阻止其发生。我女儿的未来就依赖于这个法案。作为父母，我能有什么选择？在我们牺牲了一切之后，我会坐视不管吗？她自己投入的那些努力和精力不是白费了吗？因为你知道吗，当你身体的某些部位不想动的时候，想让它们动起来并不容易。她的治疗对她来说一点都不好玩。所以，我不会坐视不管，放任他们以她的未来为代价勒紧钱包。

当丽贝卡第一次被逮捕时，她被关在被她的朋友们戏称为“马棚”的围栏里，因为那里通常是存放警马的地方。当天，那里挤满了戴着塑料手铐的人，他们刚刚因抗议修改 ACA 而被捕。“突然每个人开始高喊：‘查克尔！查克尔！查克尔！’他们用真正的手铐把查克尔带走了，把他送进了真正的监狱。”她对我说。查克尔·丹尼森（Chuck Denison）已经被捕了太多次，因此他不能像其他人一样轻易地就被释放。“他们禁止我 6 个月内再进入全区。不是联邦政府，不是参议院大楼，而是整个哥伦比亚特区。”他颇有点自豪地说。

查克尔在俄亥俄州的日耳曼敦长大，这是一个位于代顿郊外的普通小镇。他大学一年级就辍学了，在李约瑟路工业区辖属的通用汽车公司的一家刹车器厂工作。在这里，他首先感受到了种族的多样性，这使在这里的工作经历不仅是工资高，而且还具有令人难以置信的吸引力和趣味。但后来工厂关闭了，2003 年，查克尔被转移到路易斯安那州什里夫波特的一家通用汽车工厂。

这家工厂是一家最先进、价值数十亿美元的总装厂，生产悍马 H3s 和 GMC 阿卡迪亚斯的内饰、底盘和总装线。这份工作很好，但这次调职让他远离了家人和朋友，他一直感到很无助。当那家工厂因 2008 年的经济危机而面临倒闭时，他被遣送回了俄亥俄州，最后在离他的故乡大约 4 个小时车程的洛德斯顿装配线上工作。洛德斯顿之所以吸引了大量的工人，是因为高油价使得该地生产的小型车，如雪佛兰克鲁兹，正在成为美国人迷恋的大型车的热门替代品。此外，通用汽车在这座占地 500 万平方英尺的工厂投资了 3.5 亿美元，以升级其机器人技术，并吹嘘自己可以在一条流水线上生产多达 7 款车型，使其能够抵御消费者挑剔的需求造成的销量持续下滑。因此，通用汽车公司雇用了负责第三个轮班的 1000 名额外工人以提高生产效率，其中就包括查克尔。谢丽尔·乔内斯科（Cheryl Jonesco）也在第三班工作。谢丽尔在扬斯敦长大，在 2008 年入职通用之前，她曾一度陷入“服务员陷阱”。

谢丽尔告诉我：“查克尔在工厂时一直是个斗士。当我遇到他时，如果他看到不对劲的地方，他不怕大声说出来。”这对她来说是一种吸引人的品质，因为谢丽尔在洛德斯顿的工会里也很活跃。于是他们开始共同生活，一起工作，一起组织工会。

查克尔习惯于变动，所以当他感觉到雪佛兰克鲁兹在购车者中销量开始下滑时，他预感到自己又该搬家了。他要求转移到附近的帕尔马的一家工厂，但谢丽尔留在了洛德斯顿。查克尔是对的。2019 年感恩节后的星期一，通用汽车宣布解雇在美国和加拿大一些工厂中的 1.4 万名工人（包括洛德斯顿），节省的成本用于投资生产自主研发的汽车。对谢丽尔来说，这是美国梦的丧钟。她说："人们的生活因为洛德斯顿工厂而改变。我们是工人，我们在这里构建着自己的生活。"但华尔街却在庆祝通用汽车摆脱了养老金义务和大量与工会员工身份捆绑的医疗保险，在通用汽车首席执行官玛丽·巴拉宣布裁员的当天，该公司的股价上涨了5%。

50年来，洛德斯顿工厂一直支持着所在地的社区，现在人们陷入了绝望。自2014年以来，工人工资下降了6%，但仅在2018年一年，该工厂还是为工人支付了2.5亿美元的工资，推动了地区经济的发展。它的关闭波及整个马洪河谷，损失了8000个额外的工作机会，包括帕尔马，也就是查克尔工作的地方。克利夫兰州立大学经济发展中心的一项研究发现，当地经济将损失80亿美元。Falcon Trucking帮助向洛德斯顿供货和交货，它通过短信通知585名员工，公司将立即关闭运营。据报道，由于他们公司的加油卡在换班中途被取消，司机甚至全部被困在了路上。[1]

"对于像我这样高中毕业的人来说，这是唯一一份不用上大学就能从事的好工作。"查克尔说，声音渐渐变小了。"钢厂倒闭了，轮胎厂倒闭了，现在通用汽车也倒闭了。因此，如果这些高中毕业的孩子不适合上大学，他们就再没有机会能找到一份好工作来照顾他们的家庭。"

考虑到工人和当地居民为避免这场灾难而放弃的一切——在谈判中做出重大让步和减免当地的税收，人们对工厂关闭带来的灾难性后果感受更为强烈。2007年，工人们接受了一份合同，这造成了一个分层体系，新员工不能再领取养老金，工资约为老员工工资的一半。2年后，通用汽车从美国纳税人那里收到了500亿美元的礼物，这是破产后救助计划的一部分，当然，没有一分钱与普通通用汽车员工进行分享。最后，在 2017 年，洛德斯顿的工人们妥协了，工资减少了 1.18 亿美元，只是为了维持克鲁兹的生产。[2]

2017 年，在扬斯敦的一次集会上，特朗普（Trump）总统建议马洪河谷居民不要卖掉房子，因为“我们要把那些工厂重新填满”。这与他在扬斯敦竞选总统时提出的主张一致，这一口号帮助他一举赢得俄亥俄州、宾夕法尼亚州和密歇根州的总统选举。特朗普还亲自在 Twitter 上攻击当地的工会主席戴夫 · 格林（Dave Green），让他“齐心协力团结工人，加大生产”，不过格林显然不应该对关闭的工厂负责。查克尔相信格林，他把格林描述为一个富有战斗精神的工会主义者，他认为格林为下岗工人争取到了社区支持。

面对失业和失去医疗保险，谢丽尔不得不同意转移到在田纳西州斯普林希尔的通用汽车公司，离她和女儿玛丽莎居住的地方有 9 小时车程，她的女儿不得不留在当地完成高中学业。谢丽尔分到了一套公寓，并试图适应新的现实。她在搬家过程中几乎立刻就病倒了。她躺在病床上与我通信，当时她刚刚从结肠手术中恢复过来，她把这个问题归咎于搬家的压力。由于远离家人，她想家了，但同时也在苦苦挣扎，希望公司能在洛德斯顿重新开始生产。这家工厂“未决定”是否会关闭，因此并不能算彻底关闭。这种悬而未决的局面使该公司有机会与美国汽车工人联合会就可能吸引其他产品和就业机会的重大让步进行谈判。通用汽车甚至可能完全不受工会约束地运行工厂。

“那不会发生的。”查克尔说，口气中带着一丝虚张声势。他和谢丽尔等人已经开始通过伯尼 · 桑德斯（Bernie Sanders）“我们的革命”运动，先发制人地阻止公司回归，除非它完全加入工会，就像工厂关闭前一样。然而，民主党和共和党的立法者都表示支持工会的让步，只要工厂能重新开始运转。

洛德斯顿工厂在美国劳工史上有着重要的地位，因为它是阶级斗争工会主义的试验田。1972 年，一场声名狼藉的罢工持续了 22 天，通用汽车损失了 1.5 亿美元。这是一场早期的战斗，在整个 20 世纪 70 年代中成为普通民众抗争的标志。工人们抗议不断加快的生产线和单调乏味的工作程序。然而历史上的泰勒工厂并不是这次罢工的唯一灵感来源；工人们想要控制生产过程，在工厂的组织上能参与更多，在不降低工资的情况下减少工作时间。洛德斯顿的罢工有时被解读为反对工作的罢工，但在许多方面，它是一场为了控制时间和要求更有意义、更有成就感的工作而举行的罢工。

1971 年，雪佛兰引进织女星型号后，通用汽车将两家工厂合并为通用汽车装配部（GMAD），工人们亲切地将其称为“卑鄙者和破坏者”（Get Mean and Destroy）。合并意味着大量裁员，但该公司仍设法通过加快装配线速度来提高生产目标。这家工厂每小时生产 60 辆雪佛兰黑斑羚，但配额的增加意味着它很快就能每小时生产 100 辆。这意味着工人完成每一项高度常规化任务的时间从 60 秒降至 36 秒。这些汽车是生产出来了，但往往缺少许多关键部件，因此无法销售。工人们拒绝完成补救工作。另外，车间里青年文化十分盛行，仿佛不努力工作才是正义和尊严。工人上班时抽大麻、喝酒、怠工、请病假，通过工会提出上千项申诉，使劳动争议成为公司的沉重负担。罢工体现了一种反文化精神，这种精神定义了困扰美国工厂的蓝领阶层，并为洛德斯顿赢得了“工业领域的伍德斯托克”的绰号。29 岁的当地工会主席加里·布林纳（Gary Bryner）证明了在后越南时代，政治正在影响着车间。“年轻的黑人和白人工人开始互相了解对方。彼此之间开始出现一种心心相印。非洲裔工人，蓄着络腮胡的工人，留着山羊胡的工人，他们不在乎自己的肤色是黑的，白的，绿的，还是黄的。他们只想被尊重。这要求不高。”[3]

但事实上，他们要求的是减少工作时间和降低生产率，同时不削减工资，加上更人性化和更具吸引力的工作场所。工人经常对工作的自动化表示不屑，因为这种自动化会降低他们的技能，而且无休止的重复劳动也令人厌烦。这是一场新的运动，但它让人想起劳工运动的经典传统，即除了值得做的工作之外，还要以更少的代价得到更多的东西。工会的罢工没有取得明显胜利就结束了，但它使工人的抵抗成为可能。它鼓舞了全国各地其他工厂的汽车工人，他们被大众媒体诊断为患有“洛德斯顿综合征”。这次罢工还引发了一场关于工作场所异化、有意义的工作、自动化和工作质量的全国性大讨论。

“人们肯定会谈论这件事，”谢丽尔说，“我知道在 70 年代的时候工人运动是非常激进的。我喜欢听工人那时候的经历和所作所为。人们不怕站起来。我觉得我们需要让这种精神再次回归，因为它正在慢慢地从我们身边被夺走。”

“我们的守护神究竟是谁？”查克尔问，“你知道，各地都有汽车工人、卡车司机、老师、垃圾工、白领。你知道……我们没有团结起来以我们应该采取的方式反击。”

我们无法知道这样的运动是否会促使工厂保留工作岗位，但今天肯定是不行的。这正是让谢丽尔和查克尔感到气馁的原因。当帕尔马的工厂看起来可能会让查克尔失业时，他再也受不了了。他刚成年就在一家工厂里工作。40 岁时，他决定提前退休，卖掉了自己的船和哈雷摩托车，买了一辆二手雪佛兰 S-10。这并不是一个容易做出的决定，但这种纠结并不是因为他必须扔掉自己的这些玩具。

“这是我一生中经历过的最艰难的决定之一。”他解释说。在工厂工作了 20 年后，他衡量自我的价值标准是由个人的工作时间和努力程度决定的。但即使如此，他也几乎没有放慢脚步。

查克尔退休后便投身于劳工运动，加入了从内部组织起来的工人群体。失业者能成为劳工运动的一部分吗？查克尔是活生生的证明。他作为退休人员加入了下一份集体合同的谈判小组。20 世纪 90 年代中期，查克尔工作的起薪是每小时 14 美元，几乎与谢丽尔 2009 年通过一家工会谈成的起薪持平。除了提高工资，他的使命和丽贝卡一样：全民医保。政府资助的全民医疗在许多方面对加入工会的工人有利。如果雇主不需要支付昂贵的医疗费用，工人就可以进行协商以获得更高的工资或休假时间。“如果你把医疗保险从谈判桌上拿开，那你谈论的就只能是工资、工时、安全、工作保障，以及保持工厂正常运转。”他解释说。此外，全民医疗将使工人更容易辞掉一份糟糕的工作，因为他们不会依赖雇主提供医疗保险。“退出的选择权”对民主经济至关重要，因为它为工人选择雇主提供了更多的自由，并激励雇主提高标准。

很快，查克尔就开始通过“好工作国家”组织（Good Jobs Nation）在全国进行巡回宣传，这是一个由工人组成的致力于在西部打造更进步的选民群体的基层组织。当特朗普的竞选团队得知他们在做的工作后，任何穿着“好工作国家”T 恤出现在特朗普集会上的工人都被拒绝进入会场。查克尔决定和他们一起参加下一次特朗普的集会，与红州选民讨论工会问题。于是，他披着长发，剃掉浓密的胡须，穿上法兰绒衬衫，遮住前臂文身上的“工会暴徒”字样，最后在全国巡回时与特朗普的支持者进行交谈，试图让他们变蓝。他甚至带回了一些成功的故事。

“很多人只是想把特朗普挑起的愤怒转移出去，但最终将其转向了公司、对冲基金经理、银行和亿万富翁阶层，这是他们应该愤怒的对象。”查克尔告诉我。当查克尔意识到他对特朗普、意志薄弱的民主党人、大多数雇主、私人保险公司、工会破坏者感到愤怒时，他从未错过任何一个让他们知道的机会。“退休后，我比以往任何时候都忙。”他笑着说。他把时间分配在俄亥俄州（中西部地区）和华盛顿特区之间。他还在业余时间培养了一些爱好：“我现在开始弹吉他，开始画画、写作。这些都是我一生中从未做过的事。想象一下，如果我们不必努力工作。人们可以做自己该做的事，花时间和家人在一起，创办一家小企业，而不仅仅是每天工作 8 到 12 个小时。”

2019 年，在谢丽尔搬去斯普林希尔不到一年后，查克尔和谢丽尔都走在了通用汽车的纠察线上。由于合同谈判陷入僵局，5 万名通用汽车工人举行了半个世纪以来最大规模的罢工。公司立即停止向员工支付医疗福利，这是谢丽尔当初搬迁的主要原因。她说：“如果不搬家，我就会失去医疗保障。”而现在她仍然拥有医疗保障的唯一原因，是美国汽车工人联合会支付了其成员在罢工期间的医疗保险。大多数斯普林希尔工人在罢工期间因非暴力抗议而被捕，他们虽然已经投票反对与通用汽车达成合同，但合同还是被通过了。

•

查克尔和丽贝卡只是在非暴力反抗的路上有过短暂的交集。但是，如果他们两个都呼吁的社会变革愿景真的梦想成真，那么他们迟早会在某个时刻相遇。查克尔一直呼吁的全民医保策略如果获得通过，那么对每个人来说医保都会更便宜，包括雇主。但是，如果安东尼娅·克雷恩（Antonia Crane）和妮可·摩尔（Nicole Moore）得逞了，而且看起来他们确实越来越得势，那么一些大雇主很快就必须拿出更多的钱来支付加州医疗救助、带薪育儿假、失业保险、加班费、工人补偿金等所有合法雇员的一系列开支，还有 12 美元的最低工资。这将给零工经济模式带来惊人打击。众所周知，零工经济模式其实在零工经济出现之前就已经繁荣起来了。

安东尼娅是一位经验丰富的脱衣舞女，也是洛杉矶的一名大学水平的英语教师。妮可是洛杉矶的一名优步司机。就像查克尔和丽贝卡一样，他们处在彼此世界的边缘，然而，他们的生活却因为美国的政治经济结构变化而交织在一起。最近的一桩官司可能会改变他们的生活，将他们重新归类为雇员，改变他们合同工的身份，这将赋予他们加入工会的权利，使他们的雇主更难逃避劳动法律。

加州最高法院做出了一项开创性判决，Dynamex Operations West 诉最高法院的判决将使企业几乎不可能将员工视为合同工，而应视为正式雇员。根据该法案，数十万工作者将被重新分类。这项裁决澄清了现行法律，要求企业通过所谓的“ABC 测试”，以此决定这家企业的员工是否应该获得合同工资格。企业必须证明员工（a）不受公司控制；（b）从事与公司业务无关的工作；以及（c）在该行业拥有独立的业务。如果企业不符合其中任何一项标准，员工就必须被视为雇员。这项判决一个强有力的法律先例，在佛罗里达州、纽约州和佐治亚州，即使脱衣舞工作者与管理层签署了声称自己是独立合同工的合同，他们都赢得了维护自己作为雇员权利的诉讼。根据法律，他们是否成为雇员，取决于舞者能做什么不能做什么，或者老板对他们的时间有多大程度的控制权。这项法律在加州尤为突出，该州一半的工作者正在与贫困做斗争，令人难以置信的是，有 10% 的工作属于零工经济。[4]

安东尼娅在 20 世纪 90 年代中期开始表演脱衣舞，当时“性工作者是旧金山的重要人物”。朋克摇滚女权主义者的情绪四处流行，并统治着当地的反主流文化，与格洛丽亚·施泰纳姆所谓的第二次浪潮相悖。在这种情况下，在“性感女士窥视秀”上进行表演的“异国舞者联盟”的出现似乎是被《我们身体、我们自己》和 Bikini Kill 乐队滋养下长大的一代人思维逻辑的延伸。在 21 世纪初，我做过一段时间的工会组织者，甚至也加入了他们组成的团结一致的纠察队，高呼着“五,六,七,八！别过来手淫！”“性感女士”最终解散了工会，但同样在那里工作的安东尼娅认为，现在是重新发起运动的时候了。

在过去的几十年里，妓女、脱衣舞女、应召女郎和偷偷从事性工作的女性，在将性工作重新定义为合法工作的斗争中取得了巨大的胜利。下一个合乎逻辑的步骤是给予他们工作者的权利。安东尼娅与人共同创立了“波兰士兵”，这一跨越代际的舞蹈团体旨在教育工人，惩罚违反规则的俱乐部。20 世纪 80 年代，旧金山的米切尔兄弟的奥法雷尔剧院开始收所谓的“舞台费”，只有交了舞台费，舞者才被允许在工作中露面。这一做法在整个行业得到迅速推广，就像理发师在沙龙里“租”椅子一样。费用越来越高。自从 Dynamex 判决以来，俱乐部提高了舞台费，并用舞者的钱来补贴高工资、新税收和费用。“他们执行这项法律的方式是向我们收费，让我们自己支付自己的工资。”安东尼娅告诉我。“波兰士兵”举行了一系列抗议活动，反对这种做法，并寻求与一个主要工会达成协议，让该工会代表舞者。由于她的政治立场，安东尼娅被列入洛杉矶许多俱乐部的舞者黑名单。她说，唯一的好处是有更多的时间来组织舞者。她说，舞者们对转变为合法员工身份持有怀疑态度，主要担心经理们可能会控制她们的时间，并可能迫使她们在非高峰时间上班。她告诉舞者们，事实恰恰相反：加入工会将意味着她们对自己的工作方式，包括工作时间拥有更多的控制权。事实上，一份工会合同可以让舞者有权利要求只在自己想工作的时候才工作。这并不是说工会将自动保证舞者拥有完全的控制权，但这是一个基本出发点，只有这样才能挑战管理层的完全自由裁量权。

曾经准备将美国从特朗普总统任期的噩梦中拯救出来的色情女星斯托米·丹尼尔斯出面反对工会化的努力，用她的名人身份为一场资金雄厚的反工会运动增添影响力。相比之下，在安东妮亚出版的一份在线指南中，她敦促老客户像对待那些有行业组织的人一样支持他们喜欢的舞者。第一条规则：“像对待卡车司机一样对待她。”[5]

就像卡车司机一样，脱衣舞工作者从工会所带来的安全性和高工资中受益匪浅。就像卡车司机一样，大多数舞者在那里工作首先是为了钱——所以多给些消费。“这是一份很棒的蓝领工作，”安东尼娅说，“我是为钱而来。作为一名性工作者，人们觉得我应该从自己从事的工作中获得快乐。但人们不会要求秘书每天都很快乐地工作，那他们为什么坚持认为我就应该感到快乐呢？我只对周二晚上能带着950美元回家感到快乐。”就像卡车司机一样，脱衣舞工作者也拥有彼此的支持。“我们需要站在一起，”安东尼娅说，“所有的舞者都是我的同事，也是我的兄弟姐妹。”

到目前为止，围绕 Dynamex 最有争议的辩论集中在网约车司机的命运上。优步和来福车将司机划分为合同工，而不是雇员，这样的话就不需要向旗下已经高达 10 万人并在不断增长的司机队伍支付某些税款、福利、加班费或工资。和脱衣舞工作者一样，自雇合同方也没有合法权利加入工会或与雇主进行集体谈判。他们只能靠自己。在优步短暂经营的一半以上的时间里，其司机一直在法庭上挑战着对自己身份的错误分类。他们相当明智地认为，优步无法通过 ABC 测试，因为用汽车运送乘客无疑是其既定使命的一个核心内容。针对优步和来福车的工会组织工作对于为员工创造新的工作时间条件至关重要，因为零工经济的前提是员工时间表的灵活性和为用户提供按需服务。

对于优步这样的公司来说，其面临的风险很高。优步承认，如果遵守法律，它将面临诸多问题。正如优步在提交给美国证券交易委员会的一份声明中解释的那样，“如果按照立法或司法判决，我们被要求将司机归类为雇员。我们将为补偿司机而产生大量的额外费用，可能包括与工资和工时法（包括最低工资、加班、用餐和休息时间要求）、员工福利、社会保障缴款、税收等相关的费用”。加州政府估计，这种因为规避法律而造成的错误分类，每年会造成 70 亿美元的税收损失。[6]

妮可 · 摩尔在洛杉矶县的卫生部门有一份很体面的工作。但每周有几天，她都会在下午 5 点步行前往停车场，开车去做优步司机，一直到深夜。几年前，由于一笔不良贷款，她的抵押贷款增加了两倍。她说：“我们把所有的开支都削减到零，但还是还不清贷款。”她和丈夫决定开始为优步开车。这笔额外的收入是必要的，即使她不确定自己的车是否能开足够长的时间，即使这意味着更少的时间陪他们10岁的女儿。

这笔外快起初发挥了重要作用。然而，随着优步和来福车开始在国内主要市场将里程偿付率下调25%，她的赚钱能力开始下降。司机们开始变得焦躁不安。但很快他们的工作程序开始变得有章可循。妮可的工作也一样。工作开始于机场，因为在那里，司机们可以彼此见面交流，排队等着载客。司机们利用应用程序本身的漏洞，首先立即关闭应用程序，等待“暴涨定价”模式的启动，这意味着算法会提高乘车的成本。然后，他们都立刻打开应用程序，通过抬高载客费来赚更多的钱。但这种工作活动仅限于机场的几百名司机；洛杉矶大约有10万名优步司机。司机们甚至开发了自己的应用程序，帮助他们追踪城市里的车费，还可以认识新司机，彼此之间进行交流，并将他们招募到一个组织——顺风车司机联盟（Rideshare Drivers United）。“这个行业竭尽全力要让我们彼此孤立。我们做的恰恰相反。”妮可说。

优步、来福车、Postmates和其他零工经济公司的商业模式使得这些公司能够榨取工作者最大的努力同时最大限度控制他们，而且无须承担法律责任支付基本福利，如医疗保险和劳工保险。这些公司将Dynamex裁决视为对其商业模式的死刑判决。他们在纳税人补贴这些费用的时候溜之大吉。然而，他们已经把这些节省下来的成本用于反对Dynamex裁决。零工经济是按需经济的俱乐部老板，多年来，他们不遗余力地抵制任何工会化的可能性。然而，有时他们似乎甚至得到了传统劳工势力的帮助——查克尔和谢丽尔认为对经济繁荣至关重要的那类工会，就像一些主要工会主动提出与优步和来福车签订合同，以保留司机作为合同工的地位一样。因此，司机们把目光都转向了“另类劳工”组织，比如妮可的组织。

当妮可开始和司机们交谈，看到他们所忍受的挣扎时，她也参与进来，即使科技行业的巨头们似乎越来越富有了。“我之所以愿意这么做，是因为当你看到有人饿了，他们必须决定是用口袋里的 10 块钱买三明治，还是为自己的车加满汽油以便继续工作，这时你就知道这种商业系统出错了。如果我们不采取措施的话，我们的未来会很可怕。”她还注意到，当应用程序指挥她前往交通最繁忙的地区，比如机场，那里其实已经有一队司机在等候乘客了，而这导致她的收入在减少。但她的报价比他们都低。从某种意义上说，她是被送去搅局的。“他们正在设计算法来计算有多少司机愿意工作……人们谈论电子游戏以及它们的操控性，他们把你拉进来，这正是来福车拥有的技术。但是他们把人们拉进了走向贫困的循环。”

为了打破这种循环，优步和来福车的司机于 2019 年春季在全国 10 个城市举行了罢工，此时恰逢这两家公司发布首次公开募股（IPO）公告。在洛杉矶国际机场，罢工者挥舞着牌子：“规范出租车公司”“优步和来福车应该停止偷窃别人的东西”。如果司机们不同意他们的雇佣条款，罢工实际上是他们唯一的手段，点击合同条款中的“不”只会让账户停用。罢工的一个主要诉求是执行每小时 27.86 美元的最低工资，这是网约车司机在纽约市已经赢得的诉求。司机们还要求公司允许他们从每一次车费中提取更多的收益。妮可说，当她注册应用程序时，优步广告说她每次载客都能赚 80% 的车费，但有时这个数字低至 40%。

这次罢工是 Twitter 上最热门的话题，与英国王室宝宝的出生赢得了同样的关注。这次罢工针对的是立法者而不是公司，目的是迫使他们尊重 Dynamex 裁决，并将网约车司机归类为雇员，从而赋予他们组织和与雇主谈判的权利。有迹象表明，公共关系战略确实发挥了作用，优步以 824 亿美元的惊人 IPO 上市，但这明显低于预期的市值。妮可告诉我："被应用程序调度就如同医院里护士长在一张纸上写下时间表。我们必须围绕它制定劳工标准。我们不能让科技公司打哈哈。我们一分钱都没有，我们没有工作人员，我们在努力地挽救劳工运动。我们要么组织，要么死亡，要么我们控制时钟，要么他们控制我们。"

·

夏洛茨维尔的司机丽贝卡·伍德经常觉得自己在这场战斗中输了。一天晚上，她发来一条短信，时间没有往常那么晚。"查理受够了，今晚早点回家。"我表示希望自己能帮上忙。

她回答说："来弗吉尼亚吧，如果你是真心想帮我的话。"

几周后，我踏上了去往夏洛茨维尔的旅程。晚饭后我们开始送外卖。我们像往常一样四处给喝醉的大学生送食物，偶尔也会给一些从外地来旅行的疲劳游客送食物。丽贝卡是当地有名的深夜配送员，因为她经常去国会山。偶尔，出于同情，餐馆会为她提供免费的饮料。优步外卖甚至在司机们完成手头的配送工作之前就提醒他们有新的配送工作。问题是，你只有在接受了这份工作之后才能看到它，这是一种奇怪的工作方式。丽贝卡接受了这份工作，当细节出现在屏幕上时，她叹了口气说："太好了，配送地点就在我们刚来的地方。"

为优步外卖开车和从事其他低薪工作一样，对一个人的自尊也是一种侮辱。技术安排的这一光鲜外表可能会让它看起来更复杂，或者不太侮辱人格，但和丽贝卡一起开了一晚车，你就会发现一个完全不同的视角。“这其实就是穷人一直在做的差劲工作而已。仅仅因为我们使用了智能手机，并没有让它有所不同。”

就在几年前，她可能还在应用程序的另一端，深夜坐在舒适的沙发上点餐。她过着安逸的生活，前途光明。她是一位心怀希望的准妈妈，人生没有任何像路障一样的挑战摆在她面前。“有时我会看到一些家庭在餐馆里聚餐，而我却正在抢单，或者在别人家门口放下食物。我在想，这本来应该是我待的地方，本来应该是我过的生活。但现实是，我出现在这里，必须完成这份配送工作。”

她认为，任何想了解贫困劳动者奋斗历程的人都应该与他们面对面地向他们学习，所以她邀请我和她一起在弗吉尼亚州待几天。她告诉我：“我真的很想看到有关贫困问题的对话被大众所听到，因为我认为他们在国会山上是听不到的。”她与官员的会面表明，他们是多么地远离他们为其他人制定的政策。“我真的认为人们需要走出包围在他们周围的泡泡，看看别人的生活是什么样的。去旅行，看看这个国家的其他地方是什么样的。因为现在制定政策的人并不明白。事实上，大多数人都不明白。”自从她成为医疗保险专家后，她就开始在弗吉尼亚州做演讲，告诉来自该州农村地区的人们如何获得更好的医疗保险。她从这次经历中得到的主要收获对她来说变成了一句咒语。她说：“保守派选民真的想要全民医保，这是他们应得的，但中间派选出的民主党人往往是主要的障碍。我们的敌人是那些假装是我们朋友的人，而不只是保守主义者。”她觉得在弗吉尼亚的乡村度个周末也许能让我明白她的意思。

午夜过后，第二天早上，我们驱车穿过弗吉尼亚乡村，驶向日出之地，到了切萨皮克。在那里，美国建立了偏远地区的医疗诊所（RAM）。RAM 于 1985 年开始在贫困国家提供医疗服务，这是一种新兴的医疗服务。但人们很快发现 RAM 提供的服务在美国也同样重要。现在，这一项目每年在美国农村开办几十家免费诊所。

丽贝卡在经历牙科手术后开始做义工。她告诉我说："虽然我的经历很可怕也很残酷，但至少我在午夜有地方可去。很多人甚至都没有这样的地方，所以我想从我的噩梦中醒来后再做点好事。"我们在切萨皮克的一个印度教寺庙里建立了诊所，有 18 把牙科椅，6 个眼科检查区，1 个妇女健康诊所及预防保健站。骨科医生、呼吸科专家都是当地的医生和医学院学生。一位 RAM 协调员估计，在一周的时间里，那里的牙医拔了数百颗牙齿。丽贝卡最初报名从事牙科工作，但她被分配到视力实验室，那是诊所后面的一辆卡车，用来生产眼镜。在过去的几年里，她已经成长为一名非专业的"专家"，并领导着一个团队，主要工作是研磨镜片并安装到镜架上。

蜿蜒的家庭队伍在彻夜守候，为了上午 8:00 诊所开门时能够在前排找个位置，其中一些家庭甚至来自邻近的州。几乎所有和我交谈过的人都从事着最低工资的工作，或者除了主要职业之外还有副业。他们做了决策者们说的摆脱贫困的工作。大多数人甚至享受着某种形式的医疗保健计划。但他们的工作报酬少得可怜，就算他们讨厌自己的工作，他们也想要工作更多的时间。而且他们的保险用起来太贵了。纳塔利娅·弗洛里斯冒着失去旅行社工作的风险，请了一天假来到 RAM。她说，由于费用问题，她多年来一直痛苦地忽视着自己的牙齿问题。来自附近的弗吉尼亚海滩的普林斯顿·卡彭特说，他的保险公司自付率太高，他的工作不能为此提供任何帮助。人们可以在诊所里眺望风景，目睹彼此之间的互帮互助。数以百计的医疗专业人员加上普通居民在周末花时间来修补美国医疗系统中绝望的漏洞。有时空气中弥漫着各种情绪。我和一个叫斯派克的人交谈，他说终于可以亲吻自己的孙子了，因为他的牙疼问题减轻了，说话的时候他兴奋地喊起来。

当我向丽贝卡讲述这些场景时，丽贝卡在视力实验室的卡车里待了一整天，她厉声说道："这并不鼓舞人心。"她坦率地说："这是贫穷。真丢脸。这些本来不应该发生。我讨厌人们因此而受到激励。这太荒唐了。"

因为贫穷是如此普遍，我们很容易把它视为再普通不过的事情，好像这是我们经济格局应该具有的一个自然特征。安东尼娅经常在俱乐部里看到舞者被客户和雇主下药、袭击、殴打或拉皮条，好像这些暴行也可以是自然而然的事情。谢丽尔和查克尔因为雇主的突发奇想在全国各地迁移，这给他们带来了耻辱，影响了他们的健康。在美国历史上，这就是制造业工人的日常经历。优步司机常常看起来像是自己的老板，但我和妮可在纠察线上遇到的一些司机经常睡在自己的车里，支付不起基本的住宿费用——在科技繁荣的眩晕中，他们是一群无家可归的上班族。事实上，这些故事的一个共同主题是组织者拒绝接受现状。在每一个案例中，工作者们转而采取行动，并不是因为他们在工作中的权利受到了侵犯，也不是因为特定的不满情绪把他们逼到了生活的边缘。相反，正是这份工作的基本结构常常让他们变得如此不舒服。丽贝卡在谈到优步外卖时说："事实上，没有发生什么糟心的事让这份工作如此糟糕。其实就是工作本身让我难过，而且还有百万份类似的工作。我的生活被狗屎一样的工作所支配。”

特伦斯·威金斯，我们在第一章中遇到的模范雇员，也知道被推来推去做低薪工作的耻辱。虽然他最初是全职工作，但工作时间很快就减少了。很快，他头一个星期还有太多的工作时间，第二个星期却又几乎没有足够的时间。随着日程变得越来越不稳定，他试图通过请求关系好的经理在方便的时间多安排几个小时来解决这个问题，与此同时这意味着他需要重新安排家庭义务。他说：“我们都希望有规律的工作时间表，一份更好的日程安排。我的一些朋友甚至连房租都付不起，因为他们的工作时间被缩短了。”

这些日程安排的做法一直被数百万美国人所抱怨。工作者们被要求“灵活”并且接受他们被给予的任何时间表。他们在轮班期间被要求回家，或者如果他们不加班就会被解雇。除此之外，工资水平也非常糟糕，行业平均水平徘徊在每小时 13 美元。特伦斯的生活开始与这种暂时的不稳定和可怜的工资水平交织在一起。有一次，一位同事给他看了一篇文章，内容是关于一个叫“一个宾夕法尼亚”（One Pennsylvania）的社区组织，该组织正在为零售业工人争取公平的日程安排，他立刻参与了进来。他说他们正在提议一项立法，强制雇主给予员工更长的工作时间表提前通知期，这一立法将有助于他继续从事这份工作。

很快他就每天参加两次组织会议。他在听证会上作证说，公平的工作周对他来说意味着什么，他发现自己也在分享着其他人的故事。“为公平的工作周奋斗不仅是为了我自己，”他说，“这是为所有惮于为自己辩护的人而战。那是一群在不同零售店工作着的人……‘一个宾夕法尼亚’为正义而战，不是因为他们在帮助你，而是因为我们在帮助彼此。我觉得这是经济正义和工作者正义的重要组成部分。我觉得帮助别人就是一切。”

特伦斯的要求并不高：提前两周通知他具体的日程安排。但这对他却会有很大的不同。他说：“我可以预约医生，我可以选择我需要休息的日子，不用担心报复，我可以支持我的家人以防发生什么事情，比如葬礼。我爱我的家人至死不渝，所以当他们需要我的时候，我愿意和他们在一起。你可以用两周时间做很多事情。”

最终特伦斯的故事被上传到了 YouTube，一段他发表演讲的视频开始走红。“有一天我去上班，发现大家都看到了这段视频。”他笑着告诉我，“这段视频也在 Instagram 上引发了热议。”他害怕塔吉特超市会报复，但结果恰恰相反。塔吉特开始给他提供更合理的工作时间安排，慢慢地又回到了他最初受雇的时间表。

2018 年 12 月，他的努力得到了回报。费城市议会通过了《公平工作周就业标准法令》，要求大型零售、酒店和餐饮服务机构为员工提供更为固定的时间表，包括提前两周通知；提供“可预测的薪酬”，以弥补偏离公布时间表的情形；保证每班休息 9 小时。据宾夕法尼亚州一家公司估计，这些变化将影响 13 万名工作者。费城成为第 8 个通过排班法的城市，其他还包括旧金山、圣何塞和加利福尼亚州的埃梅里维尔，西雅图和华盛顿的西塔科，俄勒冈州波特兰市，纽约市。

特伦斯是这场运动的领袖，却并不是一位先驱。我采访了全国几十名零售业工人，他们的工作条件和他类似，他们认为公平的排班运动是改变行业的途径。2013 年，工作者发起了一场全国性运动，争取公平的日程安排立法，使他们能够更大程度地控制自己的时间。例如，诺埃米·卡斯特罗（Noemi Castro）就是洛杉矶运动的代表人物。

她的肖像被用在广告和横幅上，以争取赢得公平立法。尽管她在凯马特超市的工作“开放可用”（能够在一天中的任何时间工作），但她在某些星期被安排了30个小时的工作，而在其他星期只有4个小时的工作。这种情况有3年了。其中一些工作时间是以累人的轮班形式出现的，这意味着她会在一天晚上10点才关店，第二天早上5点又要出门，因为6点就要开店。

第一次胜利发生在2014年的旧金山县，在那里，监事会通过了一项具有里程碑意义的零售工作者权利法案，涵盖了旧金山的连锁零售商店，这些商店雇用了大约一半的零售工人。这一法案保障了工作者拥有与特伦斯在费城赢得的类似权利。然而，在没有工会成员的情况下捍卫这类立法已经妨碍了某些地方工人运动的真正可行性，因此我们应该把这些立法之争看作开始，而不是结束。

公平的日程安排对工作者来说很重要，但失去对员工时间的一点点管理控制对雇主来说也是一件大事。已经有12个州通过了先发制人的立法，抢先制定了法律取代公平排班法。这些地方甚至还没有制定公平排班法，但雇主已经找到了阻止它们颁布的方法。这意味着，如果你在塔吉特、凯马特或亚拉巴马州、亚利桑那州、阿肯色州、佐治亚州、印第安纳州、艾奥瓦州、堪萨斯州、密歇根州、北卡罗来纳州、俄勒冈州、田纳西州、得克萨斯州或威斯康星州的其他零售公司工作，你就没有权利享受公平的时间表。

公平日程安排运动是当今工作者努力控制时间的最明显的方式。尽管他们偶尔会要求更多的工作时间，但劳工的“时间议程”必须包括相关措施，保障他们能够稳定地满足基本需求。然而，“公平工作周”概念背后的含义是，每个人都应该得到适当的工作量。因为我们的工作时间已经太长了，最好的计划是全面减少工作时间，更公平地分享剩下的时间。

大多数工作都可以是好工作，有体面的工资，良好的安全标准，员工有很强的发言权。但是，即使是好工作，如果时间过长或极不规律，也不能总是以我们需要的方式融入每个人的生活。朝着更好的工作方向迈出的第一步应该是减少我们对工作的需求。美国因为劳动时间变得不必要的漫长、不可预测和难以管理而付出了巨大的代价。下一章将探讨可以将工作时间减少到最低限度的补救措施。

第 8 章

被遗忘的抗争

时间自由既是客观善的实现手段，也是最终目的，工作者显然应该比目前得到更多。爱荷华大学进行休闲研究的教授本杰明·克林·亨尼科特（Benjamin Kline Hunnicutt）将寻找空闲时间称为“被遗忘的美国梦”。美国人在将职业道德和向上流动作为美利坚民族的神学进行推广之前，曾宣称效忠一个完全不同的、更开明的理想——“更高的进步”。亨尼科特从诗人沃尔特·惠特曼那里借用了这个词。更高的进步同时融合了宗教和早期浪漫主义的自由观念，描绘了一幅为工作所累的人类最终在休息中获得解放的画面。在这种观念下，对我们劳动的回报不是金钱，而是终极的平静。

但睡眠和休息并不是唯一的好处，时间自由不能被简单地定义为不用工作。时间自由是民主社会的一个重要方面，它保证我们有能力行使自己的权利，享受已经拥有的自由。如果没有时间搭帐篷、看星星，谁还需要国家公园呢？时间自由也是任何社会变革运动的必要组成部分。每位活动家都知道，时间的匮乏是普通人参与政治的最主要障碍之一。如果我们连思考这个世界的时间都没有，怎么能期望改变它呢？我们需要腾出时间来组织、谋划、合作和争取。

早期劳工史实际上充斥着关于控制时间的血腥战斗以及为了赢得 8 小时工作日的暴力事件。然而，减少劳动时间并不仅是一场暴动，这一过程更是长达一个世纪的磨难。但对时间的担忧现在基本被遗忘了，更高的工资、医疗保险、安全和工作保障的要求将其推到一边。我们已经忘记了所面临的危险：工作者劳动条件的恶化主要源自工作的强度、持续的时间和工作时间的不可预测。我们什么时候工作、工作多长时间，在一天或一周的什么时间工作，如今这些通常都是我们无法掌握的。缩短工作时间的历史斗争不仅是为了有空休闲，更是为了获得控制。

经济政策研究所数据显示，只有 15% 的员工表示他们可以“自由决定”自己的工作日程。这种不稳定是一个日益严重的问题，与精神和身体的压力、不稳定的收入、情绪动荡、家庭冲突、性别不平等、生态不稳定，以及所有个人的不快乐都有关系。我们应该在心底里渴望的是相反的东西。YouGov 在 2015 年的一项民意调查发现，如果可以少工作一天，但少赚一天工资，只有 15% 的员工会这样选择。但是如果员工可以休息一天而工资没有相应的变化，78% 的员工会选择休息。不是我们不想少做一些工作，而是我们生活在一个不是所有人都能负担得起休息的社会。[1]

解决时间紧迫问题的流行方法通常以个人选择新的生活方式为基础，主要针对的是劳动力的上层群体。在 20 世纪 90 年代初，白领们发起了一场引人注目的运动，他们将自己的职业“降档”到不太激烈的竞争中。“工作生活平衡”成了过度劳累的专业人士的口号。如今，以经济独立、提前退休缩写命名的“FIRE”运动通过更好的资金管理，为有储蓄能力的个人提供了更多的闲暇时间。

此外，还有一个更结构性的需求。雇主通过提供灵活的工作安排来考虑员工在工作之外的生活，让员工可以选择在哪、何时工作。这对许多工作场所来说是一个很受欢迎的改进，但依靠仁慈的老板并不能让员工更好地控制自己的时间。我们应该减少工作时间。减少工作时间除了能确实减少我们从事工作的时间，还能带来很多其他好处。比如，这可以帮助创造更小范围的国家生态足迹，使其成为更大运动的一部分，改变气候灾难。[2]

许多国家（不包括美国），通过提供有保障的探亲假和病假，设法减少工作时间。这使一些人认为，照搬和复制欧洲的政策也是缩短工作时间的一种策略。这种建议有一定的价值。如果我们有更多的法定休假时间、病假、照顾儿童和身体残疾者的时间、更多的失业救济金，工作时间可以被减少。总工时减少是发展有效看护手段的关键，这是一种特别耗时的劳动形式。我们还要认识到看护是一种重要的社会公共资源。

增加看护时间是绝对有必要的。四分之一的母亲在分娩两周后就返回了工作岗位，这对母亲和孩子来说都会带来早期危险。增加带薪休假用于看护，可能有助于消除两性不平等，因为大多数看护和家务劳动都是无薪的。关于时间使用的研究表明，女性从事上述活动的时间几乎是男性的两倍。尽管近几十年来，女性的工作时间大幅增加，但她们在家庭中的过度工作通常会将她们挤出工作时间较长的高收入职业。这种对女性的经济惩罚会激励已婚男性延长工作时间，而这往往会导致家庭内部的性别分工进一步扩大。哈佛大学经济学家克劳迪娅·戈尔丁（Claudia Goldin）就两性不平等的“最后一章”进行了一项重要研究。她发现，“如果公司没有奖励那些工作时间长甚至特别长的员工的动机，不同性别的薪酬差距将大大缩小，并可能完全消失。”

那些倡导这些政策的人往往打着“选择”的旗号。如果我们允许人们选择增加照顾家庭的时间，按照逻辑，我们就可以赋予他们权力，让他们在自己认为合适的时候控制时间。但请务必谨记，看护本身也是一种工作，即使它不会出现在政府的统计中。腾出时间让父母做更多的无报酬育儿工作，并不一定会增加我们拥有自由时间的感觉。此外，选择提倡缩短工作时间政策的政治自由并不能解决根本问题。数以百万计的工作者无法选择减少工作时间来换取更多的居家时间。选择只有在现实可行的情况下才有意义。

减少总体工作时间的议程更有效果。为了实现这种可能性，工作者必须重新获得控制、减少工作时间和提高工作时间质量的权力，这是数量和质量的双重转变。那么，这样的时间安排应该是什么样的呢？

工作量是普通工人经常关心的问题，尽管它几乎从来没有被列入工会运动议程，而被诸如工资和福利等其他重要议题所取代。马克思认为，高度的经济繁荣——正如美国现在一样——将导致社会将时间自由或“可支配时间”定义为真正的财富。不幸的是，工作者往往认为，只有创造了利润，他们的生活才是可支配的。是时候为减少工作时间而奋斗了，在此过程中，我们应该重新评估工作者的生活。下面我提出一些建议，可能会是实现减少工作时间的方案。

分担工作

工作分享计划一直以来都是工作分担、维持或提高工作者收入、减少失业和避免裁员的有力政策工具。我们有太多的工作要做了，所以不如让我们分担一下。工作分享政策可能会重新分配不公平的工作时间。如果一组工人过度工作，而另一组工人想要更多的工作时间，就像本书中发生的那些故事一样，那么工作分享非常适合解决这个问题。这个想法足够简单。在经济衰退期间，雇主和雇员同意减少公司员工的劳动时间，而不是直接裁员。这类计划实质上将经济衰退或衰退期间的收入损失分散到更广泛的人群中，以防止产生更具破坏性的后果，如大量失业。这一做法可以追溯到为赢得“8 小时工作日”而出现的竞选运动。美国劳工联合会（American Federation of Labor）主席塞缪尔·冈佩斯（Samuel Gompers）说：“只要有一个人想找工作却找不到，那就说明劳动时间肯定太长了。”[3]

在历史上的各种危机时刻，美国政府都实施过工作分享政策，用以防止普遍的失业。这样的政策在公众中曾引起激烈的辩论，最终让我们可以大致掌控工作时间。这种做法曾是胡佛政府在经济大萧条时期用来对付失业和就业不足的常用解毒剂。1938 年，《公平劳动标准法》试图通过强制大多数非农产业每周只工作 40 小时并只允许加班半小时这一措施来扩大就业。20 世纪 60 年代，对自动化的恐惧和婴儿潮一代的出现，导致关于降低工时的协商又一次增多，以避免出现过多的失业。[4]

工作分享有时不仅是一种政策手段，也是一种团结行为。劳工组织者和作家山姆·金丁（Sam Gindin）回忆说，对于汽车制造业的任何裁员提议，工作分享都是一种常见的回应方案。20 世纪 70 年代末，美国和加拿大的汽车工会通过带薪休假和 4 天周末的方式，就大幅裁员进行谈判，最终使工厂能够雇用更多的工人，尽管工厂每周开工 6 天。到了 20 世纪 90 年代，工会争取更大程度地减少工作时间，有时甚至以牺牲工资为代价。金丁告诉我：

在我们与福特的早期协议中，如果公司需要裁员，则每个人都减少 20% 的工作量。每个人每个星期的工作日从 5 天缩短至 4 天，而不是把一部分人解雇。这给人一种团结的感觉，这种团结是从上述组织安排中产生的。公司一直认为高工资威胁到了就业机会，是公司创造了就业机会，而工人是就业机会的障碍。我们认为，就业机会应该是我们创造的，你们只是到处在裁员。由于我们强调工作时间，最终得到了很多公众支持。

工作分享作为一项法律比作为一项私人谈判问题要好。随着经济大萧条的到来，要求分担工作的人数增加了 10 倍。2010 年至 2014 年，11 个州都设立了这类新项目。作为对需求增加的回应，奥巴马政府于 2012 年通过了一项联邦工作分享计划，旨在增加这类计划，通过确保每周工作时间至少减少 10% 的雇员有资格获得一定比例的失业补偿金，从而鼓励雇主缩短工人的工作时间，而不是减少工人的数量。

然而，与欧洲相比，在经济危机时期，美国的工作分享计划一直没有被充分利用。例如，在德国，短时工作（Kurzarbeit）制度使德国企业在 2008 年和 2020 年避免了裁员，促进了合理的弹性工作时间，从而使工作者免受经济大衰退和新冠病毒导致的经济危机的影响。美国联邦政府不应该允许大范围裁员，而应该利用现有的立法，在新冠病毒大流行伊始，就对工作分享计划进行资助。工作分享立法是危机管理中一个有效的工具，也是改善工作时间的途径，但作为一项临时措施，它不能成为解决工作时间的希望之地。[5] 我们需要一个更大胆的计划来减少工作时间，而不仅仅是重新分配工作时间，这将使更多的人在缩短工作时间时也能维持生活。

全民基本服务

从长远来看，为了让显著缩短工作时间更加可行，必须与其他政策结合起来实施，这些政策应该成为基础并适用于所有美国人，无论其工作与否。应该建立一个全民基本服务（Universal Basic Services，简称 UBS）平台，提供免费、无条件的医疗保险、教育、儿童保育、交通、住房和成人社会护理服务。UBS 平台的目标应该是以效率和集体福利为重点的公共体系，而不是依靠以利润为基础的私营企业来满足人类的共同需求。[6]

最近，对全民基本收入的迷恋促使人们重新关注如何通过将收入与工作脱钩来增加社会福利。还有成本更低和更加公平的方法，即用税收支持全民获得社会服务，换句话说，让我们把生存变成一种无条件的社会福利。总部设在英国的智库 Autonomy 在一份报告中指出，无障碍地获取基本服务的“经济安全”将会创造出一种“社会工资”，“可以允许个人自愿减少工作时间”。就业和工资在很大程度上决定了工作者获得和支付生存所需基本服务的能力。如果食品和医疗等服务得到保障，我们就有更多的机会减少工作时间，因为我们可以减少工作但仍然能够维持基本的生活费用。一个全面的 UBS 计划看起来有点异想天开，但它并不是一个零和博弈，部分前期工作已经准备就绪。长期以来，包括美国在内的世界各地都在实验提供免费交通，许多地方也开始提供免费医疗和教育。[7]

在美国，尽管现在大多数的左翼和右翼人士都支持全民医保，但它曾是 2020 年进步的民主党候选人中最具分裂性的一个议题。在 2019 年关于全民医疗保险的会议上，医疗政策方面的权威专家迈克尔·莱蒂（Michael Lighty）问了一个问题，他在大多数此类会议开始时都会问这个问题："你们中有多少人愿意避免与医疗保险代理人再交谈？"毫无疑问，每一只手都举起来了。然而，许多人提出了担忧，包括与其他拥有免费医疗体系的国家进行比较。"他们说加拿大人讨厌他们的公共体系，"莱蒂反驳道，"但你看不到他们在街上游行抗议安泰公司。"当有人担心免费医疗的成本时，莱蒂提供的数据显示，全民医疗比我们目前的体系便宜 5 万亿美元，并提供了更高质量的服务。[8]

全民医疗保险计划是争取缩短工作时间和改善工作安排的战略组成部分。医疗保险与工作时间密切相关，49% 的美国人通过雇主获得医疗保险。保险的最低小时资格要求和高额的自付费用使工作者被锁定在长时间的工作安排中，只是为了接受医疗护理。随着新冠病毒大流行不断造成损失，许多低工资工人由于失去工作而失去医疗保险。他们冒着自己和他人健康的风险，被迫在危险的条件下寻找更多的工作。在美国新冠肺炎疫情暴发初期的混乱中，许多人很快意识到，带薪病假、工作分享、带薪休假、公平的工作日程安排法、基本收入和全民医疗保险对于挽救生命和避免彻底的经济崩溃是必要的。雇主和政府机构通常将这些视为紧急情况下的临时解决方案，但它们恰恰应该是经济的永久性特征。

在医疗保险和相关福利方面讨价还价是导致工资停滞不前和工作时间过长的一个原因。从 20 世纪 70 年代开始，工会通过集体谈判获得了更高的福利（比如医疗保险），而不是工资的攀升，这推高了每名工作者的固定成本。这促使雇主要求员工加班，而不是雇用更多需要福利的员工。附加福利的成本在 20 世纪后半叶迅速膨胀，从 1955 年占工资的 17% 上升到 1987 年的 36%。截至 2018 年，附加福利平均占工资的 46.6%。在某些情况下，当管理层缩减福利时，员工被迫工作更长时间来支付基本需求。[9]

过去 20 年来，医疗保险一直是集体合同谈判的胶着点，因为雇主不断将医疗保险的成本转移到员工身上。医疗纠纷因此成为罢工、停工和让步协商的主要导火索。在罢工期间，雇主经常冻结员工的医疗保险和养老福利，试图迫使员工让步，就像谢丽尔在通用汽车罢工期间经历的那样。正如在上一章中查克尔指出的，当工会被迫就维持工作者的医疗保险进行谈判时，他们实际上失去了获得更高工资和其他福利的机会。[10]

全民医保制度将使雇主失去控制员工医疗保健的强大杠杆，工会可以集中精力争取其他福利，如更高的工资和更短的工作时间。那些希望缩短工作时间的员工不必担心失去保险或无法支付自付费用，因为医疗保健将得到保障。从历史上看，工会经常反对全民医保，因为他们把医保覆盖的前景视为吸引新会员的一个好处。然而，正如资深劳工记者史蒂夫·厄尔（Steve Early）指出的那样，工人们曾经争取过建立一个由税收支持的全民医疗体系，而不仅是为自己的成员提供医疗保障，没有理由不能再做一次。如果工会争取并赢得了全社会的覆盖，那将是劳工运动的重大成功。“全民”是指所有人都被覆盖，没有人被排除在外。因此，争取全民服务的战略孕育了捍卫公共利益的强大运动。这一点在最近为改善公共教育而举行的教师罢工中最为明显。[11]

为公共利益而战

一如既往，我们应该向老师学习。2018 年，西弗吉尼亚州明戈县的教师关闭了学校，要求提高工资。八年级的历史老师杰伊·奥尼尔清楚地记得那一刻。“我们都在颤抖，有些人兴奋，有些人害怕，所有人都有点不确定，不知道会发生什么。”

最终发生的事情出乎他和同事们的意料——全美各地的学校爆发了一波罢工浪潮，集中在支持特朗普的乡村地区，这场运动因此被称为“红州起义”。西弗吉尼亚州、俄克拉何马州、科罗拉多州、新墨西哥州和肯塔基州的教师们接连走出校门。当罢工持续到学年末时，我采访了北卡罗来纳州的教师。

4 月下旬的一个星期三，幼儿园教师、北卡罗来纳州教师工会维克县分会的主席克里斯汀·贝勒给学校的中央办公室打电话，询问老师们那一周要求提高工资的罢工人数。300 人，这是一个正常的数目。当她周一再打电话时，有 800 个请求。第二天有 1200 人，这时她被告知办公室不再允许和她通话。三周后的 5 月 16 日，立法会议的第一天，大约 3 万名教师在罗利游行，每个人都要求参加一天的抗议活动。每年由北卡罗来纳州教育工作者协会（NCAE）举办的“宣传日”通常吸引大约 400 人参加。那一年，如此多的教师请了一天假，以至于该州 115 个区中 42 个区的主管被迫关闭学校，这场运动是在全美各地已经持续了数月的罢工的延续。[12]

这些激增的罢工与要求缩短工作时间的行动有什么关系呢？毕竟没有一场罢工明确提出这一要求。所有罢工的共同点是试图利用工会，在工作场所之外干预政治辩论。在北卡罗来纳州，教师们刚开始在“道德星期一”组织抗议活动，每周都有数以万计的公民到罗利的州议会参加非暴力反抗行动。“道德星期一”的前提是将一系列的政治观点统一到医疗、教育、投票权和生育自由的普遍主义议程之下。当地教师开始在活动中独立拉票，并建立了包含数百名普通教育工作者的名单。该组织的核心成员对他们大规模集体病休行动的成功至关重要。几乎每一场罢工都有这样的例子。

在肯塔基州，蒂亚 · 库蒂辛格 - 爱迪生（Tia Kurtisnger-Edison）埋葬了自己的一名学生。这名学生在 2018 年的一次暴徒驾车枪击中丧生。作为一名教师和当地一个黑人生活问题分会的成员，她呼吁杰斐逊县的工会反对一项当地政府正在进行讨论的“帮派法案”。杰斐逊县一半以上的学生是黑人和棕色人种，70% 的学生享受免费午餐。当她的工会拒绝她的提议时，她组织同事们无论如何都要从学校出走，并 6 次关闭了学校。“我们知道如何集体请病假。”她说，并引用了从其他教师罢工中吸取的教训。她所在工会的主席出现在了当地新闻上，指责教师未经授权进行罢工，州长已经传唤了所有参加罢工的教师。“我们的人比他们多。”她说，似乎对同事们继续给予该法案压力的能力充满信心。

吉莉安・鲁索姆（Gillian Russom）是洛杉矶的一名历史教师。反税收政策迫使加州学校不得不向州政府寻求财政支持。该政策与自 20 世纪 70 年代以来有色种族学生和教师大量涌入同时出现。她的工会，洛杉矶教师联合会（UTLA）认为二者之间不是巧合。因此，UTLA 开发了一个种族正义平台，将学校作为解决社区种族主义问题的启动平台。

当她的一名学生的父亲在送女儿上学时被移民警察拘留时，工会立即举行了一场成功的运动，以使他免于被驱逐出境。“我们工会组织活动绝不可能单独进行。”吉莉安解释说，UTLA 也会与学生组织者一起工作。在公共场合，当工人投票赞成罢工时，把“非法律强制性”的要求摆在谈判桌面上，从理论上讲是非法的。然而，罢工一旦开始，工人却可以提出任何要求作为有条件协议的一部分，以此作为他们重返工作岗位的条件。“他们会告诉你，你不能在这个或那个需求上讨价还价。”吉莉安在芝加哥的一个公共论坛上说，“如果你为此举行罢工，你的要求就能得到满足。”

当他们的要求得到满足，教师们重新开始工作时，他们成功地在合同中打造了一套政策，用以支持当地社区需要解决的问题，具体包括：结束学校警察对学生的随机搜查、启动移民司法基金用于支持面临驱逐出境困扰的家庭、为当地家庭腾出校园公共绿地和用闲置的小区建筑打造经济适用房。为公共利益而谈判使越来越多的人意识到学校是嵌入社区的社会性、政治性机构，可以选择支持或反对地方的改革运动。

参与罢工的教师提出的首要要求是重新分配公共教育经费。表面上看，这似乎与对时间的控制无关。然而，教师的周工作时间（大约 53 小时）比大多数美国人都长。教师通常会在离开教室很久之后继续履行自己的职责，估算下来在家继续工作的时间是 7 小时，这往往是由于缺乏学校资金支持而导致的。美国几乎所有的教师都报告说，他们为学生购买过学习用品，试图填补教育预算大幅削减留下的缺口。[13]

全国许多教师被迫参加罢工，因为如果他们只干一份工作完全无法维持生存。我采访了少数人，他们兼职做售货员、服务员或优步司机，或者为了糊口在家经营小微企业。教师在暑期从事兼职工作早已司空见惯，但同时兼顾多份工作却是新鲜事。根据美国国家教育统计中心（National Center for Education Statistics）的数据，在 2015—2016 学年，近 20% 的公立学校教师同时从事其他工作。这一比例甚至高于 2008 年经济大萧条高峰期的数据。如今，教师从事兼职工作的概率是美国普通全职员工的 5 倍左右。

缩短工作时间是一项完美的“公共利益需求”，与工作场所之外的一系列福利相关。公共利益谈判将工会视为一种强大的社会机构，它不仅对自己的会员负责，而且支持普遍主义者的要求。

2018 年，德国工会 IG Metall 通过在公共利益框架下运作，为其成员赢得了一周 28 小时的工作时间。工会领导人认为，缩短工作时间可以让工作者把工作分散化，也可以有时间处理“社会问题”，比如提供儿童保育和照顾生病的家庭成员。在新冠病毒大流行伊始，类似的理由也为罢工提供了依据。当一些大公司报复员工穿防护服或在工作场所参加工会时，员工的怨恨迅速变成了行动。2020 年 3 月和 4 月，数千名工作者举行了罢工，目的是强化工作场所的公共卫生指导方针，并要求基本服务能安全地提供给每个人，也就是说为我们所有人的利益而战。这是一个值得效仿的例子，因为它明确地将对工作时间的关注嵌入了集体合同中，这一做法超越了仅对工作场所的关注。在面对技术创新的担忧时，我们也应该借鉴这一做法。

造福大众的机器人

对“工作未来”的担忧具有一定的预测性：未来会是什么样子？相反，关注“工作者的未来”并不是为了预测未来，而是为了调整未来。除非社会对使用机器人有更大的控制权，而且技术创新明确地面向社会公益，否则机器人不会把我们从劳动中解放出来，也不会节省我们的时间。自动化工作与节省时间或减少工作量是两码事。自动化的全部潜力能够得到最佳实现的原因是，从取代人力劳动中获得的收益将在全社会进行共享，而资本主义将自动化的适用范围仅限制在能够使公司盈利更多的领域。

实现这一目标的一种可能性对策是将机器人提高的生产力与“休闲红利”联系起来。在 20 世纪中叶的几十年里，技术驱动的生产力增长速度比今天更快，但由于强大的工会，低工资工作者从中获得的收益甚至比高层工作者更多。通过这种方式，我们减少了社会的总体不平等，并帮助缩短了每周工作时间。2019 年，AFL-CIO 首席信息官温和地抛出了一项提议，即每周工作 4 天，工作时间为 32 小时，这主要基于科技带来的休闲红利。

工作者可以通过协商获得一份合同，保证工资增长和 / 或在带薪休假期间获得生产率红利。随着企业自动化程度和生产效率的提高，利润率也提高了，工作者有充足的理由要求更多的盈余。但是自动化并不等于工作量减少，除非工作者有工会或其他工时分担机制。如果目标是缩短工作时间，单靠提高生产力并不是最好的选择。20 世纪七八十年代，生产力整体增长缓慢，加上节约劳动力技术的强化应用，呈现出一个奇怪的悖论，这一悖论曾引发经济学家罗伯特·索洛（Robert Solow）的讽刺："你可以在任何地方看到计算机时代的来临，唯独在生产力统计中看不到。"这并不意味着生产力不重要。如果在未来 12 年里，我们所有的生产力增长都能转化为休假，而不是工资和消费，那么我们的标准工作周就可以减少 20%。我们可以维持，而不是改善我们目前的生活水平，但可以生产得更快。小时数的下降将受到普遍的欢迎，但变化还不够明显。[14]

然而，把休闲与生产力的提高挂钩也有缺点。某些经济部门比其他部门更容易提高生产率。每小时生产更多的零件似乎是一件好事。但是，通过每小时治疗更多的病人或教育更多的学生来提高医疗或教学效率则存在明显的风险。如果只奖励生产力高的行业的工作者，使其有更多空闲时间，那是不公平的。这种不公平可以通过一项联邦政策来缓解：广泛地分配生产率收益，而不仅是分配给那些恰好在能够提高效率的公司或部门工作的工作者。阿拉斯加州政府从其石油储备中向每位公民支付股息，但显然不是所有人都从事石油工业。阿拉斯加人认为石油是一种公共资源。

利用生产力的提高来创造休闲可以成为减少工作量策略的一部分。但要使其发挥最大效用，就必须与一场更大的政治运动挂钩，以超越资本主义社会的局限。要求缩短工作时间应该帮助我们决定什么时候工作、工作多少，并且让我们对未来充满憧憬。这样工作在我们的生活中就能扮演完全不同的角色。缩短工时要求的逻辑结论并不是不工作，而是对劳动时间的控制。因此，自动化的拥护者通常与民主社会主义者有很多共同点。缩短工作时间是通向更大政治变革的桥梁，这也是精英们强烈反对的真正原因。我想用我自己生活中的一件简单的逸事来阐述这最后一点。

资本主义之后的时代

20 岁出头的时候，我短暂地当过码头工人，在西雅图造船厂卸货。我被称为“临时工”，需要在轮班前几个小时在招聘大厅等待，看是否有人给我打电话。西雅图码头工人曾多次罢工反对海事公司，他们试图重新控制雇用过程，并阻止临时工上船工作，因为我们是非工会会员，属于临时性雇员。我在那里的出现表明了他们的历史性失败，因为那时临时工已被公认为行业的惯用做法。这是我做过的唯一一份需要力量测试的工作，直到今天我都不敢相信当时我竟然通过了。

有一天，我们需要爬到一个集装箱的顶部修复一些碎片，而这个集装箱叠在另一个集装箱上面。这是一个典型的西雅图清晨，阴雨绵绵，寒风凛冽。我自告奋勇申请爬上去，渴望向同事证明自己的价值，他们可能已经觉得我并不适合干这项工作，也干不了多久（他们说对了）。当我爬到梯子中部时，我感觉到它在我的重压下弯曲了，在风中不停地摇摆。我停顿了一下。

“小心点！”其中一个人从下面喊道。

我第一次修得很快，从梯子上下来，然后立即爬上去继续工作。

我卖力地干着，希望给那些扶着梯子的人留下深刻印象。几次上上下下之后，当我双脚着地时，有人抓住了我的胳膊。他说："放轻松，慢慢来。"

"我会小心的。"我说，以为他是为了我的安全着想。

"我是说我们在这里是按时间计酬，"他解释说，"不是按照工作量。"其他人听着我俩的对话，赞许地点了点头。

我醍醐灌顶，意识到自己违反了他们在工作场所的一项重要准则，让自己显得很尴尬。尽管魁梧的身躯值得羡慕，但在码头上，力气和体力并不是值得骄傲的主要原因。有一个更重要的原则在起作用——别当一个傻瓜。我们被雇了 8 个小时，而不是被要求完成全部工作。如果我们工作得太快，公司会给我们更多的工作，而不用支付额外的工资，或者公司会减少我们的工作时间甚至会威胁要裁员。如果我们工作得太慢，我们会被盯上而且有可能被训斥。从根本上讲，有经验的工人和像我这样的新手之间的区别不仅在于身体能力或技术能力，而且在于对整个工作和管理过程的理解。许多人会认为这是一种糟糕的职业道德和典型的磨洋工行为，但实际上这是一种保持尊严、维护安全和施加一定程度控制的策略。我不仅因为工作速度不必要的太快而危及自己，还是个笨蛋。

码头上的哲学与其说是一种工作伦理，不如说是一种时间伦理。曾经的夜班令人垂涎，这一工作被通俗地比喻成猫头鹰。夜班工资很高，人们通常说工作 5 小时，却能得到 8 小时的报酬。在普通民众中甚至出现过一场消除加班运动，理由是这"对失业者雪上加霜"，这一运动有点像一种团结性的冲动，好像回到了劳动激进主义的全盛时期。那时的工作日节奏缓慢，而不是一场疯狂的赛跑。

大约 10 年后，我再次拿自己的安全冒险，这次是在真正的比赛模式下，我成了一名骑自行车的配送员。这份工作给出了相反的时间意识。送货越多意味着钱越多，速度更快的骑手得到更多的小费。因此，这一规则明显在诱导你在曼哈顿危险的街道上骑行，躲避出租车、公共汽车、垃圾车和行人。工作的理念和自豪感完全来自个人主义。这份工作奖励的是那些工作最快、敢冒最大风险、在不可避免的道路混乱中幸存下来的人。现代工作场所产生了第二种哲学，即所谓的职业道德。但首先，我们应该重新发现集体时间意识的伦理，码头提供了一个良好的起点。

在托尼·库什纳（Tony Kushner）的戏剧《睿智同志的资本主义指南》中，一位来自布鲁克林的美籍意大利人格斯邀请他的成年子女回到卡罗尔花园的家中，解释他为什么要自杀。格斯一直是一名坚定的共产党员，他帮助码头工人赢得了有保障的基本收入，这是一场建立在东海岸码头工人工会真实历史基础上的斗争。但这还不是他的全部，他还有古老的宗教信仰。他的孩子们则效忠于一个他穷尽一生试图摧毁的体系。“你所说的进步，我称之为监狱的重建。”他对女儿说。他的女儿叫艾慕媞，是一位劳工律师。在结尾处，他发表了一篇正义的颂词，表达了他即使在失败中也能获得的成就感：“我们做了一些没有人欣赏的事情。我们被称为工人阶级的一员……不仅应该坚持工人有权得到工资！而且有权分享财富！有权享受生活！有权控制时间本身！”

“控制时间本身”的要求是双重的。码头工会取得了惊人的成功，赢得了假期、长周末、加班费，甚至基本收入，即使下岗的工会成员也能够继续领取工资，从而避免了贫困。我关于码头上同事的时间意识的经历，在对这个劳动群体更大的民族志研究中得到了进一步的验证。

“去他的工作！”今天这句话常常是反工作的人们吹响的号角声。这个短语唤起了一种越轨的欲望，这种欲望的力量来自希望改变不公正的社会习俗。我们中的大多数人，即使是在办公室过着好日子，也对“去他的工作”充满同理心。但是，如果我们能更一般性地深入分析与工作做斗争的群众运动，对这一立场将大有裨益。问题是，废除工作往往美化了自由时间的可能性，却回避了控制自由时间的问题。从这个意义上说，反工作无非是提供了一种精神上的释放，只能让我们从混乱的社会生活中暂时解脱，但它并不能提供一种超越工作的视野。相比之下，缩短工作时间则试图从内到外建立一个替代性方案。与号角相比，“去他的工作！”更适合被当作一张汽车保险杠上的贴纸。缩短工作时间才是工作者真正应该争取的。

看过库什纳的作品后，我终于领悟到码头真正带给我的教训：时间不是金钱，它是权力、控制、正义。那些有权控制劳动的人一定会控制时间。我的整本书都是关于工作者反抗的故事。他们反抗泰勒的秒表，他们抵制算法控制，他们在国家福利办公室斗争，以结束残酷的福利性工作政策。他们用零工经济的技术反对零工经济，他们在旧工业的核心和灵魂——工厂中控制自动化的使用。有时他们赢了，或者不择手段地取得了一点小进展。他们也经常被列入黑名单，被殴打，被铐上手铐拖走，或者面临失业的威胁。这种普遍的抵抗——有时被称为阶级斗争——决定了我们的工作方式和程度。虽然缩短工作时间的运动不在劳工议事日程上久矣，但有大量证据表明，工作量现在仍然是一个主要问题。而且有很多证据表明，如果工人能够控制劳动时间，世界将是一个更好的工作场所和生活乐园。我建议重回减少工作时间的运动，这是工会主义最初的灵感所在——一场控制时间本身的运动。

·

资本主义下的工作时间和满足人类需要所需的时间之间冲突不断，为另一种时间政治提供了新契机。“以减少工作时间为中心的政治策略可能是我们改变社会平衡的主要杠杆。”哲学家安德烈·高兹（André Gorz）写道，他把缩短工作时间视为社会主义革命的基础，“这将意味着资本主义的灭亡”。

正是工会运动普通成员中的社会主义者最初提出的要争取 10 小时工作日、8 小时工作日、周末和不断增长的带薪假期。这些成就并不是通过将自由时间与生产力挂钩赢得的，而是通过争取财富更广泛地再分配赢得的。筋疲力尽的工人不会反抗，他们唯有思考。历史学家本杰明·克林·亨尼科特引用了社会主义者玛丽·马西（Mary Marcy）的话：“很明显，每天工作 10 到 16 个小时的男人或女人几乎没有力气或闲暇时间用来学习。每天 8 小时……才能确保我们的革命队伍有闲暇时间来学习和从事创造。”[15]

在美国 2018 年的初选中，至少有 46 名民主社会主义者获胜，美国民主社会主义者的成员从 2016 年的 7000 人增加到 2020 年的近 6 万人。社会主义的复兴伴随着年轻人对工会和更广泛的经济民主的支持浪潮而来。

创纪录的不平等程度、千禧一代面临的经济倒退、数量可观的左派热潮，以及来自佛蒙特州的激进分子伯尼·桑德斯受到了广泛欢迎，都激发了人们对美国社会主义的新兴趣。盖洛普最近的一项民意调查显示，43% 的美国人认为“某种形式的社会主义对国家是件好事”。此外，我们对社会主义的理解正慢慢变得更加复杂。盖洛普民意调查发现，在 1949 年，34% 的受访者认为社会主义意味着“政府所有或控制”企业、公用事业。只有 12% 的受访者认为社会主义等同于“平等”。2018 年 9 月，盖洛普发现，将社会主义与平等联系在一起的受访者比例上升至 23%，只有 17% 的人认为社会主义意味着政府拥有或控制。此外，10% 的受访者表示，他们将社会主义与免费社会服务和普及医疗等福利联系在一起，而 1949 年这一比例仅为 2%。然而，根据皮尤 2019 年的一项调查，那些反对社会主义的人最担心的不是委内瑞拉、物质匮乏，而是职业道德的下降。[16]

几年前，我为“职业道德”这一短语建立了谷歌的每周提醒服务。这项服务能够帮我监控网络上的英文报纸、杂志和其他媒体形式对这一短语的提及，然后每周一次以电子邮件摘要的形式发送给我。这些年来，我读了成千上万篇包含这一短语的文章。仅就个人故事而言，他们的趣味性有限。在美国报纸和杂志含有“职业道德”一词的报道中，有相当一部分是关于体育的，因为明星运动员经常因其不息的拼搏精神并完美信守承诺而受到赞扬。其他人对政治家也有同样的看法，其中相当一部分是民选官员或商界领袖发表的评论文章，抱怨当今年轻人可悲的职业道德沦丧。

然而，作为一个整体，它们揭示了对美国公民基本宗教性教义的严重焦虑。职业道德是国家认同政治的一根支柱。从字里行间，从媒体上，甚至只是浏览一下新闻标题，就给人一种印象，似乎美国是一个不断受到攻击的国家。社会主义者经常被认为是攻击的前线。

但在一个社会主义的美国，职业道德不一定会降低。毕竟，如果工作者对生产和服务有更多的控制权，并能从中获得更多的利润，他们可能会投入更多的兴趣来确保生产和服务的正常进行。资本主义正在浪费我们的精力，偷走我们的劳动成果。社会主义却允许员工计划需要做多少工作才能满足人类的需求，而不是满足公司的贪婪。我们需要一种新的职业道德，来衡量我们的劳动如何能最有效地满足我们的需要，而不是一种崇拜过度工作的承诺。

在社会主义制度中，社会生产力是我们的公共事业。这样的组织结构可以保障工作者拥有一定程度的控制，如果他们愿意，甚至可以改变工作时间。今天的雇员所有制企业仍然需要在资本主义市场上展开竞争，如果他们决定减少工作时间，而他们的同行却不这样做，这些企业就可能处于竞争劣势之中。因此，扩大某些部门员工所有权的程度将是一种抵消竞争问题的战略，使企业能够为一个行业而不仅仅是一家公司来试验新的工作时间表。

理论上讲，小企业主已经享有自主决定工作时间的权利，大多数数据表明，他们的平均工作时间比非企业主还多，有时甚至是非企业主的 2 倍。仅仅对自己的时间有自由裁量权并不足以减少工作时间。这是因为他们的自主权受到了超出他们自由裁量权因素的限制，比如竞争和雇用员工的成本。换句话说，我们的选择只有在社会允许的情况下才是有效的。如果我们想要个人自治，我们就需要大规模的改变，把缩短工作时间变为一种集体利益。[17]

让我们回到马克思关于自由时间和工作需要的名言：“自由实际上只有在由必需和世俗考虑决定的劳动停止时才开始。”他进一步认为，只有在工人能够自己调节工作时间的条件下，自由才能真正实现，“把它置于他们的共同控制之下，而不是由它来统治”。只有超越“必需”，也就是我们必须生产生存所需之外，我们才能使真正自由“绽放”。他接着似乎提出了一个观点：“缩短工作时间是它的基本前提。”逻辑上的结论很有诱惑力：人类的自由意味着对工作的逐步废除。

这种可能性肯定是有好处的。但马克思构想的真正力量并不在于它提供了答案，而是它提出了任何真正民主社会都必须解决的问题：我们真正不能失去的东西是什么？是食物和住所吗？还是教育、艺术和旅行？究竟什么使生活有价值？谁来决定？我们如何度过我们的一生？这些正是我们在资本主义社会不能回答的问题，因为人的需要和欲望服从于所有制阶级的支配，当他们要我们工作时，我们必须为他们工作。马克思对自由和必然的区分是有启发意义的，但他也提出了一个深刻的困惑：既然我们必须劳动以维持生命，那么我们如何才能获得自由？

最后，劳动史上那场寓言性事件很有启发性。1912 年，马萨诸塞州的劳伦斯爆发了一场罢工，这是一个以移民女性为主的磨坊小镇。一项当地法律将女性的每周工作时间从 56 小时减少到 54 小时。但与以前不同的是，它同时按比例进行了减薪。随后的罢工很快增加到 2 万人，团结了来自 40 个国家的工人，其他工厂的工人也声援了罢工。罢工者在寒冷的冬季连续 9 个星期没有领到工资，他们把饥饿的孩子送到州外富有同情心的家庭，部分是为了保证他们受到照顾，部分是为了羞辱当地政府。这场行动奏效了，管理层最终决定加薪 20%。这一事件被称为“面包和玫瑰罢工”。因为工人要求的不仅是增加工资，还包括尊重、尊严和更多的自由时间。詹姆斯·奥本海姆

（James Oppenheim）的同名诗歌激发了上述口号的出现：

从出生到死亡，我们的生活，
不应该只被劳碌的汗水浸透；
心灵像身体一样忍饥挨饿，
我们渴望面包，也渴望玫瑰！

真正值得我们记住的是在社会主义条件下，生活必需品不仅仅是为了生存，更是为了人类在广义上的繁荣——玫瑰。资本主义设法将“必需”定义为经济增长的要求，而不是人类的需要。社会主义的时间意识之所以不同，是因为它允许我们重新定义“必需”的领域，而不是让我们听命于它。工作的需要实际上不是对自由的限制，而是我们实现社会自由的条件。必需和自由之间的模糊并不否定大幅度减少枯燥和不愉快工作的目标，这绝对是一件好事。这种模糊性确实挑战了这一概念——无须工作就是自由。自由时间是集体控制的产物，是决定我们做什么和什么时候做的真正自治。

在库什纳的戏剧中，接近尾声时，格斯的儿子皮尔，看着他的父亲。“在某种程度上，历史只不过是另一种工作安排表。嗯，你知道，另一个时钟，要求我们必须去打卡的时钟，或许我们也可以选择把它打破。”他接着说，“我必须要问问你：1973 年，当你们赢得收入之战时，你们一定感到……从时钟中解脱出来的自由……这是你们有生以来的第一次……那感觉一定很棒。”

“是的。我们感觉棒极了。我们手上拥有太多的时间，”格斯说，“能够去讨论人生，思考生命。以便记住生活中那些非凡时刻。”

拒绝劳动，比如罢工，是一种权力形式，但只能偶尔被行使。对工作时间的真正控制改变了平凡生活中的日常经验，这就是为什么社会主义政治具有如此巨大的变革潜力。虽然将我们的工作量减至最低确实是一个目标，但我们必须重新组织和控制剩下的工作，在“必需”领域行使一定程度的自由。这样做，我们会对时间拥有更大的控制权。

致 谢

写一本关于劳动时间的书，这一兴趣最初来自想调和自己强烈的个人职业道德和个人的政治信念——缩短工作时间是社会公正的核心目标。我真心地感谢以各自方式帮助我探索这一问题的每个人。

研究的开始，我向工作者们询问了他们的工作情况。我在他们工作时观察他们，在休息时接触他们，在罢工时拜访他们，讲述他们的故事，保守他们的秘密。我们谈话时，他们正处于人生的成功巅峰或脆弱时刻。我跋山涉水去和他们见面，有些人则与我比邻而居。这么多人愿意花时间和我分享他们的故事，对此我永远心怀感激。没有他们，这本书就不可能完成。我希望本书的一些想法有一天可以帮助他们获取对工作时间更大的控制权。

我要感谢 Basic Books 的 Brian Distelberg 和 Alex Colston，他们帮助我把堆积如山的故事、逸事、数据、档案发现和各种理论转化为连贯的叙述。我也很感谢 Basic Books 的工作人员和制作团队，他们为这本书增色不少。

多年来，我的研究得到了一群充满斗志的学生助手的帮助。我很幸运能和 Sarah Koch、Marcella Maki、Tim O'Donnell、Abby Dennis、Ivy Geilker、Ari Grant-Sasson、Sophie Vaughan 及 Maria Bobbitt-

Chertock一起工作。我要特别感谢Adriana Ortiz-Burnham，她开诚布公地评价了我这几年特别糟糕的想法，帮助我重新思考了工作质量的意义。Carmen Sanchez Cumming是研究助理中的明星，她把整本书都记在了脑子里，每当我需要时，她都会从一个充满敌意、相互矛盾的定量数据丛林中梳理出头绪，告诉我需要的答案，这样的帮助多到难以计数。

我从全国的朋友和同事的反馈中获益匪浅。在我的研究休假期间，Kim Voss在加利大学伯克利分校接待了我，Chris Kapka连续几周留我住在家里，为我提供各种方便，让我随时能吃到他做的墨西哥卷。在佛蒙特州，我的朋友Dave Weston和Alexander Wolff提供了周到的反馈和编辑修改意见。伯克利大学的Daniel Schneider、米德尔伯里大学的Matthew Lawrence和纽约大学的Rachel Swaner都帮助我解决了一些恼人的定量研究问题。我特别感谢Adam Dean邀请我参加乔治华盛顿大学举办的华盛顿特区劳工和工人阶级历史研讨会。

在与朋友相处和照顾家人方面，工作是给我们造成冲突的根源。有时我迫不得已离开家人去研究和写作，但他们总是愿意做出牺牲。正如孤独之于写作的重要性，正是融入了他们的生活才让我最终能够完成这次写作。父母给我提供了无尽的支持，尤其是我的父亲，他是我常年的编辑，把自己的工作放在一边帮我改进作品。我哥哥Chris对早期的草稿也发表了有益的评论。

我一生都要感谢Erin，她很明智，让我挑选音乐和烹饪的工作，同时慷慨地负责处理日常生活中几乎所有事情。此时，我却因“忙碌”地研究着减少工作的方法而无暇顾及。作为一个狂热的游戏爱好者，她说我对长时间工作的爱与恨是荒谬的，这种紧张感恰恰激发了我写作这本书。可爱的Asa，这本书是献给他的，他身上充满了神秘，乱搞些小把戏，带来了各种笑声——这些都是一名写作者期望的最奇妙的放松方式。他也是第一个说服我延长自己的休假，去追求更高目标的人：做他的父亲。我希望他的生活满是无尽的爱，满是自由时光。

注　释

引　言　疲于工作的国家

1. Mika McKinnon, "What Drives an Astronaut to Strike?" *Gizmodo*, November 18, 2015, gizmodo.com/what-drives-an-astronaut-to-go-on-strike-1732239226.

2. Paul Vitello, "William Pogue, Astronaut Who Staged a Strike in Space, Dies at 84," *New York Times*, March 10, 2014, www.nytimes.com/2014/03/11/science/space / william-r-pogue-astronaut-who-flew-longest-skylab-mission-is-dead-at-84.html.

3. "SP-4208 Living and Working in Space: A History of Skylab," NASA History Division, history.nasa.gov/SP-4208/ch17.htm.

4. Barbara J. King, "The Astronaut Who Went on Strike," *NPR*, March 14, 2014, www.npr.org/sections/13.7/2014/03/14/290093752/the-astronaut-who-went-on-strike.

5. Vitello, "William Pogue."

6. Joan C. Williams et al., "Stable Scheduling Increases Productivity Sales," Center for WorkLife Law (report), 2016, worklifelaw.org/publications/Stable-Scheduling-Study- Report.pdf.

7. Harriet B. Presser, *Working in a 24/7 Economy: Challenges for American Families* (New York: Russell Sage Foundation, 2005).

8. Raj Chetty et al., "The Fading American Dream: Trends in Absolute Income Mobility Since 1940," NBER (working paper no. 22910), December 2016 (revised March 2017), www.nber.org/papers/w22910.pdf.

9. Lydia Saad, "The '40-Hour Workweek' Is Actually Longer—by Seven Hours," Gallup, August 29, 2014, news.gallup.com/poll/175286/hour-workweek-actually-longer- seven-hours.aspx.

10. "The American Exception," *The Economist*, June 27, 2019, www.economist.com /business/2019/06/27/the-american-exception; Paul Muggeridge, "Which Countries Work the Longest Hours?," World Economic Forum, August 20, 2015, www.weforum .org/agenda/2015/08/countries-working-the-longest-hours/.

11. John McCormick, "Most Agree with Trump on America's Lost Greatness," *Bloomberg*, September 24, 2015, www.bloomberg.com/news/articles/2015-09-24/most- agree-with-trump-on-america-s-lost-greatness-bloomberg-poll-finds.

12. Gordon S. Watkins, *Labor Problems* (New York: Thomas Y. Crowell, 1929).

13. Richard M. Boeckel, "The Thirty-Hour Week," *Editorial Research Reports 1936* 1 (1936): 33–51, library.cqpress.com/cqresearcher/document.php?id=cqresrre 1936011700; Benjamin Kline Hunnicutt, *Work Without End: Abandoning Shorter Hours for the Right to Work* (Philadelphia: Temple University Press, 1988).

14. Daniel Hamermesh and Elena Stancanelli, "Americans Work Too Long (And Too Often at Strange Times)," VoxEU.org, September 29, 2014, voxeu.org/article / americans-work-long-and-strange-times; Daniel Schneider and Kristen Harknett, "Consequences of Routine Work-Schedule Instability for Worker Health and Well-Being," *American Sociological Review* 84, no. 1 (2019): 82–114.

15. Marianne Levine, "Behind the Minimum Wage Fight, a Sweeping Failure to Enforce the Law," *Politico*, February 18, 2018, www.politico.com/story/2018/02/18 / minimum-wage-not-enforced-investigation-409644.

16. Integrity Staffing Solutions, Inc. v. Busk et al., 574, U.S. (2014), www.supreme court.gov/opinions/14pdf/13-433_5h26.pdf.

第 1 章　不平等的时间

1. Diana Farrell, Fiona Greig, and Amar Hamoudi, "The Online Platform Economy in 2018: Drivers, Workers, Sellers, and Lessors," JPMorgan Chase Institute (report), September 2018, www.jpmorganchase.com/corporate/institute/document / institute-ope-2018.pdf.

2. Angus Maddison, "Growth and Slowdown in Advanced Capitalist Economies: Techniques of Quantitative Assessment," *Journal of Economic Literature* 25, no. 2 (1987): 649–698; Angus Maddison, "The World Economy: A Millennial Perspective," Organisation for Economic Co-operation and Development (paper), 2001.

3. Simona E. Cociuba, Edward C. Prescott, and Alexander Ueberfeldt, "US Hours at Work," *Economics Letters* 169 (August 2018): 87–90, doi.org/10.1016/ j.econlet .2018.05.021.

4. Juliet Schor, "The (Even More) Overworked American," in John de Graaf, ed., *Take Back Your Time: Fighting Overwork and Time Poverty in America* (San Francisco: Berrett-Koehler Publishers, 2003).

5. Juliet Schor, "Sustainable Consumption and Worktime Reduction," *Journal of Industrial Ecology* 9, nos. 1–2 (2005): 37–50.

6. Juliet Schor, "Assessing the Controversy About Trends in Time-Use," in Deborah Figart and Lonnie Golden, eds., *Working Time: International Trends, Theory and Policy*, (London: Routledge, 2000).

7. Lawrence Mishel, "Vast Majority of Wage Earners Are Working Harder, and for Not Much More," Economic Policy Institute (report), January 2013, www.epi. org/publication/ ib348-trends-us-work-hours-wages-1979-2007/; Economic Policy Institute, "Annual Wages and Work Hours," State of Working America Data Library, 2019.

8. Valerie Wilson and Janelle Jones, "Working Harder or Finding It Harder

to Work," Economic Policy Institute (report), February 22, 2018, www.epi.org/publication /trends-in-work-hours-and-labor-market-disconnection/.

9. Ariane Hegewisch and Valerie Lacarte, "Gender Inequality, Work Hours, and the Future of Work," Institute for Women's Policy Research (report), November 14, 2019, https://iwpr.org/publications/gender-inequality-work-hours-future-of-work/; Eileen Appelbaum, Heather Boushey, and John Schmitt, "The Economic Importance of Women's Rising Hours of Work: Time to Update Employment Standards," Center for American Progress and the Center for Economic and Policy Research (report), April 4, 2014, https://cdn.americanprogress.org/wp-content/uploads/2014/04/WomensRisingWork v2.pdf; Jasmine Tucker and Kayla Patrick, "Low Wage Jobs Are Women's Jobs: The Overrepresentation of Women in Low-Wage Work," National Women's Law Center, August 2017, https://nwlc.org/wp-content/uploads/2017/08/Low-Wage-Jobs-are-Womens-Jobs.pdf.

10. Ryan Cooper, "The Leisure Agenda," People's Policy Project (report), 2019, www.peoplespolicyproject.org/projects/the-leisure-agenda/.

11. Matt Bruenig, "Top 1% Up $21 Trillion. Bottom 50% Down $900 Billion," People's Policy Project, June 14, 2019, www.peoplespolicyproject.org/2019/06/14 / top-1-up-21-trillion-bottom-50-down-900-billion/.

12. "Productivity Pay Gap," Economic Policy Institute, July 2019, www.epi.org / productivity-pay-gap/; Lawrence Mishel and Jessica Schieder, "CEO Compensation Surged in 2017," Economic Policy Institute, August 16, 2018, www.epi.org/publication /ceo-compensation-surged-in-2017/.

13. John DiNardo, Kevin Hallock, Jorn-Steffen Pischke, "Unions and Managerial Pay," NBER (working paper no. 6318), December 1997; Rafael Gomez and Konstantinos Tzioumis, "What Do Unions Do to Executive Compensation?," Center for Economic Performance, London School of Economics and Political Science, 2006.

14. Frank Runnels, "All Unions' Committee to Shorten the Work Week," Walter Reuther Library, Wayne State University, Accession Number 880, April 11, 1978, https://reuther.wayne.edu/files/LR000880.pdf.

15. Ann Skelton, "Going into Classrooms with Our Story," UAW Region 8 (timeline), n.d., www.uawregion8.net/UAW-History-timeline.htm.

16. Jeffrey M. Jones, "As Labor Day Turns 125, Union Approval Near 50-Year High," Gallup, August 28, 2019, news.gallup.com/poll/265916/labor-day-turns-125-union-approval-near-year-high.aspx.

17. Wilson and Jones, "Working Harder or Finding It Harder to Work"; Mark Carely, "Industrial Relations in the EU, Japan, and USA, 2002," European Foundation for the Improvement of Living and Working Conditions (report), February 23, 2004, www .eurofound.europa.eu/publications/article/2004/industrial-relations-in-the-eu-japan-and-usa-2002; "State of American Vacation 2018," Project Time Off, www. ustravel .org/sites/default/files/media_root/document/2018_Research_State%20of%20 American%20Vacation%202018.pdf.

18. Sarah Jane Glynn, "An Unequal Division of Labor," Center for American Progress (report), May 18, 2018, www.americanprogress.org/issues/women/ reports/2018 /05/18/450972/unequal-division-labor/.

19. Edward Salsberg and Robert Martiniano, "Health Care Jobs Projected to Continue to Grow Far Faster Than Jobs in the General Economy," *Health Affairs*, May 9, 2018, www.healthaffairs.org/do/10.1377/hblog20180502.984593/full/.

20. Lonnie Golden, "Flexibility and Overtime Among Hourly and Salaried Workers," Economic Policy Institute (briefing paper), September 30, 2014, www. epi.org /publication/flexibility-overtime-hourly-salaried-workers/; Ginger Moored, "D.C.'s Low-Wage Workers Have the Longest Commutes," District of Columbia Office of Revenue Analysis, *District, Measured* (blog), August 28, 2015, https:// districtmeasured .com/2015/04/28/d-c-s-low-wage-workers-have-the-longest-commutes/.

21. Lonnie Golden, "Still Falling Short on Hours and Pay," Economic Policy Institute (report), December 5, 2016, www.epi.org/publication/still-falling-short-on-hours-and-pay-part-time-work-becoming-new-normal/; Robert Valletta, "Involuntary Part-Time Work: Yes, It's Here to Stay," Federal Reserve Bank of San Francisco, *SF*

Fed (blog), April 11, 2018, www.frbsf.org/our-district/about/sf-fed-blog/involuntary-part-time-work-here-to-stay/; Daniel Schneider and Kristen Harknett, "Consequences of Routine Work-Schedule Instability for Worker Health and Well-Being," *American Sociological Review* 84, no. 1 (2019): 82–114.

22. Gérard Duménil and Dominique Lévy, *Managerial Capitalism: Ownership, Management, and the Coming New Mode of Production* (London: Pluto Press, 2018).

23. Peter Kuhn and Fernando Lozano, "The Expanding Workweek? Understanding Trends in Long Work Hours Among U.S. Men, 1979–2006," *Journal of Labor Economics* 26, no. 2 (2008): 311–343.

24. Thomas Lemieux, W. B. Macleod, and Daniel Parent, "Performance Pay and Wage Inequality," *The Quarterly Journal of Economics* 124, no. 1 (2009): 1–49; Linda A. Bell and Richard B. Freeman, "The Incentive for Working Hard: Explaining Hours Worked Differences in the US and Germany," *Labour Economics* 8, no. 2 (2001): 181– 202; "Nice Work If You Can Get Out," *The Economist*, April 22, 2014, www.economist .com/finance-and-economics/2014/04/22/nice-work-if-you-can-get-out; Kuhn and Lozano, "The Expanding Workweek?"

25. Bell and Freeman, "The Incentive for Working Hard."

26. Kuhn and Lozano, "The Expanding Workweek?"

27. Wilson and Jones, "Working Harder or Finding It Harder to Work."

28. Wilson and Jones, "Working Harder or Finding It Harder to Work"; "The Distribution of Household Income, 2014," Congressional Budget Office (report), March 2018, www.cbo.gov/system/files/115th-congress-2017-2018/reports/53597-distribution-household-income-2014.pdf.

29. Elsie Gould, "Millions of Working People Don't Get Paid Time Off for Holiday or Vacation," Economic Policy Institute (report), September 1, 2015, www.epi.org /publication/millions-of-working-people-dont-get-paid-time-off-for-holidays-or-vacation/; Wilson and Jones, "Working Harder or Finding It Harder to Work."

30. "Emerging and Developing Economies Much More Optimistic Than Rich Countries About the Future," Pew Research Center, October 9, 2014, www.pewglobal.

org/2014/10/09/emerging-and-developing-economies-much-more-optimistic-than-rich-countries-about-the-future/; "Pervasive Gloom About the World Economy," Pew Research Center, Global Attitudes Project (report), July 12, 2012, www.pewresearch . org/global/2012/07/12/chapter-4-the-casualties-faith-in-hard-work-and-capitalism/.

31. Todd Gabe, Jaison R. Abel, and Richard Florida, "Can Low-Wage Workers Find Better Jobs?," Federal Reserve Bank of New York, Staff Report no. 846, April 2018, www.newyorkfed.org/medialibrary/media/research/staff_reports/sr846.pdf.

32. David H. Autor, "Work of the Past, Work of the Future," *AEA Papers and Proceedings* 109 (2019): 1–32.

33. Emmanuel Saez, "Income and Wealth Inequality: Evidence and Policy Implications," *Contemporary Economic Policy* 35, no. 1 (2017), eml.berkeley. edu/~saez/Saez CEP2017.pdf.

34. Annette Bernhardt et al., "Broken Laws, Unprotected Workers: Violations of Employment and Labor Laws in America's Cities," National Employment Law Project (report), 2009, www.nelp.org/wp-content/uploads/2015/03/BrokenLawsReport 2009.pdf.

第2章　硬币与计时

1. Max Weber, *The Protestant Ethic and the Spirit of Capitalism*, trans. Stephen Kalberg, revised ed. (Oxford: Oxford University Press, 2010).

2. Weber, *The Protestant Ethic and the Spirit of Capitalism*.

3. Frederick Winslow Taylor, *Principles of Scientific Management* (New York: Harper & Brothers, 1911), at www.marxists.org/reference/subject/economics/taylor/ principles /ch02.htm.

4. Vladimir Lenin, "The Immediate Tasks of the Soviet Government," *Pravda,* no. 83, April 28, 1918, in *Lenin's Collected Works* (Moscow: Progress Publishers, 1972), at www.marxists.org/archive/lenin/works/1918/mar/x03.htm.

5. Robert Kanigel, *The One Best Way: Frederick Winslow Taylor and the Enigma of Efficiency* (New York: Viking Adult, 1997).

6. Lillian Moller Gilbreth, *The Psychology of Management: The Function of the Mind in Determining, Teaching and Installing Methods of Least Waste* (New York: Sturgis & Walton, 1914).

7. Blanche Halbert, *The Better Homes Manual* (Chicago: University of Chicago Press, 1931).

8. "Dr. Gilbreth's Kitchen," National Museum of American History, http://american history.si.edu/ontime/saving/kitchen.html; Harry Braverman, *Labor and Monopoly Capital: The Degradation of Work in the Twentieth Century* (New York: Monthly Review Press, 1998).

9. Melissa Gregg, *Counterproductive: Time Management in the Knowledge Economy* (Durham, NC: Duke University Press, 2018).

10. Elton Mayo, "Industrial Peace and Psychological Research III: The Mind of the Agitator," *Industrial Australian and Mining Standard* 67 (1922c): 111.

11. Daniel T. Rodgers, *The Work Ethic in Industrial America, 1850–1920*, reprint ed. (Chicago: University of Chicago Press, 1979).

12. Leon Trotsky, "The Growth of Inequality and Social Antagonisms," *The Revolution Betrayed* (1937), at www.marxists.org/archive/trotsky/1936/revbet/ch06.htm #ch06-2.

13. Noam Scheiber, "How Uber Uses Psychological Tricks to Push Its Drivers' Buttons," *New York Times*, April 2, 2017, www.nytimes.com/interactive/2017/04/02 / technology/uber-drivers-psychological-tricks.html.

14. Oliver Burkeman, "Why Time Management Is Ruining Our Lives," *The Guardian*, December 22, 2016, www.theguardian.com/technology/2016/dec/22/why-time-management-is-ruining-our-lives.

15. Gregg, *Counterproductive*, 54.

16. Yusuf Mehdi, "Empowering a New Era of Personal Productivity with New Surface Devices," Microsoft, *Windows Blogs*, October 2, 2018, blogs.windows.com /

windowsexperience/2018/10/02/empowering-a-new-era-of-personal-productivity-with-new-surface-devices/.

17. Lisa Wade, "Luxury and the Consumption of Labor," *The Society Pages*, December 26, 2011, thesocietypages.org/socimages/2011/12/26/luxury-and-the-consumption-of-labor/.

18. Taylor Lorenz and Joe Pinsker, "The Slackification of the American Home," *Atlantic*, July 11, 2019, www.theatlantic.com/family/archive/2019/07/families-slack-asana/593584/.

第3章 电 鞭

1. Colin Lecher, "How Amazon Automatically Tracks and Fires Warehouse Workers for 'Productivity,'" *The Verge*, April 25, 2019, www.theverge.com/2019/4/25 /18516004/amazon-warehouse-fulfillment-centers-productivity-firing-terminations; Karen Weise, "Somali Workers in Minnesota Force Amazon to Negotiate," *New York Times*, November 20, 2018, www.nytimes.com/2018/11/20/technology/amazon-somali-workers-minnesota.html; *Integrity Staffing Solutions, Inc. v. Busk*, October 2014, www .supremecourt.gov/opinions/14pdf/13-433_5h26.pdf.

2. Elizabeth Tippett, Charlotte S. Alexander, and Zev J. Eigen, "When Timekeeping Software Undermines Compliance," *Yale Journal of Law and Technology* 19, no. 1 (January 14, 2018), https://digitalcommons.law.yale.edu/yjolt/vol19/iss1/1.

3. Jonathan Vanian, "How Unions Are Pushing Back Against the Rise of Workplace Technology," *Fortune*, April 30, 2019, www.fortune.com/longform/unions-workplace-technology/.

4. Shoshana Zuboff, "Surveillance Capitalism and the Challenge of Collective Action," *New Labor Forum*, January 2019, https://newlaborforum.cuny.edu/2019/01/22 /surveillance-capitalism/.

5. Zuboff, "Surveillance Capitalism."

6. Sam Adler-Bell and Michelle Miller, "The Datification of Employment," The Century Foundation (report), December 19, 2018, https://tcf.org/content/report / datafication-employment-surveillance-capitalism-shaping-workers-futures-without-knowledge/.

7. John Boudreau, "Predict What Employees Will Do Without Freaking Them Out," *Harvard Business Review*, September 5, 2014, https://hbr.org/2014/09/predict-what-employees-will-do-without-freaking-them-out.

8. US Congress, Office of Technology Assessment, *The Electronic Supervisor: New Technology, New Tensions*, OTA-CIT-333 (Washington, DC: US Government Printing Office, September 1987), https://ota.fas.org/reports/8708.pdf.

9. "SHRM Research: Flexible Work Arrangements," Society for Human Resource Management (report), 2015, www.shrm.org/hr-today/trends-and-forecasting/special-reports-and-expert-views/Documents/Flexible%20Work%20Arrangements.pdf.

第 4 章 时光机

1. Carl Benedikt Frey and Michael A. Osborne, "The Future of Employment: How Susceptible Are Jobs to Computerisation?" ("Machines and Employment" workshop, University of Oxford, September 17, 2013), www.oxfordmartin.ox.ac.uk/downloads /academic/The_Future_of_Employment.pdf; Daron Acemoglu and Pascual Restrepo, "Robots and Jobs: Evidence from US Labor Markets," NBER (working paper no. 23285), March 2017, www.nber.org/papers/w23285.

2. Thomas B. Edsall, "Robots Can't Vote, but They Helped Elect Trump," *New York Times*, January 11, 2018, www.nytimes.com/2018/01/11/opinion/trump-robots-electoral-college.html.

3. Nicholas Bloom, Charles I. Jones, John Van Reenan, and Michael Webb, "Are

Ideas Getting Harder to Find?" *American Economic Review* (forthcoming), www.aea web.org/articles?id=10.1257/aer.20180338&&from=f; Lawrence Mishel and Josh Bivens, "The Zombie Robot Argument Lurches Onwards," Economic Policy Institute (report), May 24, 2017, www.epi.org/publication/the-zombie-robot-argument-lurches-on-there-is-no-evidence-that-automation-leads-to-joblessness-or-inequality/.

4. Lewis Krauskopf, "Cheaper Robots Could Replace More Factory Workers: Study," Reuters, February 9, 2015, www.reuters.com/article/us-manufacturers-robots/cheaper-robots-could-replace-more-factory-workers-study-idUSKBN0LE00720150210.

5. A. W. Geiger, "How Americans See Automation and the Workplace in 7 Charts," Pew Research Center, *Fact Tank* (blog), April 8, 2019, www.pewresearch.org /fact-tank/2019/04/08/how-americans-see-automation-and-the-workplace-in-7-charts/.

6. Peter Frase, "The United States Makes Things," *Peter Frase* (blog), April 4, 2011, www.peterfrase.com/2011/04/the-united-states-makes-things/.

7. "Father of Cybernetics Norbert Wiener's Letter to UAW President Walter Reuther," Libcom.org, January 24, 2011, libcom.org/history/father-cybernetics-norbert-wieners-letter-uaw-president-walter-reuther.

8. Robert Asher and Ronald Edsforth, "The 1949 Speed Up Strike and the Post War Social Compact, 1946–1961," in *Autowork* (Albany: SUNY Press, 1995), 142.

9. Matt Novak, "Will Robots Make People Obsolete?" *Gizmodo*, May 20, 2008, paleofuture.gizmodo.com/will-robots-make-people-obsolete-1959-512627356; Daniel Akst, "Automation Anxiety," *Wilson Quarterly*, Summer 2013, archive.wilsonquarterly .com/essays/automation-anxiety; Isaac Asimov, "Visit to the World's Fair of 2014," *New York Times*, August 16, 1964, archive.nytimes.com/www.nytimes.com/books/97/03/23 /lifetimes/asi-v-fair.html.

10. "Prepared Statement by Frank Runnells," Hearings before the Subcommittee on Labor Standards of the Committee on Education and Labor, 96th Congress of the House of Representatives, first session on HR 1784, 1979.

11. Christoph Hermann, *Capitalism and the Political Economy of Work Time* (London: Routledge, 2014); Ricky Cove, "Manufacturing Workers' Increasing Work Hours," *Market Realist*, April 24, 2018, marketrealist.com/2018/04/manufacturing-workers-increasing-work-hours/; "Prepared Statement by Frank Runnells."

12. Deborah Sunter and Rene Morissette, "The Hours People Work," *Perspectives on Labour and Income* 6, no. 3 (Autumn 1994).

13. Lydia DePillis, "Minimum-Wage Offensive Could Speed Arrival of Robot-Powered Restaurants," *Washington Post*, August 16, 2015, www.washingtonpost.com /business/capitalbusiness/minimum-wage-offensive-could-speed-arrival-of-robot-powered-restaurants/2015/08/16/35f284ea-3f6f-11e5-8d45-d815146f81fa_story.html ?noredirect=on.

14. Aaron Smith and Monica Anderson, "Automation in Everyday Life," Pew Research Center (report), October 4, 2017, www.pewinternet.org/2017/10/04 / automation-in-everyday-life/.

15. R. J. Reinhart, "Most U.S. Workers Unafraid of Losing Their Jobs to Robots," Gallup, February 8, 2018, https://news.gallup.com/poll/226841/workers-unafraid-losing-jobs-robots.aspx.

16. Sarah Kessler, "Amazon's Massive Fleet of Robots Hasn't Slowed Down Its Employment of Humans," *Quartz*, February 3, 2017, qz.com/885425/amazons-massive-fleet-of-robots-hasnt-slowed-down-its-employment-of-humans/.

17. Kotaro Hara, Abi Adams, Kristy Milland, et al., "A Data-Driven Analysis of Workers' Earnings on Amazon Mechanical Turk," *ArXiv* (unpublished paper), December 2017, arxiv.org/abs/1712.05796.

18. River Donaghey, "Robot Strippers Are Here," *Vice*, January 10, 2018, www.vice.com/en_us/article/xw45az/there-are-robot-strippers-in-vegas-now-vgtrn.

19. Thomas Kochan, Adrienne Eaton, Robert McKersie, and Paul Adler, "Partnership and HealthConnect," in *Healing Together: The Labor-Management Partnership at Kaiser Permanente* (Ithaca, NY: Cornell University Press, 2009).

20. The Undercommons, "No Racial Justice Without Basic Income," *Boston*

Review, May 3, 2017, bostonreview.net/class-inequality-race/undercommons-no-racial-justice-without-basic-income.

21. Judy Wajcman, "Automation: Is It Really Different This Time?" London School of Economics and Political Science, 2017, http://eprints.lse.ac.uk/69811/1/Wajcman _Automation%20is%20it%20really%20different%20this%20time.pdf.

22. Richard L. Trumka, "Technology Must Be Used for Good, Not Greed," remarks at the opening meeting of the Commission on the Future of Work and Unions, Washington, DC, May 3, 2018, https://aflcio.org/speeches/trumka-technology-must-be-used-good-not-greed.

第5章 比金钱更重要

1. Larry Magid, "Zuckerberg Claims 'We Don't Build Services to Make Money,'" *Forbes*, February 1, 2012, www.forbes.com/sites/larrymagid/2012/02/01/zuckerberg-claims-we-dont-build-services-to-make-money/#66722ffd2b11.

2. Douglas Coupland, *Microserfs* (New York: Harper Perennial, 2008).

3. Laszlo Bock, *Work Rules! Insights from Inside Google That Will Transform How You Live and Lead* (New York: Twelve, 2015).

4. Abraham Lincoln, "Address before the Wisconsin State Agricultural Society," September 30, 1859, at www.abrahamlincolnonline.org/lincoln/speeches/fair.htm.

5. William Morris, *Useful Work vs. Useless Toil* (London: Hammersmith Socialist Society, 1893), at www.marxists.org/archive/morris/works/1884/useful.htm.

6. US Congress, Senate Committee on Labor and Public Welfare, Subcommittee on Employment, Manpower, and Poverty, Worker Alienation, second session, on S. 3916 (Washington, DC: US Government Printing Office, 1972).

7. Daniel Yankelovich and John Immerwahr, *Putting the Work Ethic to Work: A Public Agenda Report Restoring America's Competitive Vitality* (New York: The Public Agenda Foundation, 1983).

8. Yankelovich and Immerwahr, *Putting the Work Ethic to Work.*

9. Richard F. Hamilton, *State of the Masses* (New York: Aldine, 1986), 22.

10. Cy Gonick, *The Great Economic Debate: Failed Economics and a Future for Canada* (Toronto: James Lorimer, 1987), 209.

11. Stephanie Buck, "Our Parents Discovered Leisure. We Killed It," *Timeline*, September 2, 2016, https://timeline.com/hobby-career-b5d199b0df18#.3c9t8ark6.

12. Kane Russel Coleman Logan, "Court Upholds T-Mobile's Positive Workplace Environment Rules," *Lexology*, May 24, 2019, www.lexology.com/library/detail .aspx?g=0ee0668f-aa38-4d35-ade3-a3b88f5ab265.

13. Morten Hansen and Dacher Keltner, "Finding Meaning at Work, Even When Your Job Is Dull," *Harvard Business Review*, December 20, 2012, https://hbr .org/2012/12/finding-meaning-at-work-even-w; Rich Bellis, "The Unlikely Reasons Why We're More Satisfied at Work," *Fast Company*, September 16, 2015, www. fast company.com/3051044/the-counterintuitive-reasons-why-were-more-satisfied-at-work.

14. Jing Hu and Jacob Hirsh, "Accepting Lower Salaries for Meaningful Work," *Frontiers in Psychology* 8 (2017): 1649; Andrew Reece, Gabriella Kellerman, and Alexi Robichaux, "Meaning and Purpose at Work," white paper (BetterUp Labs, 2018); Jennifer Liu, "Tech Workers Are in the Position to Negotiate for High Pay, but It's Not Always the Perk They Want Most," CNBC, November 17, 2019, www. cnbc.com/2019/11/07/tech-workers-command-high-pay-but-its-not-always-what-they-want-most.html.

15. Amy Adkins, "Majority of U.S. Employees Not Engaged Despite Gains in 2014," Gallup, January 28, 2015, https://news.gallup.com/poll/181289/majority-employees-not-engaged-despite-gains-2014.aspx; Peter Moore, "One Quarter of Americans Think Their Jobs Are Meaningless," YouGov, August 14, 2015, https:// today.yougov .com/topics/lifestyle/articles-reports/2015/08/14/one-quarter-americans-think-their-jobs-are-meaning.

16. David Lewin, *The Impact of Unionism on American Business: Evidence for*

an Assessment (New York: Columbia University Press, 1978).

第 6 章 重返职场

1. Jane L. Collins and Victoria Mayer, *Both Hands Tied: Welfare Reform and the Race to the Bottom of the Low-Wage Labor Market* (Chicago: University of Chicago Press, 2010).

2. "Workhouse," in *New World Encyclopedia*, August 2013, www.newworldencyclo pedia.org/entry/Workhouse.

3. Desmond King, "Welfare as Workfare in the USA," in *In the Name of Liberalism: Illiberal Social Policy in the USA and Britain* (New York: Oxford University Press, 1999), 263.

4. Daniel Moynihan, *Miles to Go: A Personal History of Social Policy* (Cambridge, MA: Harvard University Press, 1996), 170.

5. Rutger Bregman, "The Bizarre Tale of President Nixon and His Basic Income Bill," *de Correspondent*, May 17, 2016, https://thecorrespondent.com/4503 /the-bizarre-tale-of-president-nixon-and-his-basic-income-bill/173117835-c34d6145.

6. Judith Shulevitz, "Forgotten Feminisms: Johnnie Tillmon's Battle Against 'The Man,'" *New York Review of Books*, June 26, 2018, www.nybooks.com/daily/2018/06/26 /forgotten-feminisms-johnnie-tillmons-battle-against-the-man/.

7. Lawrence Mead, *Beyond Entitlement: The Social Obligations of Citizenship* (New York: The Free Press, 1986).

8. Jordan Weissmann, "The Failure of Welfare Reform," *Slate*, June 1, 2016, https:// slate.com/news-and-politics/2016/06/how-welfare-reform-failed.html; Bryce Covert, "Mississippi Refuses to Use Money That Would Give Poor Families Child Care," CLASP, March 3, 2016, www.clasp.org/mississippi-refuses-use-money-would-give-poor-families-child-care.

9. Kathryn J. Edin and H. Luke Shaefer, *$2.00 a Day: Living on Almost Nothing*

in America (New York: Houghton Mifflin Harcourt, 2016).

10. Alison Mitchell, "Two Clinton Aides Resign to Protest New Welfare Law," *New York Times*, September 12, 1996, www.nytimes.com/1996/09/12/us/two-clinton-aides-resign-to-protest-new-welfare-law.html.

11. Maureen Dowd, "Washington Talk: Q&A: Daniel Patrick Moynihan; Welfare and the Politics of Poverty," *New York Times*, February 19, 1987, www.nytimes.com/1987/02/19/us/washington-talk-q-a-daniel-patrick-moynihan-welfare-and-the-politics-of-poverty.html.

12. Pamela J. Loprest and Austin Nichols, "Dynamics of Being Disconnected from Work and TANF," Urban Institute (report), September 12, 2011, www.urban.org / research/publication/dynamics-being-disconnected-work-and-tanf.

13. Jennifer Wagner and Jessica Shubel, "States' Experiences Confirming Harmful Effects of Medicaid Work Requirements," Center on Budget and Policy Priorities (report), October 22, 2019, www.cbpp.org/health/states-experiences-confirming-harmful-effects-of-medicaid-work-requirements.

14. MaryBeth Musumeci, Robin Rudowitz, and Barbara Lyons, "Medicaid Work Requirements in Arkansas: Experience and Perspectives of Enrollees," Kaiser Family Foundation (issue brief), December 18, 2018, www.kff.org/report-section/medicaid-work-requirements-in-arkansas-experience-and-perspectives-of-enrollees-issue-brief/.

15. Musumeci, Rudowitz, and Lyons, "Medicaid Work Requirements in Arkansas."

16. Chad Goldberg, *Citizens and Paupers: Relief, Rights, and Race, from the Freedmen's Bureau to Workfare* (Chicago: University of Chicago Press, 2007), 203.

17. New York State Assembly, Standing Committee on Social Services, *An Evaluation of Welfare Reform Policy in New York State*, February 2006, https://assembly.state .ny.us/comm/SocServ/20060316/; John Krinsky, *Free Labor: Workfare and the Contested Language of Neoliberalism* (Chicago: University of Chicago Press, 2007), 1; Douglas Besharov, *Family and Child Well-Being After Welfare Reform* (London: Routledge, 2004), 75–76.

18. Goldberg, *Citizens and Paupers*, 201, 212.

19. David Firestone, "Public Lives: He Fights, Patiently, for Workfare Laborers," *New York Times*, January 16, 1998, www.nytimes.com/1998/01/16/nyregion/public-lives-he-fights-patiently-for-workfare-laborers.html.

20. Steven Greenhouse, "Wages of Workfare," *New York Times*, July 7, 1997, www .nytimes.com/1997/07/07/nyregion/wages-of-workfare.html.

21. "LSNYC Files Lawsuit Against City Challenging Widespread Civil Rights Violations at Welfare Centers," Legal Services NYC (press release), August 11, 2009, www.legalservicesnyc.org/news-and-events/press-room/356-lsnyc-files-lawsuit-against-city-challenging-widespread-civil-rights-violations-at-welfare-centers; Joel Berg, "De Blasio Admin. Making City's Safety Net More Humane," *City Limits*, September 5, 2014, https://citylimits.org/2014/09/05/de-blasio-admin-making-citys-safety-net-more-humane/.

第 7 章　由我们来控制时钟

1. Jim Stinson, "Falcon Transport Faces Employee Lawsuit After Closure," *Transport Topics*, May 3, 2019, www.ttnews.com/articles/falcon-transport-closes-suddenly-laying-about-550-employees; Ashley, "Company: We Didn't Tell Truckers About Shutdown Because We Wanted to Get Paid," *CDL Life News*, May 8, 2019, https://cdllife.com/2019 /company-we-didnt-tell-truckers-about-shutdown-because-we-wanted-to-get-paid/.

2. LaToya Ruby Frazier and Dan Kaufman, "The End of the Line," *New York Times*, www.nytimes.com/interactive/2019/05/01/magazine/lordstown-general-motors-plant .html?action=click&module=RelatedCoverage&pgtype=Article&region=Footer.

3. Alexandra Orchard, "The 1972 Lordstown Strike," Walter P. Reuther Library (blog), Wayne State University, http://reuther.wayne.edu/node/10756.

4. Stevenson v. The Great American Dream, Civil Action File No 1:12-CV —

3359-TWT (2013), https://law.justia.com/cases/federal/district-courts/georgia /gandce/1:2012cv03359/187886/81/; Alex Vandermaas-Peeler et al., "A Renewed Struggle for the American Dream: PRRI 2018 California Workers Survey," Public Religion Research Institute, www.prri.org/research/renewed_struggle_for_the _american_dream-prri_2018_california_workers_survey/.

5. Antonia Crane, "A Regulars' Guide to What Happens When Your Favorite Strip Club Unionizes," *Mel Magazine*, February 19, 2019, https://melmagazine.com/en-us /story/a-gentlemans-guide-to-supporting-your-favorite-stripper-as-she-attempts-to-unionize-her-club.

6. Uber Technologies registration statement, filed with the Securities and Exchange Commission, April 11, 2019, www.sec.gov/Archives/edgar/data/1543151/00011931251 9103850/d647752ds1.htm; State of California Department of Industrial Relations, "Worker Misclassification," www.dir.ca.gov/dlse/worker_misclassification.html.

第 8 章 被遗忘的抗争

1. Lonnie Golden, "Irregular Work Scheduling and Its Consequences," Economic Policy Institute (briefing paper no. 394), April 9, 2015, www.epi.org/publication / irregular-work-scheduling-and-its-consequences/; Peter Moore, "Poll Results: Working Hours," YouGov, July 24, 2014, https://today.yougov.com/topics/economy/articles-reports/2014/07/24/poll-results-working-hours.

2. David Rosnick, "Reduced Work Hours as a Means of Slowing Climate Change," Center for Economic and Policy Research, February 2013, http://cepr.net/document s/publications/climate-change-workshare-2013-02.pdf.

3. M. B. Schnapper, *American Labor* (Washington, DC: Public Affairs Press, 1972), 250.

4. Fred Best, "The History and Current Relevance of Work Sharing," in *Work*

Sharing: Issues, Policy Options and Prospects (Kalamazoo, MI: W. E. Upjohn Institute for Employment Research, 1981), 4, https://research.upjohn.org/cgi/viewcontent .cgi?referer=https://www.google.com/&httpsredir=1&article=1155&context=up _bookchapters.

5. Andreas Crimman, Frank Wiessner, and Lutz Bellmann, "The German Work-Sharing Scheme: An Instrument for Crisis," International Labour Organization, 2010, https://pdfs.semanticscholar.org/4d75/e849a5b5c41dd9da92c5992a95d7cc0b8e49.pdf.

6. Anna Coote, Pritika Kasliwal, and Andrew Percy, "Universal Basic Services: Theory and Practice," Institute for Global Prosperity (report), May 16, 2019, https://ubshub.files.wordpress.com/2019/05/ubs_report_online.pdf.

7. Will Stronge and Aidan Harper, "The Shorter Working Week: A Radical and Pragmatic Proposal," *Autonomy*, February 6, 2019, https://apo.org.au/sites/default/files /resource-files/2019/02/apo-nid219086-1330926.pdf.

8. "How Do Americans Feel About Medicare for All? This Poll Tells Us," *MarketWatch*, January 23, 2019, www.marketwatch.com/story/poll-finds-medicare-for-all-support-drops-when-details-are-included-2019-01-23.

9. Kaiser Family Foundation, "Health Insurance Coverage of the Total Population," www.kff.org/other/state-indicator/total-population/?currentTimeframe=0&selected Distributions=employer&sortModel=%7B%22colId%22:%22Location%22, %22sort%22:%22asc%22%7D; Juliet Schor, *The Overworked American* (New York: Basic Books, 1991), 66; Cynthia Meyer, "How Much Are Your Benefits Really Worth?" *Forbes*, September 24, 2018, www.forbes.com/sites/financialfinesse/2018/09/24/how-much-are-your-benefits-really-worth/#2d86b8847879.

10. Mark Dudzic, "Time for Unions to Step Up on Medicare for All," *Jacobin*, June 1, 2018, jacobinmag.com/2018/06/medicare-for-all-health-care-unions; Jessica Corbett, "Medicare for All Sponsor Rep. Jayapal Challenges Biden's Comments on Labor Unions and Health Insurance," *Common Dreams*, July 6, 2019, www.commondreams.org/news/2019/07/06/medicare-all-sponsor-rep-jayapal-challenges-

bidens-comments-labor-unions-and-health?utm_campaign=shareaholic&utm _ medium=referral&utm_source=facebook.

11. Steve Early and Rand Wilson, "How a Telephone Workers' Strike Thirty Years Ago Aided the Fight for Single Payer," *Jacobin*, July 13, 2019, jacobinmag.com/2019/07 /telephone-workers-strike-single-payer.

12. Jamie K. McCallum, "Getting the Common Goods," *Jacobin*, August 8, 2018, jacobinmag.com/2018/08/north-carolina-teacher-union-strike-education-schools.

13. Valerie Strauss, "Survey: Teachers Work 53 Hours Per Week on Average," *Washington Post*, March 16, 2012, www.washingtonpost.com/blogs/answer-sheet/post/survey-teachers-work-53-hours-per-week-on-average/2012/03/16/gIQAqGxYGS_blog.html?utm_term%3D.203e55cf72a0&sa=D&ust=1564426741817000&usg=AFQjCNEo8D4Ee-ZKh82auxjYl6_AEgfaAg; Niraj Chokshi, "94 Percent of U.S. Teachers Spend Their Own Money on School Supplies, Survey Finds," *New York Times*, May 16, 2018, www.nytimes.com/2018/05/16/us/teachers-school-supplies.html.

14. This is a rough calculation that involves estimating future GDP, future population change, and future productivity rates. Invariably, it leaves out some factors that would be important to consider in a more precise measure.

15. Benjamin Kline Hunnicutt, *Free Time: The Forgotten American Dream* (Philadelphia: Temple University Press, 2013), 82.

16. Mohamed Younis, "Four in 10 Americans Embrace Some Form of Socialism," Gallup, May 20, 2019, https://news.gallup.com/poll/257639/four-americans-embrace-form-socialism.aspx.

17. Ted Callahan, "Business Owners Work Twice as Much as Employees, Survey Finds," *Inc.*, April 13, 2006, www.inc.com/news/articles/200604/overworked.html.

图书在版编目（CIP）数据

过劳悲歌：996正在毁掉美国梦 /（美）杰米·K. 麦卡伦著；涂伟译.
—北京：中国工人出版社，2021.11
书名原文：Worked Over: How Round-the-Clock Work Is Killing the American Dream
ISBN 978-7-5008-7768-4

Ⅰ.①过… Ⅱ.①杰… ②涂… Ⅲ.①劳动关系—研究—美国 Ⅳ.①F249.712.6

中国版本图书馆CIP数据核字（2021）第253485号

著作权合同登记号：图字01-2021-2793

过劳悲歌：996正在毁掉美国梦

出 版 人	王娇萍
责任编辑	邢　璐
责任印制	栾征宇
出版发行	中国工人出版社
地　　址	北京市东城区鼓楼外大街45号　邮编：100120
网　　址	http://www.wp-china.com
电　　话	（010）62005043（总编室）　（010）62005039（印制管理中心） （010）62004005（万川文化项目组）
发行热线	（010）82029051　62383056
经　　销	各地书店
印　　刷	北京盛通印刷股份有限公司
开　　本	880毫米×1230毫米　1/32
印　　张	8.25
字　　数	190千字
版　　次	2022年2月第1版　2022年2月第1次印刷
定　　价	52.00元